陳攖寧 著
蒲團子 編

陳攖寧文集·一

陳攖寧自傳
口訣鉤玄錄
參同契講義

心一堂

書名：陳攖寧文集一 陳攖寧自傳、口訣鈎玄錄、參同契講義
作者：陳攖寧
編者：蒲團子
責任編輯：陳劍聰
出版：心一堂有限公司
通訊地址：香港九龍旺角彌敦道610號荷李活商業中心十八樓05-06室
深港讀者服務中心：深圳市羅湖區立新路六號羅湖商業大廈負一層008室
電話號碼：(852)90277110
網址：publish.sunyata.cc
電郵：sunyatabook@gmail.com
網店：http://book.sunyata.cc
淘寶店地址：https://shop210782774.taobao.com
微店地址：https://weidian.com/s/1212826297
臉書：https://www.facebook.com/sunyatabook
讀者論壇：http://bbs.sunyata.cc
版次：二〇二〇年七月初版
平裝
定價：港　幣　二百五十八元正
　　人民幣　一百八十元正
　　新臺幣　九百九十八元正
國際書號：ISBN 978-988-8583-41-6

香港發行：香港聯合書刊物流有限公司
地址：香港新界大埔汀麗路三十六號中華商務印刷大厦三樓
電話號碼：(852)2150-2100
傳眞號碼：(852)2407-3062
電郵：info@suplogistics.com.hk
臺灣發行：秀威資訊科技股份有限公司
地址：臺灣臺北市內湖區瑞光路七十六巷六十五號一樓
電話號碼：+886-2-2796-3638
傳眞號碼：+886-2-2796-1377
網絡書店：www.bodbooks.com.tw
臺灣秀威書店讀者服務中心
地址：臺灣臺北市中山區松江路二〇九號一樓
電話號碼：+886-2-2518-0207
傳眞號碼：+886-2-2518-0778
網絡書店：www.govbooks.com.tw
中國大陸發行　零售：深圳心一堂文化傳播有限公司
地址：深圳羅湖區立新路六號羅湖商業大厦負一層008室
電話號碼：(86)0755-82224934

像生先寧攖陳

陳攖寧先生七十大壽與弟子胡海牙先生合影

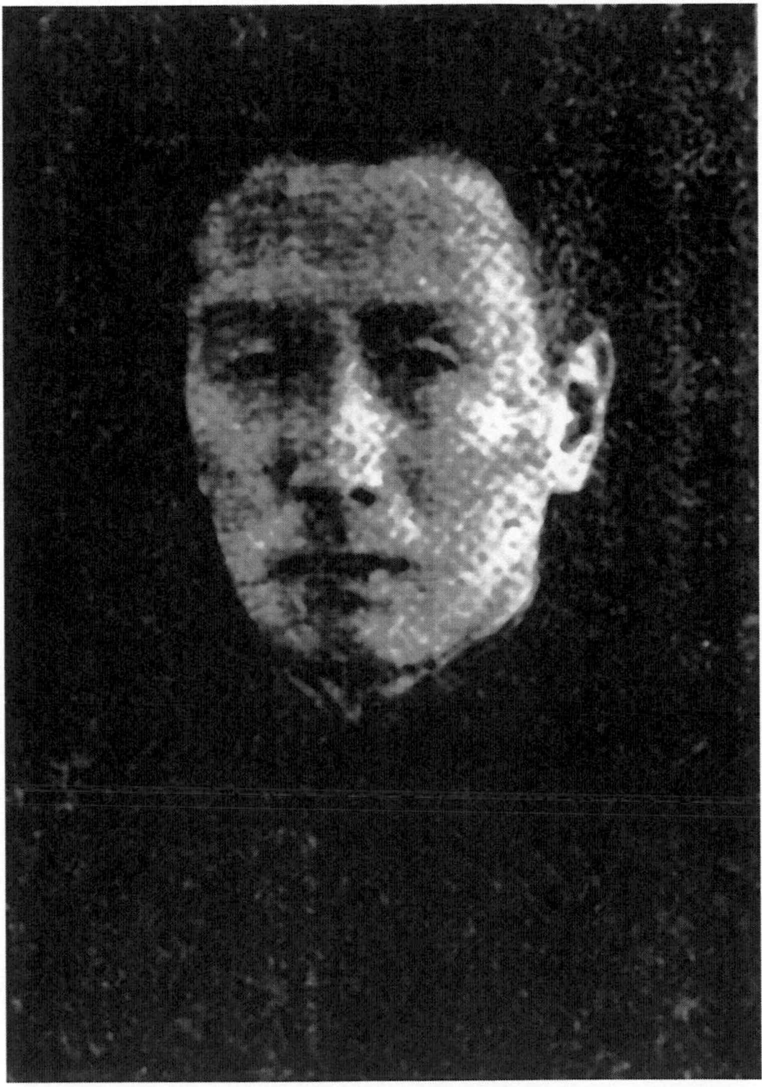

二十世紀三十年代陳攖寧先生像

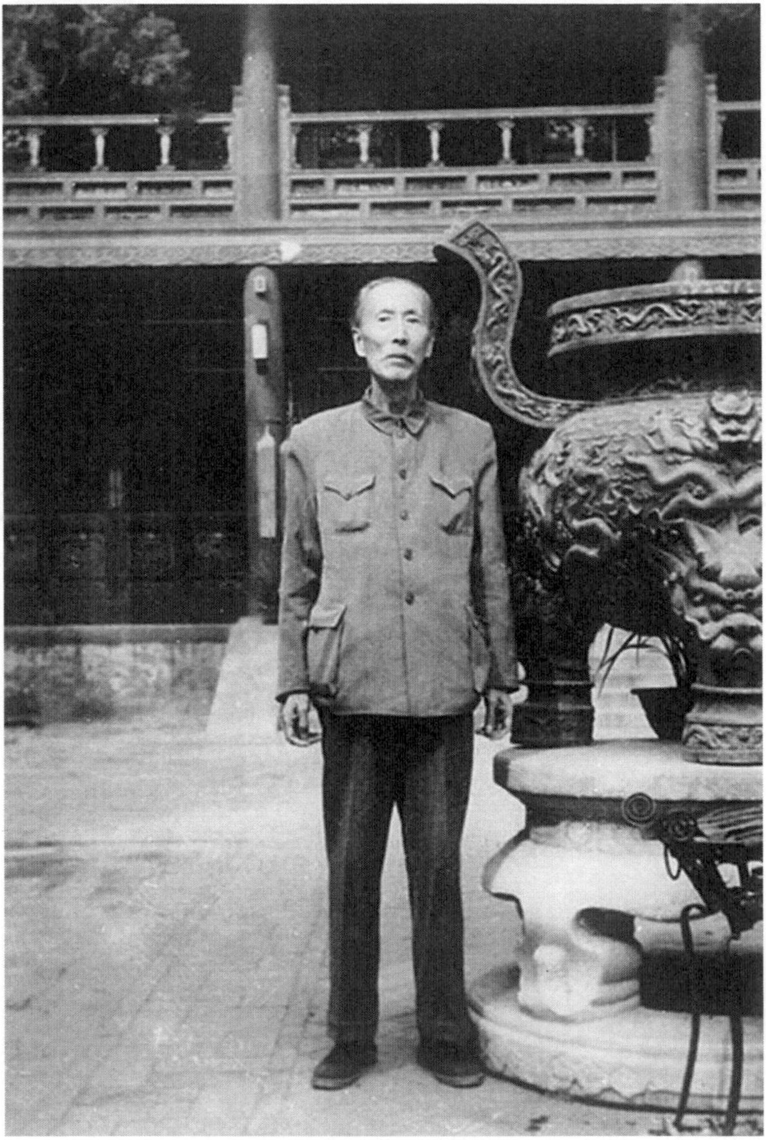

陳攖寧先生在北京白雲觀像

陳攖寧先生晚年像

陳攖寧先生參加中國道協籌備會像

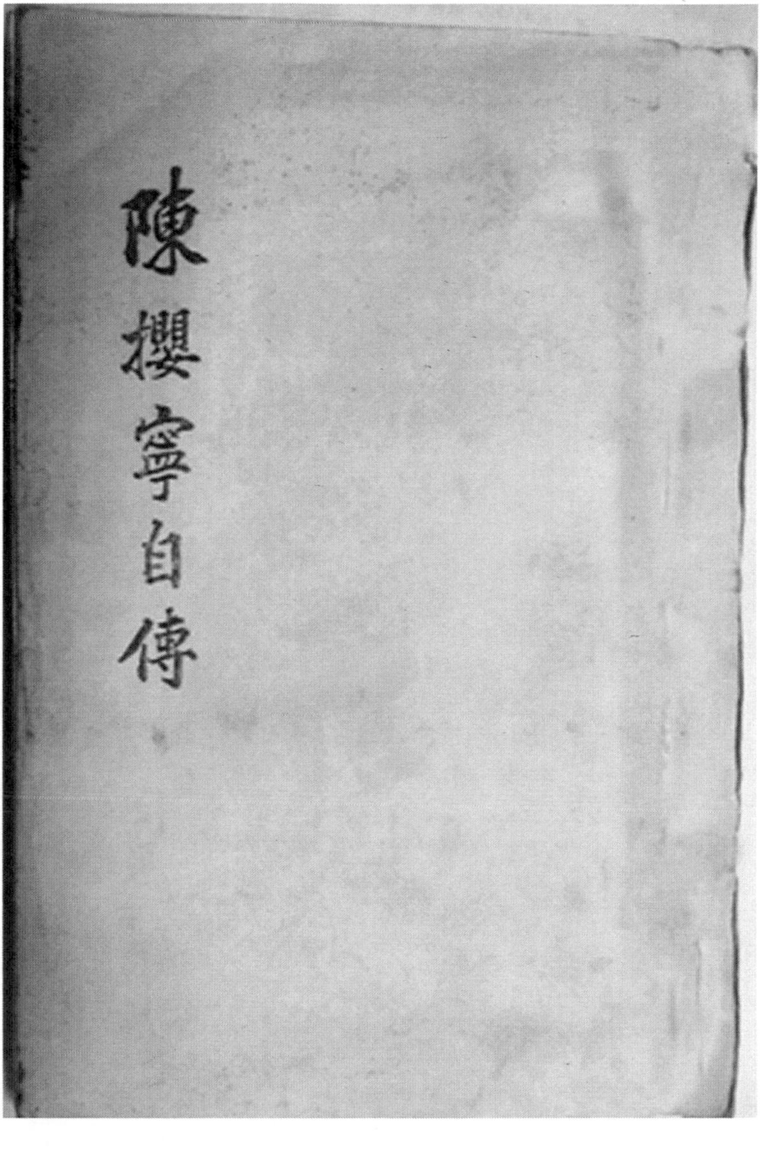

陳攖寧自傳一書影

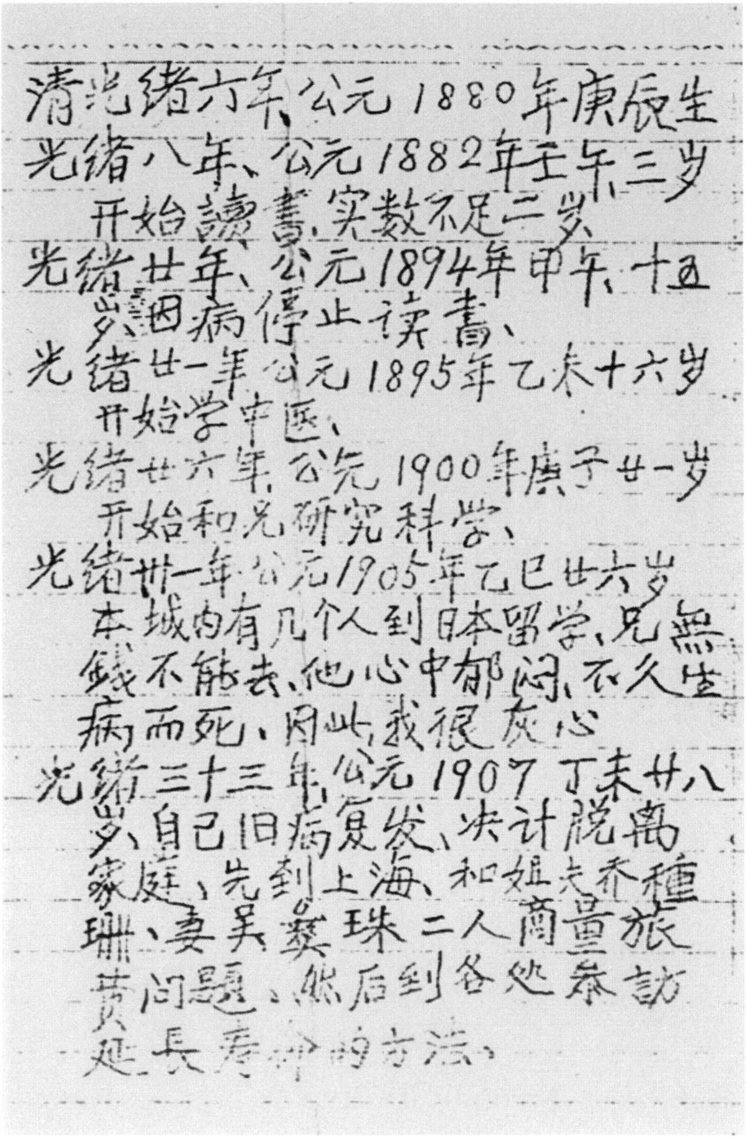
清光绪六年、公元1880年庚辰生
光绪八年、公元1882年壬午三岁
开始讀書、实数不足二岁
光绪廿年、公元1894年甲午、十五
岁、因病停止读書、
光绪廿一年公元1895年乙未十六岁
开始学中医、
光绪廿六年、公元1900年庚子廿一岁
开始和兄研究科学、
光绪卅一年、公元1905年乙巳廿六岁
本城内有几个人到日本留学、兄無
錢不能去、他心中郁闷、不久生
病而死、因此、我很灰心
光绪三十三年、公元1907丁未廿八
岁、自己旧病复发、决计脱離
家庭、先到上海、和姐夫乔種
珊、妻吴彝珠二人商量旅
费问題、然后到各处参訪
延長寿命的方法、

陳攖寧自傳二書影

黃庭經講義書影

孫不二女丹詩註書影

靈源大道歌白話註解書影

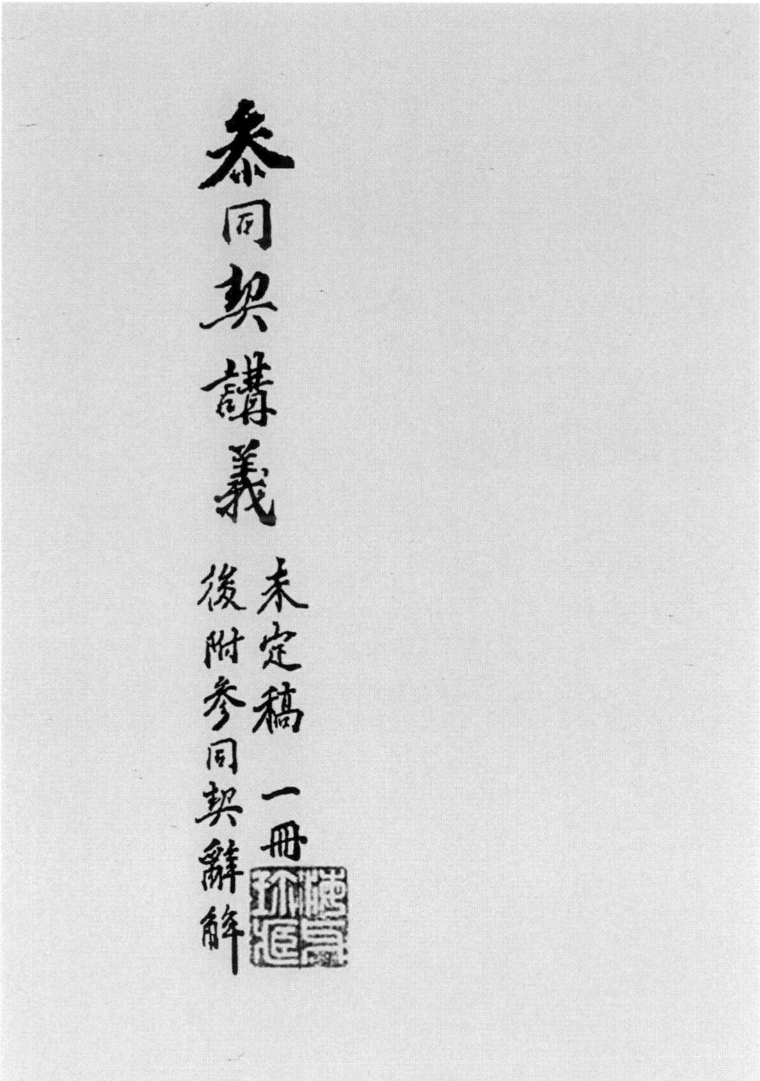

參同契講義

未定稿 一冊

後附參同契辯解

參同契講義甲本書影

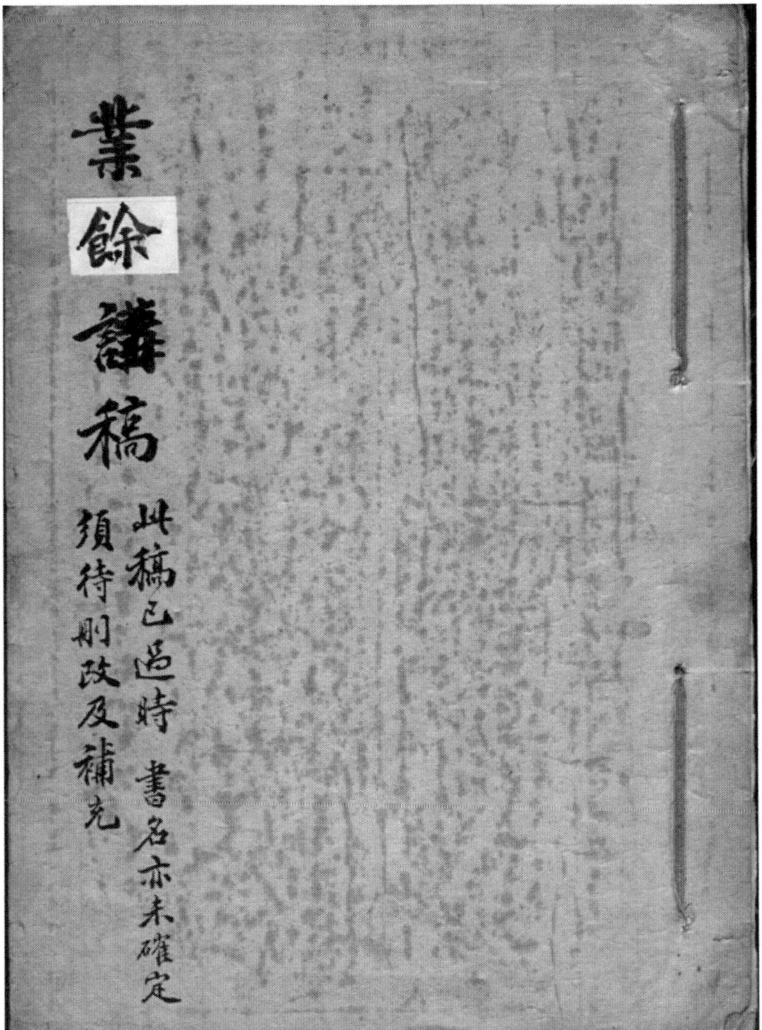
業餘講稿
此稿已過時 書名亦未確定
須待删改及補充

業餘講稿書影

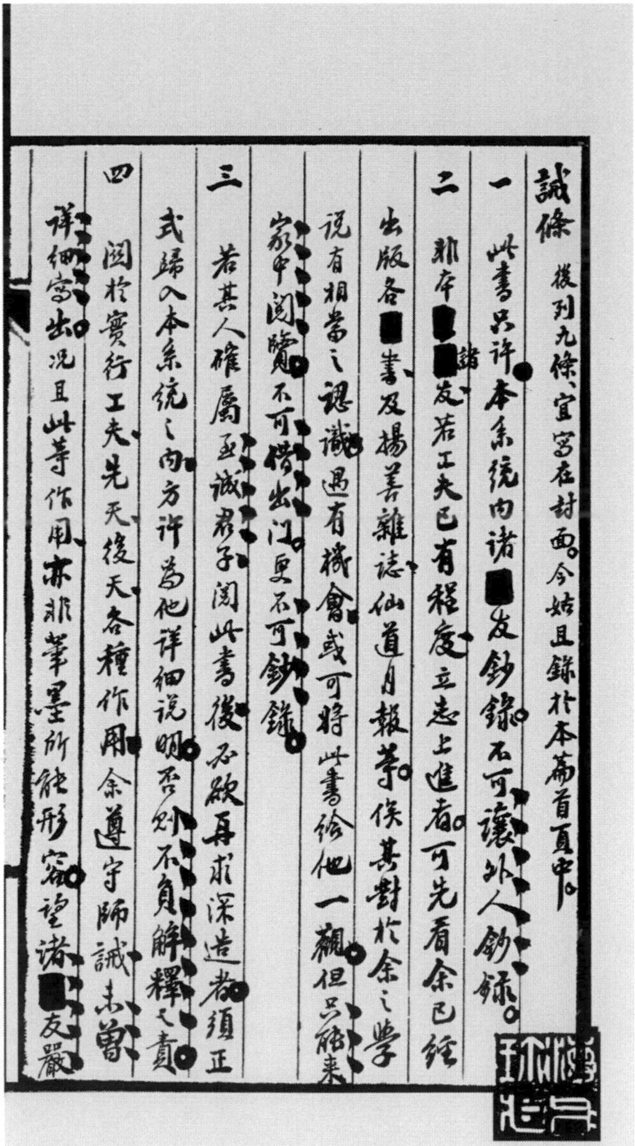

誡條　後列九條，宜寫在封面。今姑且錄於本篇首頁中。

一　此書只許本系統內諸[redacted]友鈔錄，不可讓外人鈔錄。

二　非本[redacted]諸[redacted]友，若工夫已有程度，立志上進者，可先看余已經出版各[redacted]書，及揚善雜誌、仙道月報等，俟其對於余之學說有相當之認識，遇有機會，或可將此書給他一觀，但只能來家中閱覽，不可借出門，更不可鈔錄。

三　若其人確屬至誠君子，閱此書後，不欲再求深造者，須正式歸入本系統之內，方許為他詳細說明，否則不負解釋之責。

四　關於實行工夫，先天後天各種作用，余遵守師誡，未曾詳細寫出。況且此等作用，亦非筆墨所能形容，望諸[redacted]友嚴

仙學必成書影

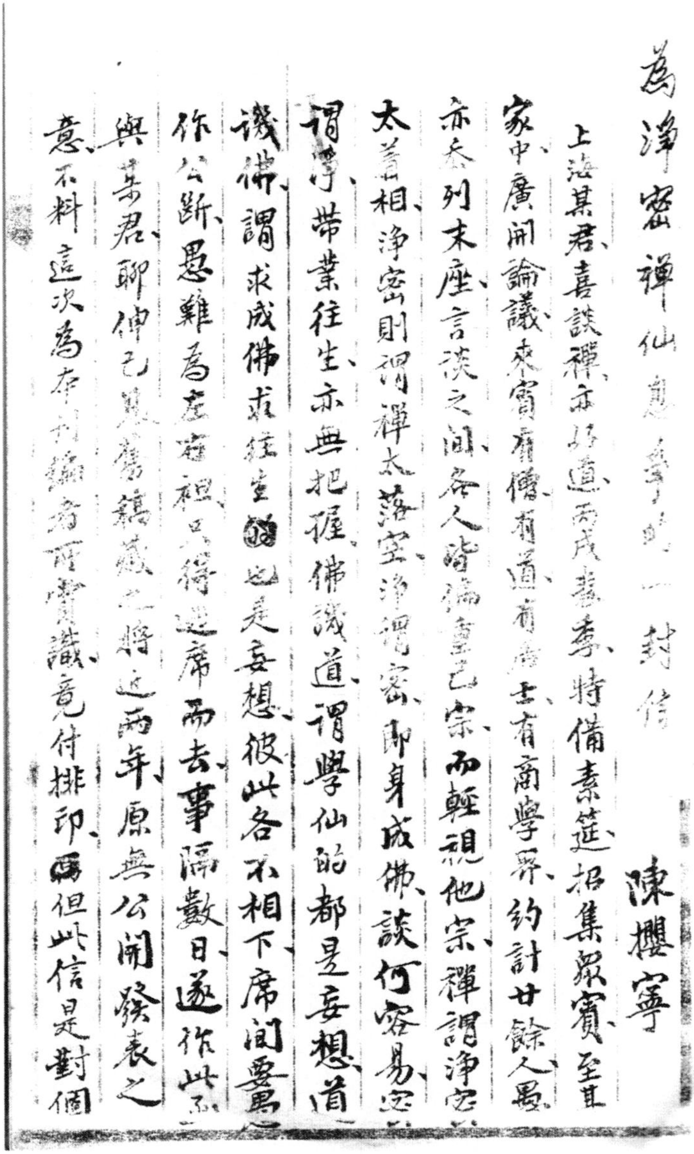

為淨密禪仙息爭的一封信　陳攖寧

上海某君，喜談禪，亦好道，丙戌春季，特備素筵，招集眾賓，至其家中，廣開論議，來賓有佛有道，有居士，有商學界，約計廿餘人，愚亦忝列末座，言談之間，各人皆偏重己宗，而輕視他宗，禪謂淨密太著相，淨密則謂禪太落空，淨謂密即身成佛，談何容易，密謂淨帶業往生，亦無把握，佛譏道，謂學仙的都是妄想，道亦譏佛，謂求成佛求往生[illegible]，也是妄想，彼此各不相下，席間要愚作公斷，愚難為左右袒，只得逃席而去，事隔數日，遂作此與某君，聊伸己見，原稿藏之，將近兩年，原無公開發表之意，不料這次為本刊編者所賞識，竟付排印，但此信是對個

為淨密禪仙息爭的一封信書影

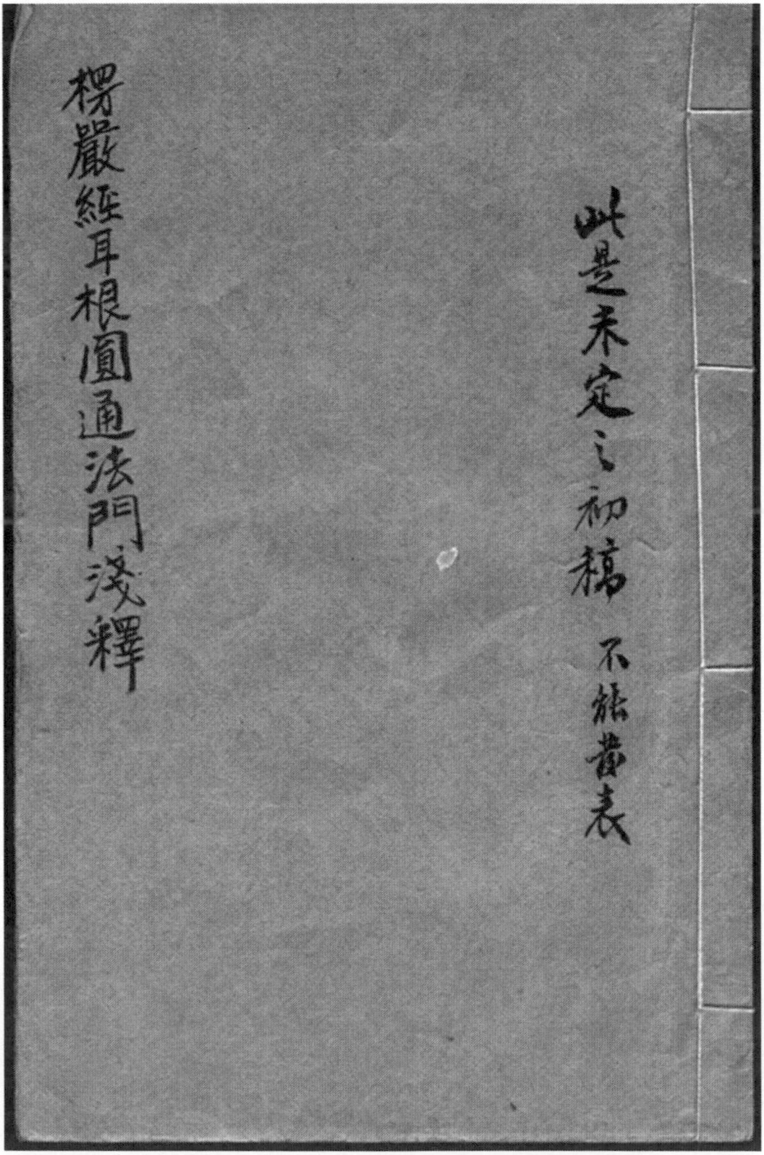
楞嚴經耳根圓通法門淺釋
此是未定之初稿
不能發表

楞嚴經耳根圓通法門淺釋未定稿書影

陳攖寧先生小傳

陳攖寧，原名元善，譜名志祥，字子修，後改名攖寧，道號攖寧子。生於清光緒六年庚辰歲公元一八八〇年臘月十九日子時，歿於公元一九六九年五月二十五日一說「五月二十三日」。祖籍安徽懷寧縣洪鋪鄉新陳埂，世居安慶蘇家巷。當代著名道教學者。因其一生致力於仙學的科學性研究，並推動道教的復興及參與中國道教協會的成立，被譽爲「陳攖寧仙學學派創始人」「科學神仙家」「當代太上老君」。陳攖寧七十四歲實歲七十三以前無社會公職，從七十四歲開始，歷任浙江省文史館館員，中國道教協會籌備委員會副主任，中國道教協會第一屆理事會副會長兼秘書長，中國道教協會第二屆理事會會長，中國人民政治協商會議第二屆全國委員會委員。陳攖寧也是中國道教協會迄今爲止，唯一一位非正式出家道士的會長。

陳攖寧不到兩歲的時候，就坐在父親陳鏡波先生的膝蓋上認字，六歲時讀完三字經、四字經、百家姓、千字文、論語、大學、中庸等； 十二歲時讀完詩經、書經、易經、禮記、左傳、國策、孝經、爾雅等； 十三至十五歲學作應試文、駢散文、詩賦等。十四歲以前均係其父陳鏡波教授，沒有第二個老師。

在陳攖寧十四五歲的時候，因爲其常閱時報、盛世危言等書報，故在應考文章中對清政府有「國弱民貧」之議論，幸主考官爲陳鏡波先生之好友，將考卷抽出，免生意外。陳攖寧的母親因此事而患病，陳攖寧事母至孝，遂下決心下科應考必中，下届應考果中秀才。

舊時讀書，既要多讀多記，還要背誦得出，又無假期。十多年的苦讀，讓陳攖寧身患童子癆。這在當時是醫藥無效的。醫生曾斷言，陳攖寧活不過當年。因此，陳鏡波也不敢再讓陳攖寧繼續讀書，陳攖寧自己也極怕苦讀，故於光緒二十年甲午歲公元一八九四年，放棄學業，轉學中醫。

從光緒廿一年乙未公元一八九五年十六歲開始，至光緒廿五年己亥公元一八九九年二十歲，陳攖寧隨其叔祖父學習中醫，對黄帝内經，扁鵲難經，漢張仲景的傷寒論、金匱要略，華元化中藏經，晉王叔和的脈經、皇甫謐的甲乙經，隋巢元方的諸病源候論，唐孫思邈的千金方、王燾的外臺秘要，以及金元四大家、明清諸名家醫學專籍，皆有研究。並從醫書中尋得仙學鍊養工夫，使自己生命得以保全。

光緒二十六年至三十三年一九〇〇至一九〇七年，陳攖寧隨其兄學習、研究科學書。然其兄因苦讀及心情鬱悶，三十餘歲即患吐血症而亡。陳攖寧因其兄在數學用腦過度，自己不敢再對數學深求，自認爲數學根基尚淺，對物理、化學兩科都不算專精，只能作爲仙學研究的幫助。又因那個時候的科學書籍很少譯本，基本上都是外文，所以對外文也有學習。後來陳攖寧考入安徽高等學堂，時間不久，舊病復發，遂半途退學，未能畢業。

光緒三十三年，陳攖寧二十八歲，由於舊病復發，心中恐慌，知道自己所學的修養法尚不够用，需要再求進步，遂決計脫離家庭，外出尋師訪友。其首先到上海與姊夫喬種珊、妻吳彝珠商議費用問題。在外旅行費用由其姊夫喬種珊一人接濟。陳攖寧先後參訪佛教高僧如九華山月霞法師、寧波諦閑法師、天童山八指頭陀、常州治開和尚，又到道教名勝蘇州穹窿山、句容茅山、湖北均州武當山、山東即墨嶗山、安徽懷遠塗山、浙江湖州金蓋山等地，結果不是偏重心性，就是水平尚不如自己，結果未能如願，遂下決心，準備通覽全部道藏。

一九一二至一九一四年，陳攖寧長期借住在上海白雲觀通讀明版道藏。一九一二年十月，月霞法師受邀於上海頻伽精舍講授法華、維摩、楞伽諸經時，陳攖寧與濮一乘、劉濮生、狄楚青等人共同參與研究。一九一五年，在杭州月霞法師創辦的華嚴大學中教和尚們地理。一九一五至一九一七年，陳攖寧又通讀哈同印行之佛教大藏經，與佛教人士過往甚秘，月霞法師的維摩經講義即由陳攖寧一手所抄，黎端甫的法相宗明綱論、高鶴年的名山遊訪記，也偶有陳攖寧之手筆。高鶴年的名山遊訪記最早由陳攖寧與濮一乘發表於佛學叢報。

一九一六年秋後，陳攖寧在上海正式與吳彝珠結爲夫妻。吳彝珠於上海民國路自開門診，陳攖寧負責照料一切雜務，並利用餘暇讀書研究學問。

從一九〇七年至一九一六年，陳攖寧經過十年的遊學參訪，最後定居於上海，將精力主要放在讀書研究上面，有時也到山裏去做工夫。

一九一六時，吕碧城住在上海，曾問道於陳攖寧。陳攖寧爲其講解孫不二女功内丹次第詩，並爲之手訂女丹十則，且解答女丹十則三十六問。孫不二女功内丹次第詩註也成爲陳攖寧第一部仙學專著。

一九一八年，高鶴年到上海，介紹陳攖寧、狄楚青、程雪樓、王一亭等人與印光法師會晤，談各處風俗人情及山中住茅蓬之狀況，但未言及佛法。

大約在一九二〇年，陳攖寧爲清朝光緒年間之翰林王聘三講解黄庭經，並有黄庭經講義一書傳世。黄庭經講義最早從一九三三年七月一日揚善半月刊創刊號開始刊布，是陳攖寧第一部公開發表的仙學著述。

一九二一年，陳攖寧有感於當時扶乩之盛行，遂與上海白雲觀一道士相約研究扶乩，並經常與夫人吳彝珠、外甥女和音，以及衆親友「焚香請仙以爲樂」。此年，陳攖寧還曾與一位朋友入廬山静居做修養工夫，以聽瀑布及流泉聲等爲法。又因天下雨時不能在外做修鍊工夫，於是發明聽鐘錶「滴嗒」聲的方法。

一九二一年以前，鄭鼎臣、黃邃之在上海虹口合租一屋燒鍊外丹，兩年得死砂半斤，再無進步。後鄭鼎臣回南京，黃邃之因與陳攖寧友善，遂住於陳攖寧家。兩人因談及外丹術，遂進行外丹實踐，並抄寫外丹術珍本。金火大成等外丹典籍，大約抄於此時。按陳攖寧留下來的相關資料，當時的鈔本應有二十多本，刻本亦有不少。外丹實驗進行十年，因兩次滬戰而中斷。雖未獲得最後之成功，也已做到「點紅銅爲銀」，證明古代外丹術確有可憑，並非虛妄。

一九三三年七月一日，揚善半月刊創刊，陳攖寧作爲特邀撰稿人之一，將自己的著作黃庭經講義、孫不二女功内丹次第詩註等投登揚善半月刊發表。這兩部仙學著作引起了不少好道之士的重視，遂紛紛致函揚善半月刊編輯部或陳攖寧本人，請教或探討與仙學、修鍊相關的學問。陳攖寧也從此開始了長期的仙學著述與答疑解惑工作。

一九三四年八月，陳攖寧仙學著述黃庭經講義、孫不二女功内丹次第詩註作爲「仙道叢書」單行本，由上海翼化堂刊刻出版。

一九三五年，陳攖寧在給揚善半月刊撰稿的同時，還校註出版了道學小叢書中之天隱子、坐忘論、旁門小術錄、三乘秘密口訣四種，以及女子道學小叢書包括坤寧妙經、女功正法、女丹十則、男女丹功異同辨、女丹詩集五種。同年，陳攖寧、馬一浮、張竹銘三人同遊蘇、浙、皖三省名山，又三上黃山，尋覓修鍊之勝地。無獲，陳攖寧遂住在黃山做工夫。時吳彝珠患乳岩，想學修養法以延長壽命，故寫信促陳攖寧回上海。

一九三六年，陳攖寧從黃山回到上海，與夫人吳彝珠遷居上海西鄉梅隴鎮南石橋，教吳彝珠用仙學修養法治療身體之疾病，獲大效驗。這也使陳攖寧對仙學更爲信仰，遂打破古人保守之傳統，通過揚善半月刊將自己所研究出來的仙學思想公開發表，並與全國好道者共同研究。也常在家中接待來訪者。

一九三七年五月，在張竹銘、許得德、汪伯英等人的倡議下，丹道刻經會成立。陳攖寧被丹道刻經會聘爲顧問，撰寫丹道刻經會緣起，並校訂出版道竅談三車秘旨合刊。

一九三七年秋季，日寇侵滬，鄉間不能安居，臨危逃往上海市内，衣服、器具、食物、藥品、書籍等完全犧牲。損失書籍五百餘册，不乏珍本。

一九三八年五月，上海好道諸同志在清淨地點租一間房子創辦仙學院，供星期講座及鍊習靜功之用。每個星期日由陳攖寧講授仙道經典，第一種即爲宋代曹文逸之靈源大道歌。

一九三九年一月一日，仙道月報創刊，陳攖寧除了星期講道外，還要爲仙道月報撰寫文稿，並繼續答各地讀者之問道函。是年陳攖寧在仙學院講授了參同契一書，並由丹道刻經會出版了仙學院第一種講義靈源大道歌白話註解、校訂出版外丹專籍琴火重光。據說亦曾講悟真篇，然無文字資料流傳。

大約在一九四一年，陳攖寧在上海紫陽宮講道，並爲紫陽宮鐵海道人陳至根講道德經。一九四一年八月一日，仙道月報第三十二期出版以後，因戰事停刊。陳攖寧公開倡導仙學的工作也告一段落。

從一九三三年七月一日揚善半月刊創刊，至一九四一年八月仙道月報停刊，八年多的時間裏，陳攖寧思想與言論逐漸形成了獨具特色的學術體系，也得到了廣大修鍊者的推崇與學界人士的關注與研究。時至今日，以陳攖寧思想爲基礎的「陳攖寧仙學學術」，依然在不少研究者、學習者中有着舉足輕重的地位。

一九四二年，陳攖寧撰寫復興道教計劃書初稿，對道教的現狀提出九條復興思路。

一九四二至一九四五年，陳攖寧除陪夫人吴彝珠住尚賢醫院外，大多數時候住在學生家中，在南京孟懷山的「亞園」住的時間最久。住亞園時，除了給孟冠美、孟懷山弟兄二人講解仙學外，上海的張竹銘、謝利恒、方公溥等也經常前來問道。這些年的論道内容，陳攖寧記錄於業餘講稿中。

一九四五年正月下旬，陳攖寧的夫人吳彝珠逝於上海東湖路尚賢婦孺醫院，由其外甥女喬馥玖安頓後事，安葬於上海虹橋公墓。陳攖寧也搬出尚賢醫院，和張嘉壽、喬馥玖夫婦住在東湖路浦東中學。後孟懷山邀陳攖寧住南京亞園，陳攖寧因作仙學必成初稿。

一九四五年冬，陳攖寧還居上海銅仁路史劍光家。

一九四六年春季，陳攖寧參加某素筵後，作爲淨密禪仙息爭的一封信，後送由佛教覺有情雜誌登出。同年，在張竹銘、孟懷山的見證下，陳攖寧於杭州佑聖觀依古制正式收胡海牙爲弟子。

一九四七年，陳攖寧撰楞嚴經耳根圓通法門淺釋，並在覺有情雜誌發表靈魂有無之推測、由仙學而佛學、嘅慕人生佛教之導師並答客問等與佛學有關的文章。陳攖寧曾言，自其妻去逝以後，與人談修鍊時多講佛教之念佛法門，以應付來訪者。同年，上海市道教會成立，陳攖寧爲其修訂復興道教計劃書。

一九四九年，陳攖寧又還居張竹銘家中。

一九五〇年冬季，胡海牙邀請陳攖寧到杭州爲自己講解素問、靈樞經等。後回上海。

一九五一年秋季，陳攖寧因爲身體原因，於八月十五日由張竹銘家遷居喬馥玖家，閑住兩年。喬馥玖身體多病，張嘉壽年歲已高且日夜忙碌，兩人的孩子都在外工作，陳攖寧不忍心讓他們兩人長期照料。又因爲房屋狹促，無法放置參考書籍，不足以供陳攖寧編輯書稿。同屋同里孩童之喧鬧，也無益於筆墨工作，故陳攖寧一直想覓清靜之地。

一九五三年六月下旬，胡海牙邀請陳攖寧到杭州研究鍼灸教科書上之高深學理，預備編纂鍼灸學辭典，於是由上海搬到杭州。由於陳攖寧符合中央所規定的文史館員資格，由吴敬生推薦於浙江文史館，欲聘請爲館員。陳攖寧撰寫自傳時提出三個條件：一，欲編輯道藏分類目錄並索引，矯正道藏輯要、道藏精華錄之不足，整理、評論道藏之外坊間流傳之道書；二，欲將自己多年收藏秘本外丹書另鈔副本捐送國家圖書館，並欲做外丹書目提要指導後來者研究；三，重新編輯自己已出版之仙學著作。並認爲，如果國家文化部門認爲他做的事情有益於將來之社會，願意提供經濟上的幫助，他願意接受浙江省文史館的聘請；如果認爲這些事情均非當務之急，只是爲了照顧他的個人生活，他則不願意濫充，需要再做考慮。這三條要求，與文史館聘用館員的本意不符，後來改用第二稿陳攖寧自傳，被浙江省政府正式聘爲浙江省文史館館員。是年十月，陳攖寧的户口也遷到杭州胡海牙的家中。爲了方便起見，胡海牙在杭州銀洞橋慈海醫室旁購置一座樓房，供陳攖寧居住。陳攖寧、胡海牙住在二樓，陳攖寧白天自己做研究、編書工作，晚上與胡海牙研究仙學、醫學上的學問。這時，陳攖寧既有固定的國家工作，也有了安穩的住所。

一九五五年，陳攖寧將自己多年來珍藏的一些典籍、書稿重新做以整理，如校訂張心籟之三一音符、重抄陸西星等人的三藏真詮並刪訂爲法藏總抄等，同時爲胡海牙重新講解了參同契並撰參同契辭解一部。

一九五六年十一月二十六日，中國道教協會籌備委員會成立，岳崇岱任主任，陳攖寧、孟明慧任副主任。陳攖寧建議將中國道教協會會址設在北京白雲觀內，得到普遍贊同。

一九五七年四月，全國道教界人士及道教學者在北京舉行了新中國成立後的第一次道教全國代表大會，宣布中國道教協會正式成立，岳崇岱當選爲第一屆理事會會長，陳攖寧、汪月清、易心瑩、孟明慧、喬清心等人當選副會長，陳攖寧兼任秘書長。陳攖寧由於身體原因未能參加會議。八月，陳攖寧應杭州屏風山工人療養院張院長之邀請，爲療養院靜功療養科講授神經衰弱病的靜功療養法，並撰有神經衰弱靜功療養法問答一書。同年，還有其他地方的療養院向陳攖寧或發出邀請，或致函求教。

一九五七年末，國務院宗教局派人到上海將陳攖寧的書籍等打包運往北京，陳攖寧與胡海牙及喬馥玖同上北京，參加道協工作。北京名醫施今墨得知陳攖寧到京後，隨即趕往白雲觀拜謁陳攖寧，並獻長壽藥方，慨言「拜師二十年，未見師一面」。

一九五三至一九五七年，是陳攖寧生活得最爲安逸的一段時間。陳攖寧到北京後，對這幾年的杭州生活也頗爲懷念。

一九五八年，中國道教協會會長岳崇岱去世，陳攖寧代理道協會長一職。同年，陳攖寧被第二届中國人民政治協商會議吸收爲列席委員。一九六〇年，陳攖寧被中國人民政治協商會議吸收爲正式委員。

一九六一年十一月一日，中國道教協會第二届全國代表會議在北京召開，陳攖寧當選會長。

一九六一年下旬，中國道教協會研究室成立，陳攖寧擔任研究室主任，在不到兩年時間裏，親自撰寫了道教的起源、南華内外篇分章標旨、老子第五十章研究、太平經的前因後果等文章及道教的起源、老子哲學分類等講稿。

一九六二年八月，道協會刊創刊，陳攖寧文章佔據着重要地位。九月二十九日，道教徒進修班正式開學，陳攖寧兼任班主任。十月，陳攖寧會晤英國著名道教學者李約瑟博士，對道教歷史、前途及學術等問題進行了交流，特别對外丹問題進行了深入的談話。

一九六六年，由於政治因素，中國道教協會的工作無法正常進行，胡海牙勸陳攖寧在家裝病，將主要精力放在學術研究上。但外界的干擾，讓陳攖寧情緒處於不安之中，以致燒煉外丹時汞中毒之舊疾復發，於一九六七年住入北京人民醫院。胡海牙勸陳攖寧預先寫下遺囑，並對後事進行了安排。明確將存款與金銀捐給中國道教協會，醫書送與胡海牙，其他書籍由他與胡海牙共同處理，並詳細記錄了自己生病及胡海牙用鹿茸延其壽命之過程，及願意與胡海牙生活在一起，由胡海牙照顧其身體，乃至死後遺體的處理等事宜。經胡海牙精心調治，陳攖寧身體得以平安。

一九六九年，陳攖寧再度發病。這時醫院已處於無序狀態，十多年來一直照料他的學生胡海牙也無法再在他的床前侍奉，最終於一九六九年五月二十五日（一說五月二十三日）傍晚仙逝。當時身邊沒有一位親近之人。

陳攖寧初以仙學爲立足點，弘揚道家文化，復興中國道教，新中國成立後又主持中國道教協會進行道教的研究。他是「陳攖寧仙學」學派的倡導者，是近代中國道教復興的先驅。他的學生眾多，如汪伯英、張竹銘、孟懷山、曹昌祺、朱昌亞等，最著名者當屬胡海牙。胡海牙不僅繼承了陳攖寧學術之全部，還有所發揮。陳攖寧一生著術頗豐，有仙學方面的，有佛學方面的，有道家方面的，也有道教方面的，而以仙學最爲後人所關注。

在《陳攖寧文集》出版之際，略述陳祖攖寧先生生平如是。

二〇二〇年六月一日農曆庚子年閏四月初十日蒲團子於玄玄居

陳攖寧文集序

最初整理陳攖寧先生的文章，是從一九九八年底開始。我與老師胡海牙先生用了六年左右的時間，完成了第一階段的工作，即出版了仙學輯要與仙學必讀二書。本來我與海牙老師還有長期的整理計劃，只是後來由於各種原因，未能如願。

二〇〇二年，偶然的機會，我得知河南開封有一本當年丹道刻經會刊行的陳攖寧先生校訂本道竅談三車秘旨合刊，遂委託胞弟蒲曉博先生從該處購得，未料竟然是張竹銘先生鈐印，贈送於楊少臣先生的本子。自此，我也開始留意並收集陳攖寧先生當年所出版的各種圖書的信息。

二〇〇五年時，我曾建議海牙老師，將陳攖寧先生的一些手本製成複本，以免流失。老師也覺得實屬必要。這樣，我們就開始複製一些手本。但這件事情進行不久，不知道什麼人說了什麼話，複製工作遂告中斷。這樣，我只能更多地留意陳攖寧先生當年正式出版的各種書籍，及散落在外的一些手跡。

二〇〇五年前後，我結識了三一子先生。由於我們對陳攖寧仙學有着共同的熱愛，故三一子先生用自己當時較微薄的收入，幫助我收集仙學資料及陳攖寧先生著作，也緩解了我經濟上的壓力。在以後的十多年裏，我們竟然將陳攖寧先生當年正式出版的圖書幾乎搜羅完全。除了胞弟蒲曉博先生從河南開封購得之道竅談三車秘旨合刊外，我和三一子先生從山東濟南一書店購得孫不二女工内丹詩註，從北京某個人手中購得琴火重光，從江蘇某藏家手中購得黃庭經講義，從臺灣購得靈源大道歌白話註解，從雲南某書店購得道學小叢書、女子道學小叢書。爲了研究陳攖寧先生爲高鶴年居士名山遊訪記所作之序文，我們搜集了十多個版本的名山遊訪記，後來也整理成陳攖寧重校訂版戊子年改訂本名山遊訪記一書，並由心一堂出版。某兄見我們一片熱忱，也欣然將自己多年從各處搜集之陳攖寧先生零稿交付於我，供我整理。福建的陳先生，也向我提供了一些自己收集到的珍貴資料。

畢竟我們的財力是有限的。我也曾目覩過幾種陳攖寧先生的珍貴手本及相關著作，但由於經濟能力不足，最終無法購得。

「全集」難全，古人不免。我只能將與諸友所收集之陳攖寧先生著作，及當年從胡海牙老師處複製的一些學習資料，整理成陳攖寧文集。既然不是「全集」，在整理過程中，我也做了一些取捨。這本書前後用時二十餘年。這二十多年來，圍遶着我的很多事情，都或多或少與陳攖寧先生的文稿有關。好在這本書終於告一段落。

整理陳攖寧文集，是因爲我對陳攖寧先生的學問極爲偏愛。也因爲這份偏愛，造成了我個人的執念，即一直欲整理一套理想的陳攖寧先生文集。當這套文集將要出版之際，方覺由於我的執念，這些年拖累了不少朋友及家人，在這裏只能向他們表示誠摯的謝意。

感謝三一子先生多年來無私的幫助，感謝某兄提供的珍貴資料，感謝太太張莉瓊在書稿整理過程中所給予的技術指導及生活上的照顧，同時要感謝義弟劉昆明先生、胞弟蒲曉博先生在經濟上的支持。更要感謝心一堂出版社陳劍聰先生在出版方面提供的種種方便，以及摯友著名書法家林萬華先生爲本書題寫書名。我的一己之私，讓大家受累了！

如果説有遺憾，應該是没有能在胡海牙老師生前將此書整理完成。海牙老師生前曾多次與我商談，希望將陳攖寧先生的文稿按繁體豎排出版。當陳攖寧文集繁體豎排版問世之時，海牙老師却已仙遊。

陳攖寧文集出版之後，我不會再將太多的精力放在陳攖寧先生文稿的收集與整理上。我打算在「柱下文化經典影印系列叢書」及中醫、養生方面多做一些工作。希望陳攖寧文集能爲陳攖寧先生學術的愛好者、學習者、研究者提供一些有益的幫助。

二〇二〇年六月六日農曆閏四月十五日蒲團子於玄玄居

陳攖寧文集收錄書目及整理情況

胡海牙老師生前一直計劃整理陳攖寧先生全集，但由於各種因素，未能如願。現在，胡海牙老師所保存的資料已難一窺全豹，陳攖寧先生全集也更難以完成。我所整理的陳攖寧文集，是根據胡海牙老師當年提供給我的學習資料及我和諸親友多年來搜集的陳攖寧先生著述而整理。全書分爲陳攖寧自傳、仙學專著卷、典籍校訂卷、外丹經典卷、道家道教卷、仙佛零稿卷、書信問答卷、詩詞歌賦卷、醫學文稿卷、其他文章卷。

陳攖寧自傳

陳攖寧自傳本有三份，本書收錄兩份，自傳（一）是陳攖寧先生一九五三年被聘爲浙江文史館館員時所寫的個人簡歷之定本此前尚有一初稿；自傳（二）較爲簡略，其中部分内容爲自傳（一）所無，故併收入。

仙學專著卷

本卷收錄陳攖寧先生對經典的註釋、仙學講義及仙學修鍊方面的專著十四種。

黄庭經講義，係陳攖寧先生一九二一年爲潛道人王聘三先生講述仙道工夫時所作，最早在上海翼化堂善書局一九三三年七月一日創辦的揚善半月刊創刊號上開始連載一九三三年七月一日總第一期開始刊登，一九三四年一月十六日總第十四期載完，一九三四年八月由上海翼化堂書局刻木版印行，是陳攖寧先生公開刊行的第一部仙學著作。本次整理所採用版本即上海翼化堂書局單行本。

孫不二女功内丹次第詩註，乃陳攖寧先生於一九一六年爲呂碧城女士講道時所作，當時是隨時解釋，隨時郵寄於呂女士。此書就是陳攖寧先生最早撰著的一部仙學著作。一九三三年七月，揚善半月刊創刊，因稿件的需要，遂由陳攖寧先生重新校訂一過，並於一九三三年九月一日揚善半月刊第一卷第五期開始連載，至一九三四年八月一日揚善半月刊第二卷第三期總第二十七期連載完畢間有中斷，一九三四年八由翼化堂善書局刻木版印行。本次整理所採用版本即翼化堂善書局單行本。

口訣鈎玄錄初集一書，是陳攖寧先生欲依清光緒時代江西豐城黄元吉所撰之道德經講義與樂育堂語錄二書爲據，用提綱挈要的手段，將此二書的玄奥，聚類比文，删蕪取菁，使書中口訣躍然紙上。口訣鈎玄錄最早一篇刊登於一九三四年十月十六日揚善半月刊第二卷第八期總第三十二期。由於此書是隨作隨刊，故連載常有間斷，一直到一九三七年一月十六日揚善半月刊第四卷第十四期總號第八十六期口訣鈎玄錄第一編讀者須知之第四章第二節口訣不肯輕傳之理由第十四條刊出，即由於各種原因，未能再做。本次整理所採用版本即揚善半月刊所載。

五祖七真像傳，陳攖寧先生未完成著作之一，最早由揚善半月刊連載。五祖七真之傳略，來源於史志及道書，由陳攖寧先生纂集；畫像則爲陳攖寧先生早年所藏。陳攖寧對五祖之像傳，皆有詳細的記述和自己的按語。因南宗張紫陽得訣於劉海蟾，故在五祖像傳之前，率先刊出劉海蟾真人之畫像。劉海蟾之像傳登載於一九三五年一月一日揚善半月刊第二卷第十三期總第三十七期封面像和封二傳。隨之在以後四期的封面和封二依次刊出了張紫陽、石杏林、薛道光、陳泥丸之像傳。而南宗五祖白玉蟾之傳略則刊登於一九三六年九月十六日揚善半月刊第四卷第六期總第七十八期，且無畫像，直到一九四〇年十一月一日仙道月報第二十三期上，纔將畫像刊出，並將傳略附於像後。七真之像傳則刊登於仙道月報。最早刊出的一幅，是一九四〇年八月一日仙道月報第二十期上的孫不二仙姑像傳。隨後於仙道月報第二十一期刊登了全真祖師王重陽之像傳、第二十二期刊登馬丹陽真人之像傳、第二十四期刊登了劉長生真人之像傳，一九四一年二月一日第二十六期登刊了王玉陽真人之像傳、六月一日第三十期刊登了丘長春真人之像傳。尚有譚長真、郝大通二真人之像傳，因仙道月報停刊而未登出，在以後陳攖寧先生的著作中也未見有增補。本次整理所採用版本即揚善半月刊與仙道月報所載。由於原畫像有多幅不清晰，故請家父蒲建輝先生依之倣繪。

靈源大道歌白話註解，是一九三八年五月陳攖寧先生、張竹銘先生等在上海創辦仙學院之後，由於星期講課之需，陳攖寧先生爲仙學院所撰著並演講的第一種講義。一九三九年由丹道刻經會刻版印行，公開流通。本次整理所採用版本即丹道刻經會刻本。

參同契講義甲本，是陳攖寧先生在仙學院星期講座時的另一種講義。大約在一九三九年開始講授，一九四〇年孟春講完，分章次第以陸潛虛周易參同契測疏爲依據。由於參同契講義的內容不宜公開流通，故講義稿當時只允許汪伯英先生一人筆錄，既未公開刊行，亦未允許其他學生做筆記。汪伯英先生之筆錄本，後亦交與陳攖寧留存。一九五三年，陳攖寧先生從上海遷到杭州銀洞橋廿九號胡海牙老師家中定居，以汪伯英筆錄本參同契講義爲底本，爲胡海牙老師講解參同契，並對當日講義未能盡言者，復親筆撰寫參同契辭解一册以補充之，同時對汪伯英筆錄本也進行了詳細的校勘與增補，將相關章節之題目與編次增入其中，部分內容還作以批註，以使之完善。後將參同契講義與參同契辭解合訂爲一册，在封面書「參同契講義未定稿一册」並「後附參同契辭解」等字，交由胡海牙老師保存。本次整理即爲汪伯英抄、陳攖寧重校訂、胡海牙收藏之參同契講義未定稿與參同契辭解合訂本，由於參同契辭解係對參同契講義之補充，故在整理時，將辭解内容，分别置於每章之後，以方便讀者閱讀。又因爲在此合訂本後，胡海牙老師曾另抄有一本參同契講義，故我將此本定名爲「甲本」。

參同契講義乙本，係陳攖寧遷居杭州銀洞橋胡海牙老師家中，爲胡海牙老師重新講解參同契後，胡海牙老師等人重新鈔錄。此寫本經陳攖寧先生、胡海牙老師校訂。此次整理，亦全文收入，命名參同契講義乙本。

業餘講稿，係一九四三年至一九四五年陳攖寧住於南京孟冠美、孟懷山家中之「亞園」時，爲孟冠美、孟懷山及上海來訪之張竹銘、謝利恒、方公溥等人講課之記錄稿。全書共分四十二章。陳攖寧遷居杭州後，重新校訂文稿時，再封面上另題「此稿已過時」，「須待删改與補充」諸字。並且，第一章、第二章用剪刀裁去。此次整理，排序按原稿，第一章、第二章空缺。

仙學必成，係一九四五年陳攖寧先生的夫人吳彝珠去世，陳攖寧先生在心情低落的情況下，留與諸學生的仙學修鍊中之清靜工夫全部口訣。此書成後，陳攖寧先生親筆抄贈諸學生者。本次整理所採用版本即胡海牙老師藏本。根據胡海牙老師藏本頂批内容及書末題署「民國三十六年十月三十日」推知，此書初稿作於一九四五年農曆三月、四月，最後一次定稿可能爲一九四七年十月三十日。

爲淨密禪仙息淨的一封信，此篇大約作於一九四六年，曾在覺有情雜誌刊登。本次整理所採用版本即陳攖寧手寫本。

楞嚴經耳根圓法門淺釋，初稿作於一九四九年秋，定稿於何時未知。某拍賣公司曾拍賣過一本陳攖寧手寫本楞嚴經耳通圓通次第證驗說，與此書內容有關，惟更爲完整。本次整理所採用版本即陳攖寧先生手寫本。其中有部分內容缺失，姑仍其舊。

楞嚴經講義，應爲一九四六年至一九四七年所作。原稿由陳攖寧先生寫於木刻本楞嚴經頁頂、頁脚及行間空白處。整理時，凡頁頂、頁脚處陳攖寧批註內容，均作「陳攖寧頂批」，行間批註內容直接置於合適位置，原刻本頂批註明「原頂批」。楞嚴經釋要撰著時間不詳，大約與楞嚴經講義相隔不遠。

神經衰弱靜功療養法問答，此篇係一九五七年八月陳攖寧受杭州屏風山療養院張院長之邀，爲静功療養科所撰寫的講稿。本次整理所採用版本爲一九六三年道協會刊第三期刊載本。

典籍校訂卷

本卷收錄陳攖寧先生校訂的丹經道書共二十種含常遵先二種。

道學小叢書，共六種。第一種，天隱子，無名氏著，陳攖寧校訂，上海翼化堂善書局一九三五年一月出版；　第二種，坐忘論，司馬承禎著，陳攖寧校訂，上海翼化堂善書局一九三五年二月出版；　第三種，五息直指，白雲齋著，汪怡寬增輯，常遵先加註，上海翼化堂善書局一九三五年二月出版；　第四種，旁門小術錄，黔中積善堂述，陳攖寧評註，上海翼化堂善書局一九三五年三月出版；　第五種，金火丹訣，許信良著，常遵先校正，上海翼化堂善書局一九三五年四月出版；　第六種，三乘秘密口訣，冷謙著，陳攖寧校訂並補抄，上海翼化堂善書局一九三五年八月出版。本次整理所採用版本即上海翼化堂善書局本。

女子道學小叢書，共五種。第一種，坤寧妙經，陳攖寧、常遵先校訂，上海翼化堂善書局一九三五年二月出版；　第二種，女功正法，靈陽道人著，陳攖寧刪訂，上海翼化堂善書局一九三五年七月出版；　第三種，女丹十則，陳攖寧刪訂，上海翼化堂善書局一九三五年八月出版；　第四種，男女丹工异同辨，顔澤寰纂述，賀爲烈參校，陳攖寧重校訂，上海翼化堂善書局一九三五年十月出版；　第五種，女丹詩集，陳攖寧校訂，上海翼化堂善書局一九三五年十二月出版。本次整理所採用版本即上海翼化堂善書局本。

道竅談三車秘旨，李涵虛著，陳攖寧校訂。此書原係福建毛復初家藏鈔本，由福建連城縣鄧雨蒼攜至上海交由陳攖寧先生校訂。一九三七年七月由上海丹道刻經會合刊出版流通。本次整理所採用版本即上海丹道刻經會本。

呂祖仙跡詩詞合刊目錄，此係陳攖寧先生計劃對李涵虛校刊本呂祖年譜海山奇遇與純陽先生編年詩集兩書重編校時所列目錄。由汪伯英先生鈔寫，陳攖寧先生加按語。本次整理所採用版本即汪伯英寫本。

邱長春真人秘傳大丹直指，此書原係手鈔秘本，一九三七年以前由藏書者帶往上海請陳攖寧先生審訂。後藏書者將陳攖寧修改稿油印，並送陳攖寧先生一册。此次整理所採用版本即陳攖寧先生藏本。

三一音符，張心籟著。原爲鈔本，一九三幾年由某先生從舊書肆購得，轉贈陳攖寧先生。一九五五年，陳攖寧先生從頭到尾讀過五遍，改正其中錯誤並加以圈點。此次整理所採用版本即陳攖寧先生批改本。

法藏總抄，係陳攖寧先生根據明代陸西星三藏真詮兩種不同鈔本訂正、删改並重新鈔錄而成。此書成於一九五五年。本次整理所採用版本即陳攖寧先生手鈔本。

金丹就正篇玄膚論七破論，陸西星著，陶素耜道言五種之金丹就正篇所錄，陳攖寧先生批註。

外丹經典卷

本卷所收錄內容專述外丹，故從經籍校訂卷單獨列出，另爲一卷，共收錄外丹經典十九種。

陳攖寧先生早期即對外丹術頗爲關注，一九二二年至一九三二年的十年中，還曾與道友進行過長期的外丹實驗，並收集了大量外丹經刻本，鈔錄了不少外丹秘本。有資料記載，其鈔錄的外丹經珍本有二十餘册。今日能見者有十餘册。這十餘册鈔本，秋日中天金火大成本、秋日中天附集金火大成本、續黄白鏡雜詠金火大成本、地元正道金火大成本、三種金蓮金火大成本、龍虎經金火大成本、我度法藏選抄，金火大成本、法藏全書提要、洞天秘典、伍冲虛金丹要訣節錄附修仙歌節錄均爲陳攖寧先生手鈔並批註；漁莊錄金火大成本、黄白指南車金火大成本由謝季雲先生手抄，陳攖寧先生校閱、批註；金火燈金火大成本、金誥摘錦金火大成本均爲高堯夫先生手抄，陳攖寧先生校閱、批註；無極經金火大成本抄者不明，了易先資爲多人共抄，均爲陳攖寧先生校閱、批註。這些鈔本，很多是現在極其少見之資料，彌足珍貴。

陳攖寧先生尚有從道藏摘鈔之外丹法匯錄一部。除了這些鈔本外，揚善半月刊曾連載有陳攖寧先生纂輯之外丹黃白術各家序跋，一九三九年上海丹道刻經會出版有陳自得著、陳攖寧校訂之琴火重光一書。

道家道教卷

本卷收錄內容，主要爲陳攖寧先生於揚善半月刊、仙道月報、道協會刊發表的，關於道家、道教理論方面的文章。此外，還包括一九四七年由上海市道教會出版的復興道教計劃書，及一九五九年爲中華書局審稿時撰寫的對於太平經合校的意見、在中國道教協會時爲講解道德經所作的老子哲學分類此書的前幾章史記老子傳、老子與老萊子是否一人、老子和太史儋是否一人、老子與孔子是否同時、道德經是否老聃所著均刊登於道協會刊，其餘內容爲陳攖寧先生寫本及爲辭海試行本詞條「正一道」所撰寫的辭海試行本「正一道」詞條校樣意見。另外，刊載於道協會刊之道教知識類編初集，原署名爲「本會研究室」，根據一九九七年中國道教學院教研處道教知識類編初集前言「一九六二年，中國道教協會創辦『道教徒進修班』。當時，沒有適合的現成教材可用，中國道協第二屆會長、著名道教學者陳攖寧先生便親自組織、指導本會研究室工作人員着手進行編寫。陳先生對最先起草的道教知識類編初集的內容與文字，作了大量的修改和加工。實際上該稿完全是按照陳先生的策劃、意旨寫成的」及中國道教學院編印本道教知識類編初集作者署名「陳攖寧編著」，故收錄於本卷。本卷所採用版本，復興道教計劃書採用一九四七年上海市道教會刻本，老子哲學分類結合道協會刊與陳攖寧先生寫本，對於太平經合校的意見、辭海試行本「正一道」詞條校樣意見均採用寫本，其他內容均採用揚善半月刊、仙道月報與道協會刊道協會刊中內容，參考華文出版社出版的道教與養生及由中國道教學院編印的道教知識類編初集、太平經研究。

仙佛零稿卷

本卷所收錄者，均爲篇幅相對短小之與仙學修鍊、佛學知識相關之文章，分爲「仙道理法類」與「佛學論述類」兩部分，共三十五篇文章。

「仙道理法類」主要爲陳攖寧先生於揚善半月刊與仙道月報所發表之與仙學修鍊密切相關的文章，以及陳攖寧先生批註或加按語的一些實修類文章。此外，我對本書的意見一文，是針對洪太庵我之坐功一書的補充說明，未曾公開發表；外丹服食成仙考證原附於法藏總抄手寫本書末，亦未曾公開發表。

「佛學知識類」主要是陳攖寧先生於揚善半月刊、仙道月報及覺有情所發表之關於佛學類文章。

書信問答卷

本卷所錄，除陳攖寧先生於揚善半月刊與仙道月報所發表之答道函近百篇，尚有一九四九年後信函十三篇這些通信或爲胡海牙老師抄藏，或爲陳攖寧先生自留底稿。

詩詞歌賦卷

本卷主要收錄了陳攖寧先生於揚善半月刊、仙道月報發表之自撰詩詞與對聯，以及批註、加按語之他人詩詞。尚有於覺有情發表之詩兩首、陳攖寧先生手書贈國醫謝利恒七言四首及胡海牙老師抄藏陳攖寧先生詩贈克明先生一首、長聯挽孟懷山之父一幅。

醫學文稿卷

本卷收錄陳攖寧先生著、胡海牙老師校訂並油印之開講内經知要之前導、陳攖寧先生著嫩生薑治愈喉症的經驗、陳攖寧先生手書素問「二陽之病發心脾，不得隱曲」探討共三篇。

其他文稿卷

本卷分爲三部分。一是點評、扶乩、社會類文章，内容爲揚善半月刊及仙道月報中陳攖寧先生撰述、點評或加按語，但不能分類於以上諸卷之文章。題目爲我所設。二爲閱書雜鈔，是陳攖寧先生摘鈔報紙、圖書及古畫之筆記。閱書雜鈔是陳攖寧先生手寫本。三是遺篇，收錄陳攖寧先生在一些圖書上之題記及一些不成篇之散稿，尚有一篇陳攖寧先生手書之各省少數民族自治區。

版本提供

本書所收錄之黄庭經講義、孫不二女丹詩註、靈源大道歌白話註解、道學小叢書、女子道學小叢書、琴火重光等書原刻本及道協會刊原本，均由北京三一子先生提供；道竅談三車秘旨合刊由愚弟蒲曉博先生購買相贈；部分陳攖寧先生手書零稿，由某兄相贈。在此，謹向他們三位深表謝意。文集中所收錄原刊載於揚善半月刊之文章，均據陳攖寧先生親笔批註、删訂本揚善半月刊：删節、訂正内容，逕改，不作校記或說明；新增添内容，逕增，不作校記或說明；新增批註内容，均註明「陳攖寧增批」。

整理陳攖寧文集，既是完成胡海牙老師的一個心願，也是我多年來的一份執念。更何況有些文稿已散失，而有些原件之紙質已着手可破，只有將之及時整理出版，方能更好地保護這些資料。希望此書的出版，能爲保存陳攖寧先生之學術資料盡一些綿薄之力，能爲關心、喜愛及研究陳攖寧學術思想者提供一份資料，我的心願也就達到了。

本書所收錄内容，均在文尾明確註明出版，如「載揚善半月刊某期」或「某年某月某出版社出版」。由於書稿的出版年代不同，部分文字也有差异，故在整理過程中，除需要特別註明者之外，儘量統一。

二〇二〇年六月十日農曆庚子年閏四月十九日蒲團子於玄玄居

存真書齋微信公眾號

柱下文化微信公眾號

陳攖寧文集·一　目錄

陳攖寧自傳

仙學專著卷上

陳攖寧　著

陳攖寧自傳

陳攖寧自傳一

公元一九五三年十月下旬作

我是安徽省懷寧縣人，生於清光緒六年十二月一八八〇年，舊法算七十四歲，新法算七十三歲。以後年齡按新法計算。父親以教書爲職業，家中設館授徒，我自幼即受家庭私塾教育。三歲時　開始讀書，到六歲時，已讀完三字經、四字經、百家姓、千字文、論語、孟子、大學、中庸。

七歲至十一歲　讀詩經、書經、易經、禮記、左傳。

十二歲至十四歲　學做詩文。讀古文、古詩、八股文、試帖詩。以上皆是父親自己教讀，沒有第二個老師。

十五歲　患極度的衰弱病症，醫生說是童子癆，無藥可治。那時讀書最苦，既要多讀多記，又要背誦得出，晝夜用功，無星期假，無寒暑假，無體操運動，終日伏在書棹上，腦筋用着不停，食物又缺乏營養，當然要弄出這樣的病來。因此，父親不敢教我再讀書，我自己也極怕苦讀，遂改學中醫，想從古代醫書裏面尋出一個治童子癆的方法。

十六歲至十九歲　從叔祖父學中醫。他的醫書很多，我都看過，於普通病症是有辦法，但是我自己的病治不好。偶然看到一部醫書上談到仙學修養法，我甚感興趣，姑且試做。起初毫無效驗，頗覺灰心。只以自己生命已經絕望，除此別無良法，勉强繼續再做下去。後來身體漸漸好轉，生命方能保全。此時就是我平生研究仙學修養法之起點。修養法有各種不同，有儒教的修養法，有佛教的修養法，有哲學的修養法，有仙學的修養法，後來我都研究過，只有仙學修養法合於我的宗旨，所以後來我專門研究這一法。

二十歲至二十七歲　除研究中醫學理並仙學修養法而外，又兼看各種科學書。那時尚無所謂教科書，凡是講科學的書都是上海江南製造局譯學館翻譯的，字大，版本又大，和舊式的線裝書一樣。我兄平日研究物理、化學，尤精於高深的數學，更善於繪製機械圖畫。我的普通科學知識，皆是由兄處得來。他因爲勤學過度，三十幾歲，得吐血症而亡，故我對於專門科學書不敢再用心研究。後來雖考入安徽高等學堂，時候不久，因舊症復發，半途退學，未能畢業。

二十八歲至三十一歲　因爲舊症復發，心中恐慌，知道自己所學的修養方法尚不够用，需要再求進步，遂離開家庭，到各處求人指導。從廿八歲起，即不靠家庭生活。先尋訪佛教中有名的高僧，如九華山月霞法師、寧波諦閑法師、天童山八指頭陀、常州冶開和尚等，但嫌佛教的修養法都偏重心性，對於肉體仍無辦法，不能達到去病延齡之目的。因此又尋訪道教中人，如蘇州穹窿山、句容縣茅山，都是香火地方，道士們不懂得修養；　又如湖北均州武當山、山東即墨縣嶗山，雖有少數做修養工夫的人，他們所曉得的方法，尚不及我，有許多問題不能回答；　其他不出名的地方，如安徽懷遠縣塗山、浙江湖州金蓋山等處，都是空跑，並無結果。我想，這樣尋訪，白費光陰，還不如自己看書研究，因此遂下決心閱覽道藏。以上皆是清朝光緒、宣統時代，以後即民國時代。

三十二歲至三十五歲

道藏全書，遍中國不過七部，都在各省有名的道觀內，如沈陽太清宮、北京白雲觀、南陽玄妙觀、武昌長春觀、成都二仙庵、上海白雲觀，各有此書一部。其餘一部或在陝西省某道觀內。民國初年，姊丈喬種珊在上海行醫，他勸我來上海和他同住，因此有機會於壬子、癸丑、甲寅這三年，長久在上海老西門外白雲觀閱覽道藏。此書共計五千四百八十卷，是明朝正統年間刊版，留傳到今約五百餘年，向來没有人把這部書看完過，只有我一人費了三年光陰，從頭到尾看過一遍。此後即無人再看，放在藏經樓上六個大櫥中，封鎖三十七年之久，書多霉爛破損。前年上海市人民政府撥款一千幾百萬元，僱工將全部道藏修補完整，移交上海文化機關保管，不在白雲觀內。道藏看完後，我又想研究佛學。乙卯年，在杭州城外海潮寺佛教所辦的華嚴大學住過一時期。乙卯秋季，又往北京尋訪專門做修養工夫的人，惜無所遇，遂暫住北京。我離開家庭之後，在外面旅行的費用，是姊丈喬種珊接濟，他身體也壞，希望我尋訪得有效的方法，轉教給他。

三十六歲至五十五歲丙辰至乙亥　丙辰年秋季，由北京回上海，與妻吴彝珠同居。她此時已不在醫院服務，自設診所於上海民國路，執行醫師業務，我幫她照顧一切瑣事，有空閒時，即閱覽各種書籍。這二十年中，生活安定，尚能容許我研究學術，每天看兩三卷書，並不困難。所看的書，大半和修養有關，同時亦兼看文學、史學、哲學、醫學、佛學等書。書的來源，或自己購買，或向人家借看，或到圖書館閱覽。二十年中所看的書，實在不少，我妻常笑我是書獃子。我因爲上海環境太壞，若不把精神寄託在書上，就難免受外界的誘惑，摇動自己的身心，所以看書也算是我修養之一法。有些時候，看書仍不能制伏妄念，就出門遊歷，住到山裏去。庚申年住九江廬山，甲子年往北京西山，其餘蘇、浙、皖三省名山，或久住，或暫住，所以住山也算是我的修養法，能够安定身心。

五十六歲丙子年　乙亥年，我正住在徽州黄山，我妻患乳巖症，無藥可治，她也想學修養法以延長壽命，寫信催我返滬。勉强度過冬天，到了丙子年春天，妻病更重，只得和她遷居上海西鄉，她用我教她的修養法自己治療，大有效驗，因此我對於仙學上的修養法增加信仰，凡是人家寄來種種複雜的問題，無論此人我認識或不認識，皆詳細的寫信答覆他們。因爲我想把自己由道藏全書中所研究出來的高深修養法讓羣眾咸知，不願矜爲獨得，所以一面答覆人家問題，一面又將信稿連問題公開發表，毫不隱藏，破除古代保守的舊思想，直到丁丑年秋季，方告一段落。這也是我爲社會盡的一點義務。以上是抗戰以前事。

五十七歲至六十四歲 丁丑至甲申　丁丑秋季，上海四郊已在抗戰，我們住在鄉間，尚無所聞，臨危急時，匆忙逃出，所有書籍、衣服、器具、食物、藥品等，完全犧牲。此時已無力成家，我一人住在外甥女喬馥玖處。即上海泰興路五三八弄三號。後來彼處避難的人多，屋小不能容納，張嘉壽爲我設法租住別處。喬馥玖即張嘉壽之妻。那時各地方避難的人都集聚在上海，房租及物價飛漲，嘉壽個人之力不能負擔，由幾個朋友共同幫助。後來幫助之人逐漸減少，難以維持，僅靠張嘉壽、張竹銘兩人照顧。那時我妻住在尚賢婦孺醫院，仍帶病服務。後來她病勢逐漸加重，蒙該醫院念她往日服務之勤勞，特別優待，許她住院養病，不收一切費用。我也陪她同住醫院，經過長久的時間。此段所說，皆在八年抗日戰爭期内。

六十五歲至七十歲 乙酉至庚寅　乙酉春季，我妻因乳巖症歿於上海東湖路尚賢婦孺醫院。她自甲戌年得病至臨終，經過十年之久，別人患真乳巖乳巖有真假之分，不過三四年即死，從來没有活到十年者，因爲她在病中常做修養工夫，增加身内抵抗之力，所以壽命多延長了六七年。我們無家庭，無子女，全靠親戚朋友等共同幫助，料理喪事。妻死後，我離開尚賢醫院，和張嘉壽等同住在東湖路浦東中學内。乙酉年冬季，遷移到上海銅仁路二五七號史劍光家中。以上在抗戰勝利之後。己丑年冬季，由銅仁路史劍光家遷移到上海華山路一四六一弄六號張竹銘醫師家中。以上在上海解放之後。

七十一歲至七十三歲 辛卯至癸巳

已往我常常代人家做世俗應酬文字，或爲講解歷史、國文、哲學以及仙學上的修養法、醫學上的健康法之類的書籍，實際上等於家庭教師，但不拿薪金，只由他們照顧我的生活。外甥女喬馥玖屢次勸我，年老體衰，不宜再費腦力做文字工作。當時我尚不甚注意此話，到了七十歲後，自己感覺有時用腦過度，即頭痛心跳，眼昏耳鳴，胃病大發，始信她勸我的話不錯。遂於辛卯秋季，由上海華山路一四六一弄六號張竹銘家遷移到上海泰興路五三八弄三號喬馥玖家，閑住兩年。**頂批** 一九五一年八月十五日，由華山路張竹銘家中，遷移到泰興路喬馥玖家中，取得武定路派出所第一六六五號遷入證。但若從此無所事事，徒然銷磨老年有限的光陰，亦非素願，所以仍想做我的文字工作。杭州中醫師胡海牙，於庚寅年冬季，請我講過古醫書素問、靈樞經。本年四月，他又寫信邀我來杭，共同研究鍼灸科書上高深的學理，預備編輯鍼灸學辭典，因此由上海來杭，住在胡家。**頂批** 一九五三年六月下旬，由上海泰興路五三八弄三號樓下廂房喬馥玖家中，遷移到杭州市銀洞橋二十九號胡海牙家中。後來省政府秘書廳有一位同志曉得我對於中國古代學術頗有研究，尤其對於道藏全書曾經用過三年心力，而且我的資格又和中央所規定的文史館館員資格相符，他就把我名子提出，經審查委員會通過，由省政府正式聘請爲浙江省文史研究館館員之一。爲工作上便利起見，因此我的上海户口遷移到杭州。

一九五三年十月二十八日即農曆癸巳年九月廿一日

陳攖寧寫於杭州市銀洞橋廿九號慈海醫室

原註 已上自傳，共計柒頁，壹佰叁拾玖行，貳仟捌佰玖拾陸個字。

陳攖寧手寫本，胡海牙老師家藏

陳攖寧自傳二

清光緒六年公元一八八〇年庚辰　生。

光緒八年公元一八八二年壬午　三歲。開始讀書，實數不足二歲。

光緒廿年公元一八九四年甲午　十五歲。因病停止讀書。

光緒廿一年公元一八九五年乙未　十六歲。開始學中醫。

光緒廿六年公元一九〇〇年庚子　廿一歲。開始和兄研究科學。

光緒卅一年公元一九〇五年乙巳　廿六歲。本城內有幾個人到日本留學，兄無錢不能去，他心中鬱悶，不久生病而死，因此我很灰心。

光緒三十三年公元一九〇七年丁未　廿八歲。自己舊病復發，決計脫離家庭，先到上海，和姐夫喬種珊、妻吳彝珠二人商量旅費問題，然後到各處參訪延長壽命的方法。

民國元年公元一九一二年壬子　卅三歲。回上海，借住白雲觀，看道藏。

民國四年公元一九一五年乙卯　卅六歲。到杭州佛教所辦的華嚴大學教和尚們地理。秋季又到北京。

民國五年公元一九一六年丙辰　卅七歲。秋後由北京回上海，正式與妻同居，幫助她照應診所事務，得便即研究學術，每天總要看幾卷書。二十年一九一六年至一九三六年不斷，如文學、哲學、醫學、佛學、外丹、内丹、氣功、静坐等，有時也住到山裏去。

民國十三年公元一九二四年甲子　四十五歲。又到北京來過一次。

民國廿五年公元一九三六年丙子　五十七歲。去年乙亥由黄山回滬，本年春初，同彝珠遷居上海西鄉。

民國廿六年公元一九三七年丁丑　日寇侵略，我們由鄉間逃難入市區内。

民國三十四年公元一九四五年乙酉　妻死，我個人的生活賴幾個學生維持。實六十五歲。

公元一九五〇年庚寅　到杭州講醫學，住胡海牙處，後返滬。實七十歲。

公元一九五三年　又到杭，又回滬，本年十一月户口遷移到杭州，因已正式就業於浙省文史館。實七十三歲。

陳攖寧手寫本，具體時間不詳，約寫於一九六七年

仙學專著卷

上

陳攖寧 著

黄庭經講義

黄庭經講義王序

丹經之古者，參同契而外，其黄庭乎？人人讀黄庭，視黄庭與參同契不相符者，此不足以讀黄庭也，道無不一貫也；視黄庭與參同契即一事者，亦不足以讀黄庭也，立言有專屬也。是説也，余向者微窺之，今讀攖寧子講義而信乃堅矣。

又黄庭有内外篇。余幼習吾家右軍黄庭帖，玩其辭而愛之，久之乃知有内景篇焉。故疑其文之不類，或出於僞託，今讀攖寧子講義而疑乃釋矣。攖寧子於丹經無不讀也，無不解也。其講黄庭，蓋有得於黄庭之先者，而黄庭皆爲之註脚。必如是以讀黄庭，而後黄庭之義始了然以解也。

吾知是編出，人之有志丹經者，皆將奉若秘玩，知所從事焉，無俟余之贅陳也。

辛酉孟夏潛道人王聘三識

王君，蜀人，清光緒年間翰林，官御史。民國十年前，居上海，與沈寐叟、朱古微等往還甚密。一日，余偕王君訪寐叟，談及修養術，沈言：「道家謂人之命根在下丹田，真實不虚，過去已有經驗。」余曰：「工夫證到此步，定享期頤之壽。」沈曰：「我的經驗是從病中得來，未嘗做工夫。某歲患傷寒，勢及危殆，鼻無息，口難言，眼耳不能視聽，手足不能運動，僵卧在床，僅自覺小腹中央有一絲遊氣，其長不過數寸，若斷若續，幾次欲脱離而去，又似有物牽住。其他身體各部全無感覺，心中亦不起念，如此者不知若干時。及至醒來，據家人云，已昏絕半日之久，復醒實出意外。後用藥調理而愈。自今思之，當時若非下丹田一線生機未絕，早已魂銷魄散，那有今日？故知道家之説非虛。惟自愧習性疏懶，不肯刻苦用功，於老子所謂『深根固柢』之道實未曾入門，不敢妄想長生久視，只求終其天年而已。」王君曰：「疏懶我亦不免，傷寒病尚有治法，疏懶病則無藥可醫，我們這般人都是不可教者，只好終身屏在門牆之外耳。」時有另一座客微吟曰：「生存華屋處，零落歸山邱；先民誰不死，知命復何憂。」王君曰：「達觀達觀。」滿座大笑。

這回事不計年月，約距王君作序之後不久。客所吟是曹子建箜篌引末四句，但記不清吟者是否彊邨詞人。

攖寧補記　乙未十二月下旬即一九五六年二月

黃庭經講義

仙道叢書之一單行本　中華民國九年作於滬上　陳攖寧

弁言

黃庭經，不著撰人名氏及時代，惟陶隱居真誥云：「上清真經，晉哀帝興寧二年，南嶽魏夫人授其弟子，使作隸字寫出。數傳而後，爲某某竊之。因濟浙江，遇風淪漂，惟黃庭一篇得存。」

然考魏夫人爲晉之任城人，司徒魏舒之女，名華存，字賢安，幼而好道，攝心夷靜。年二十四，適太保掾劉文，字幼彥，生二子，長曰璞，次曰瑕。其後幼彥物故，夫人攜二子渡江。璞爲温太真司馬，至安成太守；瑕爲陶太尉從事，至中郎將。夫人在世八十三年，晉成帝咸和九年化去。以時代推之，興寧二年，較此尚後三十年，則魏夫人辭世久矣。真誥所謂授其弟子者，或是夫人生時諸弟子得其口授，後始筆錄。否則早有隸字寫本秘藏，至興寧二年，方傳於世耳。

黃庭舊有內景、外景二篇，真誥所指，殆內景篇也。晉王右軍有黃庭經楷書，歷代傳刻，以爲珍寶，即外景篇也。當右軍時代，内景尚未行世，自無所謂外景之名，故右軍所寫，只稱黄庭。後人據真誥之言，遂滋疑義。蓋未知此經原有先後之分、内外之别也。

兩篇文字，不必出於一手，而精理貫通，體用相備，真知個中消息者，當不復存歧視。故吕純陽真人題宿州天慶觀詩云：「肘傳丹篆千年術，口誦黄庭兩卷經；鶴觀古壇槐影裏，悄無人跡户常扃。」又陸放翁道室雜興詩云：「身是秋風一斷蓬，何曾住處限西東；棋枰窗下時聞雹，丹灶崖間夜吐虹。採藥不辭千里去，釣魚曾破十年功；白頭始悟頤生妙，盡在黄庭兩卷中。」又書懷詩云：「早佩黄庭兩卷經，不應靈府雜膻腥；憑君爲買金鴉嘴，歸去秋山劚茯苓。」所稱「兩卷經」者，非即内景與外景乎？東坡居士嘗書黄庭内景，復仿其文體而爲之讚，備極推崇。世儒狃於晉帖，漫謂内景非真，其識解詎出蘇、陸二公上耶？又從來著丹經者，多言男子之事，女丹訣自有别傳，而黄庭經則歷代女真以之得道者，如魯妙典、崔少玄、薛玄同之流，具見載籍，頗不乏人。是尤屬丹家之要旨，爲玄門之總持矣。

第是經文義曼衍，多立名詞，設譬語，雖無奥賾隱密之談，然學者讀之，罕能知味。余承同志之勗，就兩篇義藴，沉潛探索，擇其精要，分類詮釋，務使辭皆能解，理盡可通。庶幾玄圃丹臺，資爲先路云爾。

第一章　黃庭

欲讀黃庭經，必先知「黃庭」二字作何解說。黃乃土色，土位中央，庭乃階前空地。名爲「黃庭」，即表中空之義。

吾人一身，自臍以上，爲上半段，如植物之幹，生機向上；自臍以下，爲下半段，如植物之根，生機向下。其生理之總機關，具足上下之原動力者，植物則在根幹分界處，人身則在臍。嬰兒處胎，鼻無呼吸，以臍帶代行呼吸之功用。及出胎後，臍之功用立止，而鼻竅開矣。

神仙口訣，重在胎息。胎息者何？息息歸根之謂。根者何？臍內空處是也。臍內空處，即「黃庭」也。

引證黃庭經本文

上有魂靈下關元，左爲少陽右太陰，後有密户前生門，出日入月呼吸存。內景經第二章

上有黃庭下關元，前有幽闕後命門。外景經第一章

黃庭真人衣朱衣，關門牡籥闔兩扉。幽闕俠之高巍巍，丹田之中精氣微。外景經第二章

解釋

魂靈即心神；　關元在臍下三寸；　左陽右陰，言其理耳，若必求藏府經絡部位以實之，恐近於穿鑿；　密户，在身後腰部；　生門即臍。

涵虛子云：　「合上下前後左右，暗藏一個『中』字。此『中』，乃『虛無竅』也。外日月一往一來，内日月一顛一倒，緜緜呼吸，均在此虛無竅中。」

今按呼爲出，吸爲入；　出爲闢，入爲闔；　闢爲陽，闔爲陰；　陽爲日，陰爲月。故曰：　「出日入月呼吸存。」

黃庭之下，即是關元；　關元之上，即爲黃庭。故曰：　「上有黃庭下關元。」内景經云「上有魂靈下關元」，則謂黃庭之上有心神，黃庭之下有關元耳。辭雖異而義同。

幽闕即生門，生門即臍，鍼灸家名爲「神闕」，又名「氣舍」。命門即密户，在背脊骨第十四椎下，即第二腰椎骨之部。

修鍊家以心神注守黃庭，名曰「黃庭真人」；　心色本赤，故曰「衣朱衣」。神入氣中，氣包神外，如牝牡之相銜，故曰「牡籥」。闔兩扉者，喻陰陽相紐；　高巍巍者，即參同契所云「先天地生，巍巍尊高」之意。

丹田者，乃結丹之所，如播種子於田中，自然生苗結實，成熟可期，故名曰「田」。「精氣微」之「微」字，最宜領會。必如易教之「潔淨精微」，老氏之「微妙玄通」，方盡其用。蓋丹道雖不外乎積精累氣而成，然徒知執著精氣之麤跡，將何以臻神化哉？

附註　後世丹書所言黃庭之部位，與本經微有不同。然大體無妨，可不具論。

第二章　泥丸

泥丸即上丹田，在頭頂中，鍼灸家名「百會穴」，乃腦也，爲修鍊家最重要之關鍵。當行功時，運周天火候，必後升前降，升到泥丸終，降自泥丸始，所謂「還精補腦」是也。夫腦髓之體極精，腦髓之用至靈。其成也，乃間接由元氣化生；其虧也，非物質直接所能補足。人當中年以後，每患腦力薄弱，常欲求助於藥，然藥無補腦之效。惟有仙家妙術，借陰陽升降之機，化生靈質，日積月累，方可使腦髓漸充，回復原狀，或更覺超勝。於是性有所寄，命有所歸。雖不仙，不遠矣。

引證黃庭經本文

至道不煩訣存真，泥丸百節皆有神。一部之神宗泥丸，泥丸九真皆有房，方圓一寸處

此中。但思一部壽無窮，非各別住居腦中。 內景經第七章

瓊室之中八素集，泥丸夫人當中立。 內景經第二十一章

保我泥丸三奇靈，恬淡閉觀內自明。 內景經第二十一章

問誰家子在我身，此人何去入泥丸。 內景經第十九章

解釋

道法以簡要爲貴，口訣雖多，重在存真。存即存想，真即真人，言存想吾身真人之所在也。真人，即神。雖周身百節皆有神，惟泥丸之神爲諸神之宗。泥丸一部，有四方四隅，併中央共九位，皆神之所寄，而當中央方圓一寸處，乃百神總會。修鍊家不必他求，但存思一部之神，已可享無窮之壽。因此一部之神，非散居別處，而總居腦中。腦爲人身主宰，得其主宰，則易爲功也。

瓊室，即腦室；八素，即四方四隅之神；泥丸夫人，即腦室中央之神，名爲「夫人」者，謂腦屬陰性，宜靜不宜動，靜則安，動則傷，本於老子「守雌」之義也。

三奇即三元，三元即元精、元氣、元神；恬淡，謂節嗜欲，少謀慮；閉觀，謂閉目返觀。此言保養腦中精氣神之法，惟在返觀內照也。

誰家子，乃内丹之喻名。内丹既結於下田，是不可不遷。遷將何處？即上入泥丸。蓋返觀内照，乃靜以養性之功；丹成上遷，乃動以凝命之術。作用雖異，道理則同。

第三章　魂魄

自來言魂魄者，理論至賾，不可畢陳，挈其大綱，約有十説。

（一）以陰陽論魂魄者。陳氏禮記註曰：「魂者陽之靈而氣之英，魄者陰之靈而體之精。」高誘淮南子註曰：「魂者陽之神，魄者陰之神。」

（二）以五行論魂魄者。朱子全書曰：「魂屬木，魄屬金。」所以説三魂七魄，是金木之數也。

（三）以五藏論魂魄者。内經云：「心藏神，肝藏魂，腎藏精，肺藏魄。」又曰：「隨神往來者謂之魂，並精出入者謂之魄。」此言魂與神爲一家，魄與精爲一家，正合丹道「東三南二，木火爲侶；西四北一，金水同宮」之説。

（四）以鬼神論魂魄者。禮祭義曰：「氣也者，神之盛也；魄也者，鬼之盛也。」氣即魂意，魂與氣，古人常合爲一談。如延陵季子「骨肉歸於土，魂氣無不之」之語可見。

（五）以動靜論魂魄者。性理大全引宋儒説云：「動者，魂也；靜者，魄也。『動靜』

二字，括盡魂魄。凡能運用作爲，皆魂使之爾，魄則不能也。」

（六）以升降論魂魄者。朱子全書曰：「人將死時，熱氣上出，所謂魂升也；下體漸冷，所謂魄降也。」

（七）以志氣論魂魄者。朱子全書引蘇氏易解曰：「衆人氣勝志而爲魄，志勝氣而爲魂。」

（八）以思量與記憶論魂魄者。宋儒黃勉齋曰：「人只有個魂與魄，人記事自然記得底是魄，如會恁地搜索思量底便是魂。魂主經營，魄主受納。」

（九）以知覺與形體論魂魄者。禮祭義陳氏註曰：「人之知覺屬魂，形體屬魄。如口鼻呼吸是氣，那靈處便屬魂；視聽是體，那聰明處便屬魄。」

（十）以生成之先後論魂魄者。春秋左氏傳云：「人生始化曰魄，既生魄，陽曰魂。」後儒爲之解曰：「始化是胎中略成形時，人初間纔受得氣，便結成個胚胎模樣，是魄。既成魄，便漸漸會動，屬陽曰魂。」

以上諸說，各有不同，合而觀之，或可於中取得一較爲明確之印象。至其相互之關係，則猶有說焉。

內經曰：「魂魄畢具，乃成爲人。」薛生白註曰：「氣形盛則魂魄盛，氣形衰則魂魄衰。魂是魄之光燄，魄是魂之根柢。魄陰主藏受，故魄能記憶在內。魂陽主運用，故魂能動作發揮。二物本不相離，精聚則魄聚，氣聚則魂聚，是爲人物之體。至於精竭魄降，則氣散魂遊，而無所知矣。」

又朱子曰：「無魂，則魄不能以自存。今人多思慮役役，魂都與魄相離。老氏便只要守得相合。老子云『載營魄』，是以魂守魄。蓋魂熱而魄冷，魂動而魄靜。能以魂守魄，則魂以所守而益靜，魄以魂而有生意。魂之熱而生涼，魄之冷而生煖，惟二者不相離，故其陽不燥，其陰不滯，而得其和矣。不然，則魂愈動而魄愈靜，魂愈熱而魄愈冷，二者相離，則不得其和而死矣。水，一也；火，二也。以魄載魂，以二守一，則水火固濟而不相離，所以永年也。」愚按：朱說頗有合於丹家「魂魄相拘」之旨。徒知鍊魂，不知鍊魄，死爲鬼仙；徒知鍊魄，不知鍊魂，則尸居餘氣耳。

引證黃庭經本文

百穀之實土地精，五味外美邪魔腥，臭亂神明胎氣零，那從返老得還嬰？三魂勿勿魄糜傾，何不食氣太和清，故能不死入黃寧。〈内景經第三十章〉

玄元上一魂魄鍊，一之爲物景罕見。須得至真乃顧盼，至忌死氣諸穢賤。〈内景經第二十

七章

魂欲上天魄入淵，還魂返魄道自然。外景經第十五章
垂絕念神死復生，攝魂還魄永無傾。內景經第十一章
和制魂魄津液平。內景經第十一章
高拱無爲魂魄安。內景經第二十三章

解釋

人賴百穀以養身，調五味以悦口，而大患即由此而生。葷腥臭氣足以穢亂吾人之神明，致使胎中所受之先天元氣彫零殆盡，如何能得返老還童之效？魂飄魄喪，後悔何追？若能漸絕俗食，專心食氣，保養太和，則可長生。

然修鍊之道，至爲玄妙，陰陽不可偏勝，魂魄必宜合鍊。魂魄合鍊者，即是由後天之陰陽，復歸於先天之一氣。但此一氣，最不易得，有真有僞。真者，純是清靈生氣，可用；僞者，中含穢質死氣，乃大忌也。

道家所以貴乎魂魄相拘者，因魂之性每戀魄，魄之性每戀魂，不忍分離。不幸以人事之逼迫，使魂不能不升，魄不能不降，魂魄分離，則人死矣。返還之道，亦是順其魂魄自然

相戀之性而已。

夫人當生命垂絕之時，苟一念至誠，存想吾人身中元神，尚可多延殘喘。況知魂魄相拘之道者，豈有傾危之患乎？夫攝魂還魄，雖有作用，惟貴在和平，而不可偏激。偏則不和，激則不平。苟魂魄能和，則氣可化津，津亦化氣，周身津氣，潤澤流通，自無不平之患矣。

修鍊之術，先有爲而後無爲，和平之極，歸於靜定，魂魄自然安寧矣。

第四章　呼吸

前三節雖略具理論，尚未言明學者致功之方。丹訣數十家，深淺各別，而其下手之訣，皆不外呼吸作用。氣存則人生，氣竭則人死。呼吸所關，顧不重歟？

普通之人，徒知以口食穀，不知以鼻食氣，雖終日呼吸不斷，然此等呼吸，大都出多入少。粗而短，不能細而長；急而淺，不能緩而深：乃修鍊家之大忌也。

仙道貴在以神馭氣，使神入氣中，氣包神外，打成一片，結成一團，紐成一條，凝成一點，則呼吸歸根，不至於散漫亂動，而漸有軌轍可循。如是者久之，即可成胎息。何謂胎息？即呼吸之息，氤氳布滿於身中，一開一闔，遍身毛竅與之相應，而鼻中反不覺氣之出入，直至呼吸全止，開闔俱停，則入定出神之期不遠矣。

今黄庭經所論之呼吸，乃胎息以前之初步，學者習之既久，可以却病延年。若仙道全部工夫，尚未論及。

引證黄庭經本文

仙人道士非有神，積精累氣以成真。人皆食穀與五味，獨食太和陰陽氣。外景經第十八章

噓吸廬間以自償，保守完堅身受慶；方寸之中謹蓋藏，精神還歸老復壯。外景經第四章

肺部之宮似華蓋，下有童子坐玉闕。七元之子主調氣，外應中嶽鼻齊位。素錦衣裳黄雲帶，喘息呼吸體不快。急存白元和六氣，神仙久視無災害，用之不已形不壞。內景經第九章

呼吸虛無入丹田，玉池清水灌靈根。外景經第一章

解釋

修仙學道之人，非有別種神奇手段，不過積精累氣而已。常人皆食五穀與五味，道人獨食陰陽之氣。黄帝內經云「食穀者，智慧而夭；食氣者，神明而壽」，亦此意也。

夫人在世俗，無論如何安閒，總不免有勞心勞力之事。一有所勞，其精神即不免損失，是必用方法以補償其損失。其法如何？即呼吸也。但呼吸往來，必有定所，扼要乃

在廬間。廬間亦名「規中」，即黃庭也。如能常用調呼吸之功，而又能保守身內精神不使外漏，則身有餘慶矣。日積月累，迴環於方寸之中，以立命根，借身內之元氣，以招攝虛空之精神，則自有生以來，歷年損失之精神，皆可還歸於我身，何患老乎？

人身臟腑，肺部最高，形如華蓋。肺屬金，其色白，故曰「玉闕」。肺之下有心，心屬火，其數七，故曰「七元之子」。肺藏氣，心藏神，道家貴在以神馭氣，故曰「七元之子主調氣」；肺開竅於鼻，人面分五嶽，鼻爲中嶽，故曰「外應中嶽鼻齊位」。素者，純潔之義；黃者，中和之義。心要純潔，氣要中和，故曰「素錦衣裳黃雲帶」。身體偶有小恙，則呼吸不能調勻而喘息，此時急宜存神以調和病氣。

六氣者，風、寒、暑、濕、燥、火之氣。偶有偏勝，則足以致病。苟能和之，則病愈矣。道書凡一身頭面臟腑骨節，皆有神名。白元者，肺神也。存白元者，即是凝神以合於氣也。道家工夫，視不用目，聽不用耳。久視者，非謂眼向外看，乃神向內視。內視又名「返觀」，人能常用返觀內照之功，自然災害不侵。用此工夫，永久不已，其形可常存矣。

但調呼吸之最要口訣，即不可滯於有象，又不可浮泛無根。能合虛無，則不著相；能入丹田，則非無根。不色不空，勿忘勿助，是真口訣。學者當呼吸調和之候，口中必有甘涼之津液發生，順而吞之，以意直送下降，復以神火鍊之，使津化爲氣，潤澤周身，而後歸納於下田，以培植命蒂，故曰「玉池清水灌靈根」。

第五章　漱津

人口中之津液，譬如山中之泉水。水性本就下，而泉水能至山頂者，何也？地下水氣循土脈透石隙而上蒸也。水氣何以上蒸？則以地中含蓄之熱力使然。吾人靜坐工夫已久，口中自然發出一種甘津，清涼爽淡，異乎常時，此亦因身中團聚之熱力，蒸動下焦之水氣，循經絡之路而上升，至口中遂化爲津。此津由鍊氣而生，與常津不同，吞入腹中，大有補益。果能勤加修鍊，勿稍間斷，則第一次吞入腹中之津，又爲熱力蒸動，化氣上升，仍至口中，復還爲津，此爲第二次所化，比第一次更覺甘美，其補力亦更大。如是循環不休，直至百千萬次，功同乳轉醍醐，而古人所謂「玉液還丹」，不外是矣。

引證黃庭經本文

口爲玉池太和官，嗽咽靈液災不干，體生光華氣香蘭，却滅百邪玉鍊顏。內景經第三章

舌下玄膺生死岸，出清入玄二氣煥。內景經第六章

存嗽五芽不饑渴。內景經第二十二章

閉口屈舌食胎津。內景經第二十七章
取津玄膺入明堂，下溉喉嚨神明通。內景經第三十二章
三十六咽玉池裏。內景經第三十四章
玉池清水上生肥，靈根堅固老不衰。外景經第二章

解釋

常人口中儲滿濁氣，皆由不知升降吐納之法，以致上下失其輕重之機，故下焦之清氣不能升，而上焦之濁氣不能降。茲謂口爲玉池，言其清潔；官爲太和，言其調適。果能時刻用功，吐濁納清，降濁升清，往復循環，釀造靈液，則百病不侵，而肌膚光澤，氣如蘭香，顏如玉潤矣。

舌下有生津之竅，名曰「玄膺」，所關於人者至要。試觀病人，若舌卷齒槁、津涸液乾者必死，可知其故也。且津液從氣化，氣有出入，其上出於口鼻無不清，其下入於丹田無不深。玄，即「深」意。

存者，存神；嗽者，嗽津；五芽者，東西南北中五方之生氣。雖曰存嗽，實兼吐納工夫。道藏另有食五芽氣之法，煩瑣無當，今不具論。

又凡呵濁時必開口，吞津時必閉口。屈舌者，舌抵上腭；胎津者，言自身丹田中胎息薰蒸所化生之津液，上溢於口，取而咽之，下喉嚨，過明堂，復化爲氣。氣足則神靈，故曰「神明通」也。三十六咽之數，乃舊習，今可不拘。

靈根，乃人身臍下之命根也。常人此根不固，易爲情欲、疾病所摇動，日衰一日，而人死矣；修鍊家運用升降吐納之功，使口中津液源源而來，汩汩而吞，如草木得肥料之培養，而根自固矣。

第六章　存神

神者，乃最不可思議之物，變幻無方，出入無時，誰得而拘之？所謂「存神」者，豈非徒託空言乎？然苟知其法，亦不難爲。存神之義，即神自存耳，非依他力而後存也。

存神與存想不同。存想者，如大洞經存想百神之衣裳、冠帶、形容、動作，又如龍虎九仙經存想黃雲撞頂、中黃經存想五方五色之氣出於身中等法皆是。若夫存神，則無所想，不過將神光聚於一點，不使散漏之謂也。存神，不限於身中一處，亦不限在身内，有時亦存神於身外。丹道步步皆以存神爲用，黃庭經所云，尚未盡其量，惟示學者以梗概而已。

引證黃庭經本文

六府五藏神體輕，皆在心內運天經，晝夜存之可長生。內景經第八章

心部之宮蓮含花，調血理命身不枯。外應口舌吐五華，臨絕呼之亦登蘇，久久行之飛太霞。內景經第十章

腎部之宮玄闕圓，主諸六府九液源，百病千災當急存，兩部水王對生門，使人長生昇九天。內景經第十二章

窮研恬淡道之圓，內視密眄盡覩真，真人在己莫問鄰，何處遠索求因緣。內景經第二十三章

三光煥照入子室，能存玄冥萬事畢，一身精神不可失。內景經第二十五章

解釋

人身藏府所以能有功用者，皆神爲之宰也。心與神共爲一物，其動謂之心，其靜謂之神。五藏六府，自具天然運動之能力，而無絲毫差忒，故曰「心內運天經」。常人藏府之運動，晝夜不休，終有疲勞之日、虧損之時。修道者，先守靜以制動，復存神以安心，再虛心鍊神。互相爲用，則藏府氣血之循環，可以緩和而得養，免致外强中乾、急促失調、浮躁不

寧之弊，自可長生。

吾人腔內，肺藏之下有心藏，其形如未開之蓮花，其功用主調血。血調則命理，而身體光潤，無枯槁之容。口中有舌，爲心之苗，心動則氣洩於舌。若人老病垂危，魂欲離體，一意存神於心，不驚不恐，不亂不摇，則必能延命於俄頃。況當少壯之時，習此定心存神之法，久久行之，有不飛騰霞路者乎？

腎屬水，故爲六府九竅津液之源，腎氣衰則百病叢生。修鍊家常以心火下交腎水，使火不上炎，水不下漏，水火既濟而結丹。腎有二枚，故曰「兩部」。腎爲水之主，故曰「水王」。對生門者，前對臍也。人能常以不動之神，藏於臍腎二者之間，以立命基，則長生不難致矣。

玄門功法，雖云奇妙，若盡力研究，仍歸於恬淡無爲之域，大道本如是也。内視密眄，自見其真，方知真人近在身中，何必他求遠索哉？

三光，在天爲日、月、星，在人乃耳、目、口。參同契云：「耳目口三寶，閉塞勿發通。」又云：「三光陸沉，温養子珠。」蓋謂耳不外聽，目不外視，口不開言，則此五竅之神光，閉而不用，潛入混沌之淵，返照黄庭之室。

玄冥屬水，象坎；神光屬火，象離。存神於玄冥，則坎離交合，水火既濟，自然一身之精神凝結不散。

第七章　致虛

前言呼吸、漱津、存神諸作用，法良意美，效驗計日可期。然恐學者不察，執著太過，非徒無益，且有損害，故繼之以致虛。

致虛者，非枯坐頑空也，乃動中之靜也；　非一切不依也，乃心依於息，息依於心，渾然而定，寂然而照也。

醫家用參、朮補氣，而懼其滯，必佐陳皮以疏之；　用地黄補血，而嫌其膩，必佐當歸以行之。修鍊家以風火之力，煆出飲食之精華以培補吾身之虧損，必順乎自然之理，合乎虛無之妙，以調和其太過，而制限其有餘，方可歸於純和之域，是猶醫家陳皮、當歸之作用也。否則，執著成法，不知變通，刻意猛進，返使陰陽有偏勝之疾，乃悍然謂世無神仙、書皆誣罔，何其傎耶？

引證黄庭經本文

物有自然事不煩，垂拱無爲體自安。體虛無物身自閒，寂寞曠然口不言。外景經第十一章

眉號華蓋覆明珠，九幽日月洞虛無。內景經第六章

呼吸虛無入丹田。外景經第一章

虛中恬淡自致神。內景經第二十九章

正室之中神所居，洗心自治無敢污，歷觀五藏視節度，六府修持潔如素，虛無自然道之故。外景經第十章

作道優游身獨居，扶養性命守虛無，恬淡無爲何思慮，羽翼已成正扶疏，長生久視乃飛去。外景經第十二章

解釋

天下事物，皆有自然之理。順自然之理而行，則事不煩；若逆之，則生荆棘矣。身無爲而身自安，心無物而心自閒。寂寞者靜，曠然者虛。參同契云「內以養己，安靜虛無」，又云「象時順節令，閉口不用談」，又云「兑合不以談，希言順鴻濛」，正是口不言之意。

眉如華蓋，下覆明珠。明珠者，目也。目之光最易外耀，如日月然。日月淪於九幽者，即二目神光下藏於氣海之中，於是呼吸亦隨之而入丹田。呼吸者，氣也。氣既歸根，神亦恬淡，皆不離乎虛無作用，然亦非枯坐頑空也。李涵虛曰：「正室者，中央神室，不

偏不倚，洗心退藏，自勤修治，無敢垢污。由是而內觀五藏，歷歷如燭照，一身節度，皆可審視；由是而內觀六府，一一修治，潔然如素，並無濁穢。虛無自然之道，本如是也。」

修道之士，或在人間，或入山林，須優游自適，守吾身而獨居。先修玉鍊以明性，後修金鍊以立命，其秘要只是內守虛無耳。仙家以鍊氣爲鍊羽翼，神定氣足，則羽翼已成。扶疏者，神氣條茂也。從此內全性命，外固形軀，隱顯人間，長生久視，厭居塵寰，乃脫殼飛去。

第八章　斷欲

仙家初步工夫，貴在返老還童。若身中精氣虧損，肌髓不充，必漸用功修鍊培補，使其回復原狀。

培補之道路有三：（一）飲食滋養從口入；（二）空氣呼吸從鼻入；（三）元氣闔闢從毛孔入。三者會萃，積蓄蘊釀於一身，漸採漸鍊，漸鍊漸結，內實骨髓，外華肌膚，靈府神清，丹田氣滿，至此方證長生之果，遠離老病之鄉。

然欲得如是功效者，非斷絕房事不可。若古今養生家所言節欲者，非神仙家本旨。徒曰節制，於事無濟，必使斷絕，方獲全功。且不僅禁男女之合，又用法閉精竅之門，待其永無漏洩而後已。

或曰：「然則何以解於彭祖之說乎？」曰：「彭祖所行，本非仙道，不過以房中術延其年耳，似未可相提並論。夫淫機之動，乃身中一種潛蓄之力，爲欲念所感，及外景所攝，不得不隨機發現。然吾人潛蓄之力有限，豐於此必儉於彼。假令人之生活與禽獸等，除飲食男女，別無所事，則任其縱慾而已。奈人事萬變，學業多端，咸賴身中潛蓄之力以肆應。倘此力消耗於淫慾者多，則能運用於他處者必少，無論何事，難以成就，豈獨修鍊爲然哉？」

或又問：「悟真篇云『休妻謾遣陰陽隔』，此語對於斷欲之義，是否衝突？」曰：「吾所謂斷欲者，指世俗男女媾精之事而言，爲普通說法，爲初學立基，必不可無此一戒；若悟真所傳，乃金液大還丹之妙道，神仙眷屬，迥異塵凡，非常情所能測也。」

引證黃庭經本文

長生至慎房中急，何爲死作令神泣，忽之禍鄉三靈滅，但當吸氣鍊子精，寸田尺宅可治生。若當海決百瀆傾，葉落樹枯失青青。氣亡液漏非己行，專閉御景乃長寧，保我泥丸三奇靈。內景經第二十一章

急守精室勿妄洩，閉而寶之可長活。內景經第二十二章

長生要妙房中接。外景經第七章，此句含有深意。

解釋

欲修長生之術，最宜戒慎者，房中之事也。奈何世人冒死而作，致令精枯氣竭，神無所依，能勿泣乎？

精、氣、神乃人身三靈物，彼此有連帶之關係。試以油燈爲喻：人身所藏之精，譬如盞中所貯之油，油量充足則火燄熾盛，火燄熾盛則光亮倍明；反之，則油乾火息而光滅矣。火譬如人之氣，光譬如人之神，精滿則氣旺，氣旺則神全。今因貪慾之故，使精枯竭，精枯則氣散，氣散則神亡，而禍不旋踵矣。然人苟能痛改前非，斷絕淫慾，加以吸氣鍊精之術，則事尚可爲。雖曰「寸田尺宅」，其細已甚，而保守之，而擴充之，盡力圖謀，未嘗不可立百世之基業。

若夫房中之事，氣亡液漏，其趨勢如海決潰傾，其現象如樹枯葉落，大非吾輩所宜行也。必使專閉交接之路，乃可長享康寧之福。

泥丸得養，則腦髓盈；精氣常凝，則神魂定。故修鍊家所最急者，在於閉精勿洩，如是則生命可長存矣。

按：永久閉精勿洩，雖是修仙者第一要義，然在已破體之人，實行此事，每感受極端之困難。服藥無效，運動無效，獨身禁慾無效，正心誠意無效，參禪打坐無效，信仰各種宗教無效，甚至於六字氣、八段錦、易筋經、開三關、轉河車、小周天、大周天種種工法用盡，仍屬無效，有時遺精或反而加劇。若聽其自然，不加遏止，一月洩漏數次，或數月洩漏一次，固無妨於身體之健康，所惜者，修仙之志願，付諸流水矣。當知此事，要量體裁衣，因人說法，不可執一以概其餘。傳道者須有超羣之學識，受道者須有天賦之聰明，然後循循善誘，由淺而深，歷盡旁門，終歸正路。不廢夫妻，偏少兒孫之累；不離交合，能奪造化之權。道書所謂「男子莖中無聚精，婦人臍中不結嬰」，又謂「男子修成不漏精，女子修成不漏經」，的確具此功效。世有豪傑，不甘爲造物陰陽所播弄者，儻有味於斯言乎？

民國二十三年（一九三四年）八月上海翼化堂善書局初版

陳攖寧 著

孫不二女功内丹次第詩註

孫不二女丹詩註黃序

余自束髮受書而後，讀葛洪神仙傳，慨然景慕其高風，遂有志於道術。壯歲宦遊四方，足跡所至，聞異人必盡力訪求，見秘籍必潛心快讀，旁門無論矣。歷四十年來，遇修鍊正宗，每多探討。品格最純謹者，當推鄭君鼎丞；學識最精博者，當推陳君攖寧。二君對於三元丹法，都得真傳，而地元一項，又皆能不畏勞苦，親自臨爐，雖魔障迭起，寒暑屢遷，仍未嘗稍挫其志。余既周旋二君之間，亦多次參預實驗之役，即外事以證內功，獲益固匪淺也。

鄭君著述，昔已幸覩厥成，今陳君復出其所作孫不二女丹詩註一卷相示，並索序文。余素習南宗，故於北派丹訣，頗有疑義。及觀此註，豁然貫通，方知南北二家丹法，男女兩性工夫，所不同者在其下手之玄機，所必同者在其一貫之妙道。

孫詩盡善，陳註尤詳，余何容辭費？惟曾記當日陳君所誦孫不二仙姑七言絕句一首，似含微旨，細審五言律詩中，尚未言及，特補錄於此。詩曰：「蓬島還須結伴遊，一身難上碧巖頭；若將枯寂爲修鍊，弱水盈盈少便舟。」學者果能悟徹十四首律詩之作用，然後將此七言絕句，熟讀而深思之，則弦外餘音，當可耐人尋味矣。

中華民國十五年清江黃邃

孫不二女功内丹次第詩註凡例

一，原詩十四首，辭句雅馴，意義渾涵，乃丹訣中之上乘，故全錄於篇端，以便學者誦習。另有七言絕句數首，已收入拙著女丹訣集成中，故不重錄。

二，原詩雖標題爲「女功内丹」，然就男女丹訣全部而論，其異者十之一二，而同者則有十之八九。故男子修仙者，亦可於此詩得多少參悟。

三，詩中雜用仙家專門術語，博學之士，尚不易窺其玄奥，普通婦女無論已。不佞此註，極力闡揚，洩盡隱秘，真口訣已躍躍紙上。至其工夫首尾，不能成段說明者，則因爲原文所限，不得不爾。又註中多引古語者，皆當日信手拈來，適合妙諦，比自作爲優，且免杜撰之嫌。

四，註中文字，雖非白話體裁，然已掃除譬喻，都爲實語，淺顯易明，凡國文通順者，閱之自易了解。若對此猶有難色者，其人恐於仙道無緣。蓋此等無上道妙，必須擇根器而授。作詩者意在發揮自己之性情，本不求他人之了解，作註者志欲流傳高深之學術，亦不欲博庸俗之歡迎，故普渡之說，非本編範圍内事。

五，仙家上乘工夫，簡易圓融，本無先後次第，此詩所謂「次第」者，就效驗深淺言之耳。若言工夫，則自第一首至第十四首，皆是一氣呵成，不可劃分爲十四段落，故須前後統觀，方能得其綱要，幸勿枝枝節節而擬議之。

六，女子修仙，除天元服食，室礙難行，人元雙修，暫不筆錄而外，古今來僅此一門，堪稱大道。其餘諸家所說，壇社所傳，名目繁多，種類各別，不善學者，流弊百出，縱能善學，亦僅可健身延壽，無疾而終，其去仙道，蓋遠甚矣。有大志者，於此篇宜三致意焉。

七，古人學道，有從師二十餘年，或十餘年者，如陰長生、白玉蟾、伍冲虛之流，皆是師與弟子同居一處，實地練習，隨時啟導，逐漸正誤，然後能收全功。今人志氣浮薄，作事無恒，所以難於成就。其狡詐者，每喜用市儈手段，旁敲反激，竊取口訣，以爲一得口訣，立刻登仙，不知所得者乃死法耳。而真正神仙口訣，皆從艱苦實驗中來，彼輩何曾夢見。敬告讀者，若有所得，務要小心磨鍊，努力修持，否則得與不得等。此種弊病，男子最多，女子尚少。

八，儒、釋、道三教，自漢以來，至於清季，彼此互相誹議，優劣迄無定評。君主政體改革而後，儒教早已同歸於盡，道教又不成其爲教，只餘佛教爲碩果之僅存。其中信徒雖多，而真實用功者蓋鮮，僧尼無論矣。即一般在家居士，所稱爲「大善知識」者，除教人念「阿彌陀佛」而外，別無法門。至於參禪坐香、打機鋒、看話頭等等，因淨土宗盛行，已漸歸淘汰。天台止觀，雖有入手之法門，僅作講經之材料而已，從未有人注意於實行修證者。近來又有所謂真言宗者，授自東洋，傳於中國，學者甚衆，每因持誦急迫，致令身心不調。總上四端，曰淨土，曰參禪，曰真言，曰止觀，近代佛教之精華，盡於此矣。然皆屬唯心的片面工夫，而對於唯物的生老病死各問題，殊無解決之希望。其所謂一切了脱者，都有待於身後，而生前衣食之需，男女之欲，老病之虞，皆與常人無異。至其死後如何，惟彼死者知之耳。吾輩未死者，仍難測其究竟也。況佛教徒之習氣，每謂惟佛獨尊，餘皆鄙視，教外諸書，概行排斥，雖爲宗教家對於教主應有之態度，所惜畫界自封，因此遂無進步。吾人今日著書，乃爲研究學理，預備將來同志諸人，實地試驗，解決人生一切問題。與彼闡揚宗教者，用意固有別也。故對於道教之元始天尊、太上老君、玉皇大帝，毫無關係可言。至若儒、釋二教經典，及諸子百家，遇有可採者，亦隨時羅致，以爲我用，不必顯分門户。書中於仙佛異同，偶依昔賢見解，略加論斷，雖曰掛一漏萬，所幸不亢不卑，庶免隨聲附和，自誤誤人。蓋學者之態度，本應如是也。總之，不問是何教派，須以刻期見效爲憑據，以今生成就爲旨歸。苟欲達此志願，除却金液還丹，别無他術矣。謹攄微衷，敢告同志。

九，世間各種宗教，其中威儀制度，理論工修，殊少男女平等之機會，獨有神仙家不然，常謂女子修鍊，其成就比男子更快，男子須三年做完者，女子一年即可趕到，因其身上生理之特殊，故能享此優先之利益。至其成功以後之地位，則視本人努力與否爲斷，並無男女高下之差，此乃神仙家特具之卓識，與別教大不同者。可知神仙一派，極端自由，已超出宗教範圍，純爲學術方面之事。讀者幸勿以宗教眼光，强爲評判。女子有大志者，宜入此門。

十，我非女身，何故研究女丹訣？又未嘗預備作世間女子授道之師，何故註解女丹訣？蓋深恐數千年以來相傳之道術，由茲中絕。若再秘而不宣，此後將無人能曉，雖有智慧，從何入門？世固不乏讀書明理之女士，發大願，具毅力，不以現代人生環境爲滿足，不以宗教死後迷信爲皈依，務免衣食住行之困難，誓破生老病死之定律，非學神仙，安能滿願？是則區區作註之苦心也。男子修仙，有太陽鍊氣術，今世尚有知者。女子修仙之太陰鍊形術，幾於絕傳。因男子做工夫，能盡其本分已足，不必再問女子之事。故世之傳道者，說到女功，總不免模糊影響。而女界中又少傑出之材，更難遇堪傳此術者。從今而後，深望繼起之有人也。

孫不二仙姑事略

孫仙姑，名不二，號清靜散人，寧海縣忠翊幼女寧海屬今山東登州府，非浙江省之寧海。金太祖天輔二年生，稟性聰慧柔淑，父以配馬宜甫，生三子。宜甫即北七真中所稱爲丹陽真人是也。丹陽既師事王重陽，故仙姑亦因重陽祖師之種種方便勸化，遂遠離三子，屏絕萬緣，詣金蓮堂祈度，密受道要。數年後，師挽丹陽西遊，居崑崙煙霞洞，姑獨留於家，勤修不倦。金世宗大定十五年，往洛陽，依風仙姑，居其下洞，後六年道成。時當大定二十二年十二月十九日，忽沐浴更衣，問弟子天氣卓午，援筆書頌云：「三千功滿超三界，跳出陰陽包裹外；　隱顯縱橫得自由，醉魂不復歸寧海。」書畢，趺坐而化，香風瑞氣，竟日不散。元至元己巳，賜號「清靜淵真順德真人」，道派名「清靜派」。

以上採自續文獻通考及登州府志，並他種紀錄。若欲知其詳，須閱道藏中關於北七真一派之記傳、專集、年譜諸書。

孫不二女功內丹次第詩十四首

第一　收心　男女同

吾身未有日，一氣已先存；似玉磨逾潤，如金鍊豈昏？掃空生滅海，固守總持門；半黍虛靈處，融融火候溫。

第二　養氣　男女同

本是無爲始，何期落後天；一聲纔出口，三寸已司權。況被塵勞耗，那堪疾病纏；子肥能益母，休道不迴旋。

第三　行功　末二句女子獨用

斂息凝神處，東方生氣來；萬緣都不著，一氣復歸臺。陰象宜前降，陽光許後栽；山頭並海底，雨過一聲雷。

第四　斬龍　女子獨用

靜極能生動，陰陽相與模；風中擒玉虎，月裏捉金烏。著眼絪緼候，留心順逆途；鵲橋重過處，丹炁復歸爐。

第五　養丹　首二句女子獨用

縛虎歸真穴，牽龍漸益丹；性須澂似水，心欲靜如山。調息收金鼎，安神守玉關；日能增黍米，鶴髮復朱顏。

第六　胎息　男女同

要得丹成速，先將幻境除；心心守靈藥，息息返乾初。炁復通三島，神忘合太虛；若來與若去，無處不真如。

第七　符火　五六兩句女子獨用

胎息緜緜處，須分動靜機；陽光當益進，陰魄要防飛。潭裏珠含景，山頭月吐輝；六時休少縱，灌溉藥苗肥。

第八　接藥　男女同

一半玄機悟，丹頭如露凝；雖云能固命，安得鍊成形。鼻觀純陽接，神鉛透體靈；哺含須慎重，完滿即飛騰。

第九　鍊神　男女同

生前舍利子，一旦入吾懷；愼似持盈器，柔如撫幼孩。地門須固閉，天闕要先開；洗濯黃芽淨，山頭震地雷。

第十　服食　男女同

大冶成山澤，中含造化情；朝迎日烏氣，夜吸月蟾精。時候丹能採，年華體自輕；元神來往處，萬竅發光明。

第十一　辟穀　男女同

既得餐靈氣，清泠肺腑奇；忘神無相著，合極有空離。朝食尋山芋，昏饑採澤芝；

若將煙火混，體不履瑤池。

第十二　面壁　男女同

萬事皆云畢，凝然坐小龕；輕身乘紫氣，靜性濯清潭。炁混陰陽一，神同天地三；功完朝玉闕，長嘯出煙嵐。

第十三　出神　男女同

身外復有身，非關幻術成；圓通此靈氣，活潑一元神。皓月凝金液，青蓮鍊玉真；烹來烏兔髓，珠皎不愁貧。

第十四　冲舉　男女同

佳期方出谷，咫尺上神霄；玉女驂青鳳，金童獻絳桃。花前彈錦瑟，月下弄瓊簫；一旦仙凡隔，泠然渡海潮。

孫不二女功内丹次第詩註

仙道叢書第二種單行本　陳攖寧　述

原詩見前。

按：　女丹訣傳世者，現止數種，較之男丹經，未及百分之一，已憾其少，且大半是男子手筆，雖談言微中，終非親歷之境。欲求女真自作者，除曹文逸之靈源大道歌而外，其惟此詩乎？

原詩行世既久，無人作註。余往歲與某女士談道之餘，隨時解釋，郵寄贈之，距今已閱廿稔。舊稿零亂，雜於故紙堆中，難以卒讀。爰爲檢出，重校一過，幸無大謬，遂錄存之。固不敢自信盡得孫仙姑之玄義，但爲後之讀此詩者，闢一門徑而已。註中容有未臻圓滿處，因欲啟誘初機，故卑之毋高論耳。

收心第一

吾身未有日，一氣已先存；

吾人未有此身，先有此氣。譚子化書云：「虛化神，神化氣，氣化血，血化形，形化嬰，嬰化童，童化少，少化壯，壯化老，老化死。」此言順則成人。若達道之士，能逆而行之，使血化氣，氣化神，神化虛，則成仙矣。

一氣者，即先天陰陽未判之氣。至於分陰分陽，兩儀既立，則不得名爲一氣。儒家云：「其爲物不二，則其生物不測。」亦指先天一氣而言。老氏之「得一」，即得此一氣也。此中有實在功夫，非空談可以了事。

似玉磨逾潤，如金鍊豈昏？

丹家常有玉池金鼎、玉兔金烏、玉液金液種種名目。大凡言陰、言神、言文火者，則以玉擬之；言陽、言氣、言武火者，則以金擬之。意謂玉有溫和之德，金有堅剛之象也。然亦偶有例外。

掃空生滅海，固守總持門；

生滅海，即吾人之念頭。剎那之間，雜念無端而至，忽起忽滅，莫能定止。念起爲生，念滅爲死。一日之內，萬死萬生，輪迴即在目前，何須待證於身後？然欲掃空此念，談何容易？惟有用法使念頭歸一耳。其法如何？即固守總持門也。

總持門者，老子名爲「玄牝之門」，即後世道家所謂「玄關一竅」。張紫陽云：「此竅非凡竅，乾坤共合成，名爲神氣穴，內有坎離精。」質而言之，不過一陰一陽、一神一氣而已。能使陰陽相合、神氣相搏，則玄關之體已立。

雖說初下手要除妄念，然決不是專在念頭上做功夫。若一切不依，一切不想，其弊必至毫無效果，令人失望灰心，是宜熟思而明辨也。

紫陽此詩，另有一解，不在本篇範圍之內。

半黍虛靈處，融融火候温。

半黍者，言凝神入氣穴時，神在氣中，氣包神外，退藏於密，其用至微至細，故以「半黍」喻之。

虛者，不滯於跡象；靈者，不墮於昏沉。雜念不可起，念起則火燥；真意不可散，意散則火寒。必如老子所云「緜緜若存，用之不勤」，方合乎中道。

融融者，調和適宜。温者，不寒不燥也。

此詩二句，言守玄關時之真實下手功夫，維妙維肖。然決不是執著人身某一處部位而死守之，切勿誤會。若初學者死守一處，不知變通，將來必得怪病。

養氣第二

本是無爲始，何期落後天；

順乎自然而無爲者，先天之道；　由於人力而有爲者，後天之功。吾人當未生之初，本是渾元一氣，無名無形，不覺而陷入於胎中，於是有身，既已有身，而大患隨之矣。

一聲纔出口，三寸已司權。

嬰兒在胎，僅有胎息，鼻不呼吸。及至初出胎時，大哭一聲，而外界之空氣乘隙自鼻而入，於是後天呼吸，遂操吾人生命之權。其始也，吸入之氣長，呼出之氣短，而身體日壯。其繼也，呼吸長短平均，身體之發育及此而止。到中年以後，呼出之氣漸長，吸入之氣漸短，而身體日衰。臨終之時，僅有呼出之機，而無吸入之機，鼻息一停，命根遂斷。三寸者，指呼吸而言。

况被塵勞耗，那堪疾病纏；

上言人身生死之常理，此言人之自賊其身也。

色、聲、香、味、觸、法，是名「六塵」；勞心勞力，皆謂之「勞」。

吾人自然之壽命，本爲甚短，縱不加以戕賊，在今世亦鮮有能過百歲者。況塵勞與疾病，皆足以傷竭人之元氣，使不得盡其天年，故多有壽命未終而中途夭折者。

或問：「『六塵』之說，乃釋氏語，何故引以註丹經？」答曰：「非我之咎，原詩已喜用佛家名詞，如『生滅』，如『真如』，如『舍利子』等，皆非道家所本有者，不引佛典，何能作註？」

子肥能益母，休道不迴旋。

子者，後天氣；母者，先天氣。後天氣，丹道喻之爲水；先天氣，丹道喻之爲金。按五行之說，金能生水，是先天變爲後天也；丹道重在逆轉造化，使水反生金，是由後天返還先天也。昔人謂爲「九轉還丹」。九爲陽數之極，又爲金之成數，故曰「九還」，非限定轉九次也。先天難於捉摸，必從後天工夫下手，方可返到先天。後天氣培養充足，則先天氣自然發生，故曰「子肥能益母」。

迴旋者，即返還逆轉之謂。

行功第三

歛息凝神處，東方生氣來；

歛息者，呼吸之氣，蟄藏而不動也；　凝神者，虛靈之神，凝定而不散也。東方者，日出之位；　生氣者，對於死氣而言。

古之修鍊家行吐納之功者，大概於寅卯二時，面對東方，招攝空中生氣入於吾身，借其勢力，而驅出身內停蓄之死氣。

上乘丹法，雖不限定時間與方所，然總宜在山林清靜之區，日煖風和之候，則身中效驗隨做隨來，如立竿見影。果能常常凝神歛息，醞釀薰蒸，不久即可由造化窟中，採取先天一氣。孔子云：「先天而天弗違，天且弗違，而況於人乎？況於鬼神乎？」

此段作用，乃真實工夫，非空談，亦非理想，惟證方知。

若問息如何歛？神如何凝？處在何處？來從何來？既非片語能明，且筆墨亦難宣達，須經多次辯論，多次實驗，又要學者夙具慧根，苦心孤詣，方可入門。若一一寫在紙上，反令活法變成死法。世人性情不同，體質各異，學此死法，適足致疾，非徒無益，而又害之，將何取耶？

萬緣都不著，一氣復歸臺。

昔人云：「修道者須謝絕萬緣，堅持一念，使此心寂寂如死，而後可以不死；使此氣緜緜不停，而後可以長停。」

臺者何？靈臺也。靈臺者，性也。一氣者，命也。命來歸性，即是還丹。

張紫陽真人云：「修鍊至此，泥丸風生，絳宮月明，丹田火熾，谷海波澂，夾脊如車輪，四肢如山石，毛竅如浴之方起，骨脈如睡之正酣，精神如夫婦之歡合，魂魄如子母之留戀。此乃真境界，非譬喻也。」以上所云，可謂形容極致。

陰象宜前降，陽光許後栽；

陽火、陰符之運用，雖出於自然，但人工亦有默化潛移之力，不可不知。自尾閭升上泥丸，乃在背脊一路，名爲「進陽火」；自泥丸降下氣海，乃至胸前一路，名爲「退陰符」。以升爲進，以降爲退。

又凡後升之時，身中自覺熱氣蒸騰，及至前降之時，則熱氣已漸歸冷靜。此以熱氣盛爲進陽火，熱氣平爲退陰符。

二解雖義有不同，理則一貫。此中有許多奧妙，應當研究。

山頭並海底，雨過一聲雷。

呂純陽真人步蟾宮詞云：「地雷震動山頭雨。」百字碑云：「陰陽生反覆，普化一聲雷。」邵康節先生詩云：「忽然夜半一聲雷，萬户千門次第開。」鍾離真人云：「達人採得先天炁，一夜雷聲不暫停。」彭鶴林先生云：「九華天上人知得，一夜風雷撼萬山。」丹經言雷者甚多，不可殫述，其源皆出於周易地雷復一卦。其實則喻先天一氣積蓄既久，勢力雄厚，應機發動之現象耳。其氣之來也，周身關竅齊開，耳聞風聲，腦後震動，眼中閃光，鼻中抽掣。種種景象，宜預知之，方免臨時驚慌失措。

然女工修鍊，欲求到此地步，必在月經斷絕之後。而孫詩所云，乃在斬龍之前，恐難得此效。大約此處所謂雷者，不過言行功之時，血海中有氣上衝於兩乳耳。此氣發生，丹家名曰「活子時」。

山頭喻兩乳及膻中部位，海底喻子宮血海部位。雨喻陰氣，雷喻陽氣。

斬龍第四

靜極能生動，陰陽相與模；

龍者，女子之月經也。斬龍者，用法鍊斷月經，使永遠不復再行也。

若問月經何以名爲「龍」，則自唐朝以後，至於今日，凡丹書所寫，及口訣所傳，皆同此說，當有一種意義存於其間，暫可不必詳解。

若問女子修道，何故要先斷月經？此則神仙家獨得之傳授，無上之玄機，非世界各種宗教、各種哲學、各種生理衛生學所能比擬。女子修鍊與男子不同者，即在於此；女子成功較男子更速者，亦在於此。若離開此道，別尋門路，決無成仙之希望。倘今生不能修成仙體，束手待斃，强謂死後如何證果，如何解脱，此乃自欺欺人之談，切不可信。

或者謂，既是月經爲修道之累，必須鍊斷，則老年婦人月經天然斷絕者，豈不省却許多功夫，其成就當比少年者更易？不知若彼童女月經未行者，果生有夙慧，悟徹玄功，成就自然更易；一到老年，月經乾枯，生機缺乏，與童女有霄壤之殊，何能一概而論？法要無中生有，使老年天癸已絕者復有通行之象，然後再以有還無，按照少年女子修鍊成規，漸漸依次而斬之，斯爲更難，豈云更易？所以古德勸人「添油宜及早，接命莫教遲」。

靜極則動，動極則靜，陽極則陰，陰極則陽，乃理氣自然之循環，無足怪者。道德經第十五章云：「孰能濁以靜之徐清，孰能安以久動之徐生。」上句言人能靜，則身中濁氣，漸化爲清氣；下句言靜之既久，則身中又漸生動機矣。

道德經第十六章云：「致虛極，守靜篤，萬物並作，吾以觀復。」上二句言靜極，下二句言生動。復即復卦之復。陰象靜，陽象動，五陰之下，一陽來復，亦言靜極生動也。

模者模範，所以成物。相與模者，蓋言陰陽互根，彼此互相成就而不可離之意。

風中擒玉虎，月裏捉金烏。

風者，人之呼吸也。如丹經云「後天呼吸起微風」，又云「吹噓藉巽風」，皆是此意。

道書常以虎配西方金，龍配東方木。凡言鉛、言金、言虎，都屬一物，不過比喻人身中靜極而動之先天陽炁而已。

月有二義，若言性功者，則當一念不生時謂之月，謂其清淨無瑕，孤明獨照也；若言命功，則當先天陽氣發動時，亦謂之月，譬如晦朔弦望，輪轉不忒也。金烏，即日之代名詞。日即離，離即火，火即汞，汞即神也。當採取先天氣之時，須借後天氣以爲樞紐，故曰「風中擒玉虎」，「玉」字表其溫和之狀。石杏林真人曰：「萬籟風初起，千山月乍圓。」正是此景。丹道有風必有火，氣動神必應。故呂純陽真人云：「鉛亦生，汞亦生，生汞生鉛一處烹。」鉛與月，喻陽氣；汞與金烏，喻陰神。陽氣發生，陰神必同時而應，故曰「月裏捉金烏」。

著眼絪緼候，留心順逆途；

易曰：「天地絪緼，萬物化醇。」蓋絪緼者，天氣下交於地，地氣上交於天，溫和醞釀，欲雨未雨，將雷未雷，所謂「萬里陰沉春氣合」者是也。若雷雨既施，則非絪緼矣。

人身絪緼之候，亦同此理。但究竟是如何現象，則因有難言之隱，不便寫在紙上。聰明女子，若得真傳，則可及時下功，否則恐當面錯過。

雖說有自造機會之可能，總不若天然機會之巧妙。此時如順其機而行人道，則可受胎生子；逆其機而行仙道，則可採藥還丹。然順逆之意，尚不止此。生機外發爲順，生機内斂爲逆；生氣下行變爲月經爲順，生氣上行不使化經爲逆。故道書云：「男子修成不漏精，女子修成不漏經。」

鵲橋重過處，丹炁復歸爐。

入藥鏡云：「上鵲橋，下鵲橋，天應星，地應潮。」後世丹經言「鵲橋」者，皆本於此。

凡鍊丹之運用，必先由下鵲橋轉上背脊，撞通玉枕，直達泥丸，再由上鵲橋轉下胸前十二重樓，還歸元海。

上鵲橋在印堂、山根之裏，下鵲橋在尾閭、會陰之間。丹炁轉到上鵲橋時，自覺兩眉之間有圓光閃灼，故曰「天應星」；丹炁由下鵲橋上升時，自覺血海之中，有熱氣蒸騰，故曰「地應潮」。此言「鵲橋重過」者，兼上下言之也。

歸爐者，歸到黄庭而止。黄庭，一名坤爐。

按：上下鵲橋，另有別解，此處不具論。

養丹第五

縛虎歸真穴，牽龍漸益丹；

虎即氣，龍即神，真穴大約在兩乳之間。縛虎歸真穴者，即上陽子陳致虛所云「女子修仙，必先積氣於乳房也」。氣有先天、後天之分，鍊後天氣，即用調息凝神之法；採先天氣，則俟身中有生氣發動時下手。

牽龍者，不過凝神以合於氣而已。神氣合一，魂魄相拘，則丹結矣。張虛靖天師云：「元神一出便收來，神返身中氣自回；如此朝朝並暮暮，自然赤子結靈胎。」此即「牽龍漸益丹」之意。此處所謂「龍」，與斬龍之「龍」字不同。

性須澂似水，心欲靜如山。

張三丰真人云：「『凝神調息，調息凝神』，八個字須一片做去，分層次而不斷乃可。凝神者，收已清之心而入其內也。心未清時，眼勿亂閉，先要自勸自勉，勸得回來，清涼恬淡，始行收入氣穴，乃曰『凝神』。然後如坐高山而視眾山眾水，如燃天燈而照九幽九昧，可謂『凝神於虛』者，此也。調息不難，心神一靜，隨息自然，我只守其自然而已。」

調息收金鼎，安神守玉關；

張三丰真人云：「大凡打坐，須要將神抱住氣，意係住息，在丹田中，宛轉悠揚，聚而不散，則內藏之氣，與外來之氣，交結於丹田，日充月盛，達乎四肢，流乎百脈，撞開夾脊雙關，而上遊於泥丸，旋復降下絳宮，而下入於丹田。神氣相守，息息相依，河車之路通矣。功夫至此，築基之效已得一半。」

又云：「調息須以後天呼吸，尋真人呼吸處。然調後天呼吸，須任他自調，方能調得起先天呼吸，我惟致虛守靜而已。真息一動，玄關即不遠矣。照此進功，築基可翹足而至。」

廣成子云：「抱神以靜，形將自正。無勞汝形，無搖汝精，乃可以長生。目無所見，耳無所聞，心無所知，汝神將守形，形乃長生。慎汝內，閉汝外，多知為敗。我守其一，以處其和，故我修身千二百歲而形未嘗衰。」

按：調息之法，三丰最詳；安神之論，廣成最精。故引以為註。本詩上句言武火，故曰「金鼎」；下句言文火，故曰「玉關」。

日能增黍米，鶴髮復朱顏。

金丹四百字云：「混沌包虛空，虛空括三界，及尋其根源，一粒如黍大。」又云：「一粒復一粒，從微而至著。」此即「日能增黍米」之意。質而言之，不過漸採漸鍊、漸凝漸結而已，非有黍米之象可尋也。

參同契云：「金砂入五內，霧散若風雨，薰蒸達四肢，顏色悅澤好，髮白皆變黑，齒落生舊所，老翁復丁壯，耆嫗成姹女，改形免世厄，號之曰真人。」即此詩末句之意。

或謂頭有白髮，面似嬰兒，是爲「鶴髮復朱顏」。此言誤矣。修鍊家若行先天工夫，雖白髮亦必變成黑髮。苟髮白不變，僅面容紅潤，此乃後天之功，或行採補之術耳，神仙不如是也。世俗所謂仙人鶴髮童顏，乃門外語。

胎息第六

要得丹成速，先將幻境除；

幻境，即世間一切困人之環境，窘迫萬狀，牽纏不休，至死未由自拔，待到來生，仍復如此，或尚不及今生。故修道者，必須設法斷絕塵緣，然後方收速效。世有學道數十年，毫無進步者，皆未脫俗累之故。

今按：前解雖是，然非幻境本義，因對初學說法，故淺言之耳。其實所謂幻境者，乃身中陰魔乘機竊發之種種景象：或動人愛戀，或使人恐怖，或起瞋恨，或感悲傷，或令人誤認爲神通，或引人錯走入邪路，甚至神識昏迷，自殘肢體，偶有見聞，妄稱遇聖。凡此等類，皆是幻境，必宜掃除。不經法眼，終難辨別。所以學者要從師也。世有學道數十年，毫無魔障者，皆未曾實行之故。

心心守靈藥，息息返乾初。

靈藥即是妙有，妙有即是真息，心心守靈藥者，心依於息也；乾初即是真空，真空即是道心，息息返乾初者，息依於心也。

初學修鍊，雖能心息相依，然爲時不久，又復分離。至於胎息時，則心心息息長相依也。乾初者，指乾卦未畫之初，非謂乾之初爻。明道篇云：「觀乾未畫是何形，一畫纔成萬象生。」然則乾初者，豈非太極陰陽未判之象乎？

旡復通三島，神忘合太虛；

三島者，比喻人身上、中、下三丹田。老子曰「歸根曰靜，靜曰復命」，即「旡復」之義。

人身本自太虛中來，一落色相，則有障礙，而不能與太虛相合。惟有道者，能忘一切色相，色相既除，則與太虛相合矣。

天隱子者，道家之流也。其言曰：「人之修真，不能頓悟，必須漸而行之。一曰齋戒，澡身虛心；二曰安處，深居靜室；三曰存想，收心復性；四曰坐忘，遺形忘我；五曰神解，萬法通神。」全篇約千餘言，未能畢錄，此其綱領也。又司馬子微坐忘論亦可讀。此等工夫甚難，非朝夕可至。然有志者事竟成，惟視人之毅力如何耳。

若來與若去，無處不真如。

真如者，佛家之名詞。佛典云：「如來藏含有二義：一爲生滅門，一爲真如門。心無生滅，即真如矣。若背真如，即生滅矣。」又云：「真謂真實非虛妄，如謂如常無變易。」

符火第七

胎息緜緜處，須分動靜機；

陰符陽火，氣機動靜，前數段工夫已有之，不必定在胎息後也。但未到結丹地步，其氣之動，常有上衝乳頭之時男子則下衝於生殖器。既結丹，則兩乳已緊縮如童女，身內雖有動機，不能再向外發，只內動而已。動亦有時，或數日一動，或一日數動，視其用功之勤惰以爲衡。凡未動之先，及既動之後，皆靜也。

陽光當益進，陰魄要防飛。

動者屬陽，靜者屬陰。陽氣發動時，則元神亦隨之而動，氣到人身某處，神亦同到某處。陽氣發動曰「進」，而暗以神助之，愈進愈旺，故曰「益進」。

陽極則陰生，動極必歸靜。人之魂屬陽，主上升；魄屬陰，主下降。當升之時不可降，當降之時不可升。陰魄要防飛者，意謂氣若有靜定之態，則神必助之靜定，以防其飛躁不寧。

潭裏珠含景，山頭月吐輝；

潭在下，喻血海子宮之部位。山在上，喻膻中兩乳之部位。珠之光隱而斂，月之光耀而明。曰「潭裏」，曰「含景」，言其靜而深藏之象；曰「山頭」，曰「吐輝」，言其動而顯出之機。

六時休少縱，灌溉藥苗肥。

六時者，非謂晝之六時，亦非夜之六時，乃人身虛擬默運之六時，古人又有名爲六候者，切不可拘泥天時，免致活法變成死法。若問人身六時何似，仍不外乎神氣動靜、陰陽升降之消息而已。

休少縱者，既謂念不可起，意不可散，一線到底，勿使中間斷續不貫。俟此一段工夫行畢，方可自由動作。

接藥第八

一半玄機悟，丹頭如露凝；

神仙全部工夫，到此已得一半，因內丹已結也。

露乃地面之水因熱化氣，騰散於空中，至夜遇冷，遂附著於最易散熱之物體，而凝結成露。丹道亦同此理，可以神悟，難以言傳。

雖云能固命，安得鍊成形。

既已結丹，則一身精氣神皆完全堅固，決定可以長生，但未能羽化耳。此時可稱爲人仙。

仙有五等：有鬼仙，有人仙，有地仙，有神仙，有天仙。鬼仙者，不離乎鬼也，能通靈而久存，與常鬼不同；人仙者，不離乎人也，飲食衣服，雖與人無殊，而能免老病死之厄；地仙者，不離乎地也，寒暑不侵，饑渴無害，雖或未能出神，而能免衣食住之累；神仙者，能有神通變化，進退自如，脱棄軀殼，飄然獨立，散則成氣，聚則成形；天仙者，由神仙之資格，再求向上之功夫，超出吾人所居之世界以外，別有世界，殆不可以凡情測也。

鼻觀純陽接，神鉛透體靈；

此二句乃言超凡入聖之實功，不由此道，不能出陽神。當今之世，除一二修鍊專家而外，非但無人能行此功，即能悟此理者，亦罕遇之。余若自出心裁，勉爲註釋，恐人不能解，反嗤爲妄，故引自古相傳之真空鍊形丹法，以釋其玄奧之義。

真空鍊形法云：「夫人未生之先，一呼一吸，氣通於母。既生之後，一呼一吸，氣通於天。天人一氣，聯屬流通，相呑相吐，如扯鋸焉。天與之，我能取之，得其氣，氣盛而生也。天與之，天復取之，失其氣，氣絕而死也。故聖人觀天之道，執天之行，每於曦馭未升暘谷之時，凝神靜坐，虛以待之。内捨意念，外捨萬緣，頓忘天地，粉碎形骸道家常有「粉碎虛空」「粉碎形骸」等語，不過忘物忘形之意耳，不可拘泥「粉碎」二字，自然太虛中有一點如露如電之陽，勃勃然入於玄門，透長谷而上泥丸，化爲甘霖而降於五内。我即鼓動巽風以應之，使其驅逐三關九竅之邪，掃盪五臟六腑之垢，焚身鍊質，煆滓銷霾，抽盡穢濁之軀，變換純陽之體。累積長久，化形而仙。破迷正道歌曰：『果然百日防危險，血化爲膏體似銀；果然百日無虧失，玉膏流潤生光明。』翠虛篇曰：『透體金光骨髓香，金筋玉骨盡純陽；鍊教赤血流爲白，陰氣消磨身自康。』邱長春曰：『但能息息長相顧，換盡形骸玉液流。』張紫瓊曰：『天人一氣本來同，爲有形骸礙不通；鍊到形神冥合處，方知色相即真空。』鍊形之法，總有六門：其一曰玉液鍊形，其二曰金液鍊形，其三曰太陰鍊形，其四曰太陽鍊形，其五曰内觀鍊形。若此者，總非虛無大道，終不能與太虛同體。惟此一訣，乃曰真空鍊形，雖曰有作，其實無爲，雖曰鍊形，其實鍊神，是修外而兼修内也。依法鍊之百日，則七魄亡形，三尸絕跡，六賊潛藏，十魔遠遯。鍊之千日，則四大一身，儼如水晶塔子，表裏玲瓏，内外洞徹，心華燦然，靈光顯現。故生神經曰：『身神並一，則爲真身。身與神合，形隨道通。隱則形固於神，顯則神合於氣。所以蹈水火而無害，對日月而無影。存亡在己，出入無間，或留形住世，或脱質昇仙。』」

按：真空鍊形一段工夫，所包甚廣，不僅爲此首詩作註脚，雖以後鍊神、服食、辟穀、面壁、出神等法，亦不出此運用之外，不過依功程之淺深而分階級耳。

哺含須慎重，完滿即飛騰。

哺含，即温養之意。完滿者，氣已足，藥已靈也。飛騰者，似指大藥冲關之象。若言飛昇騰空，則尚未到時。

鍊神第九

生前舍利子，一旦入吾懷；

「舍利子」乃佛家之名詞，此處比喻元神。生前者，即未有此身之前。吾人元神，歷劫不變，變者識神也。用真空鍊形之功，將識神漸漸鍊去，則元神漸漸顯出，譬如磨鏡，塵垢即銷，光明斯現，乃知一切神通，皆吾人本性中所固有者，非從外來。

此詩云「一旦入吾懷」，似指氣之一方面而言。然此時氣與神已不可分離，言神而氣在其中，言氣而神在其中。呂祖敲爻歌云：「鉛池迸出金光現，汞火流珠入帝京。」曰「鉛池」，曰「金光」，言氣也；曰「汞火」，曰「流珠」，言神也。帝京即中丹田，又名「絳宮神室」，乃心之部位。心爲一身君主，故曰「帝京」。此詩所謂「入吾懷」者，亦同此意。

慎似持盈器，柔如撫幼孩。

老子云「持而盈之，不如其已」，又云「保此道者不欲盈」，又云「大盈若沖，其用不窮」，即此可知此聯上句之意；老子云「專氣致柔，能如嬰兒乎」，又云「我獨泊兮其未兆，如嬰兒之未孩」，又云「人之生也柔弱，其死也堅强」，即此可知此聯下句之意。

地門須固閉，天闕要先開；

凡言地者，皆在人身之下部；凡言天者，皆在人身之上部。修鍊家最忌精氣下洩，故凡下竅皆要收歛緊密。一身精氣，漸聚漸滿，既不能下洩，必上衝於腦部，斯時耳聞風聲，目覩光掣，腦後震動，臍下潮湧，異景甚多。

龍門派第十七代，廣西洪教燧君傳有金丹歌一首，尚未行世，曾記其中有句云「萬馬奔騰攻兩耳，流星閃電灼雙眉；若還到此休驚懼，牢把心神莫動移」，即言「閉地門」「開天闕」時之現象。

洗濯黃芽淨，山頭震地雷。

呂祖度張仙姑有步蟾宮詞云：「地雷震動山頭雨，要洗濯黃芽出土。」黃芽者，大還丹之別名也。此處言「山頭」，大約是指上泥丸宮。前詩第三首亦云：「山頭並海底，雨過一聲雷。」據字面觀之，似無差別，以實際論，則效驗大異。

洗濯之作用，不外乎靜定。凡丹道小靜之後，必有小動；大靜之後，必有大動。其靜定之力愈深，則震動之效愈大。充其震動之量，直可衝開頂門而出，然非大靜之後不克至此。

今按：靜定之力，吾人能自作主，可以由暫而久，由淺而深。若夫震動之效，乃是順其自然，非人力可以勉强造作，似乎不能由人做主。但小靜必小動，大靜必大動，其反應百不爽一。常人所以無此效驗者，因其未能靜定故。修鍊家所以不能得大效驗者，因其雖知靜定，而靜定之力猶嫌薄弱故。釋門學禪者，亦能靜定數日，而終久無此效驗者，因其徒知打坐不知鍊氣故。

附註　舍利子在此處爲內丹之代名詞，然非佛家所謂「舍利」之本意。究竟舍利子與金丹是同是異，修佛與修仙其結果有何分別，皆吾人所急欲知者，而各家經書咸未論及。雖楞嚴經有十種仙之說，是乃佛家一面之辭。除佛經外，凡中國古今一切書籍記載，皆未見有十種仙之名目，似未可據爲定論。吾國人性習素尚調和，非但儒、道同源本無衝突，即對於外來之佛教，亦復不存歧視，彼此融通。較他種教義之惟我獨尊者，其容量之廣狹，實大不同。而青華老人之論舍利，尤爲公允。意謂佛家以見性爲宗，精氣非其所貴。萬物有生有滅，而性無生滅。涅槃之後，本性圓明，超出三界，永免輪迴。遺骸火化之後，所餘精氣，結爲舍利，譬如珠之出蚌，與靈性別矣。而能光華照耀者，由其精氣聚於是也。人身精氣神，原不可分，佛家獨要明心見性，洗發智慧，將神光單提出來，遺下精氣，交結成形，棄而不管。然因其諸漏已盡，禪定功深，故其身中之精氣，亦非凡物。所以舍利子能變化隱顯，光色各別。由此推之，佛家所謂不生不滅者，神也，即性也。其舍利子者，精氣也，即命也。彼滅度後，神已超於象外，而精氣尚留滯於寰中也。若道家，則性命雙修，將精氣神混合爲一，周天火候，鍊成身外之身，神在是，精在是，氣在是，分之無可分也。故其羽化而後，不論是肉體化炁，或是尸解出神，皆無舍利之留存。倘偶有坐化而遺下舍利者，其平日工夫，必是偏重於佛教方面，詳於性而略於命也。性命雙修之士，將此身精氣神團結得晶瑩活潑，骨肉俱化，毛竅都融，血似銀膏，體如流火，暢貫於四肢百節之間，照耀於清靜虛無之域，故能升沉莫測，隱顯無端。釋、道之不同如此。佛家重鍊性，一靈獨耀，迥脱根塵，此之謂「性長生」；仙家重鍊炁，遍體純陽，金光透露，此之謂「炁長生」。究竟到了無上根源，性就是炁，炁就是性，同者其實，異者其名耳。

服食第十

大冶成山澤，中含造化情；

大冶本意爲鎔鑄五金，今以之喻造化之偉功。乾坤爲爐鼎，陰陽爲水火，萬象從兹而鑄成，是萬物共有一太極也。山與澤乃萬物中之一物，而山澤中又有造化，是一物各得一太極也。山澤通氣，震兑相交，而造化之情見矣。

修仙者，貴在收積虛空中清靈之氣於身中，然後將吾人之神與此氣配合而鍊養之，爲時既久，則神氣打成一片，而大丹始成。

後半部工夫所以宜居山者，因山中清靈之氣較城市爲優耳。但入山亦須稍擇地勢，或結茅，或住洞，要在背陰面陽遮風聚氣之所，山後有來脈，左右有屏障，中有結穴，前有明堂，此乃乾坤生氣蘊蓄之鄉。日月升沉，造化輪轉，道人打坐於其間，得此無限清靈之氣，以培養元神，有不脱胎換骨者乎？

朝迎日烏氣，夜吸月蟾精。

蚌受月華而結珠胎，土得日精而產金玉，人知採取日月精華，則可以結就仙丹，變化凡體。

至其所以採取之法，到此地步，自能領悟，不必執著跡象，致礙圓通。若易筋經所言採日精月華法，乃武術錬養之上乘，非仙家之玄妙也。

時候丹能採，年華體自輕：

採天地之靈氣以結丹，須識陰陽盛衰之候；奪造化之玄機而換體，必經三年九載之功。

元神來往處，萬竅發光明。

此言周身毛竅皆有光明發現。丹經云「一朝功滿人不知，四面皆成夜光闕」，亦同此意。其所以有光者，或者因身中電力充足之故。世上雷錠能自發光，經過長久時期，而本體不減毫釐。彼無知之物質，且靈異若此，又何疑乎仙體？

辟穀第十一

既得餐靈氣，清冷肺腑奇；

此實行斷絕煙火食也。所以能如此者，因靈氣充滿於吾身，自然不思食，非枵腹忍饑之謂也。

忘神無相著，合極有空離。

忘神者，此時雖有智慧而不用，若賣弄聰明，則易生魔障。無相著者，謂無色相之可著也。

合極者，合乎太極也。合乎太極者，即神氣合一，陰陽相紐也。如是則不落頑空，故曰「有空離」，謂遇空即遠離也。

第三句言不著於色，第四句言不著於空，色空兩忘，渾然大定。

朝食尋山芋，昏饑採澤芝；

芋爲普通食品，人皆知之。芝形如菌，上有蓋，下有柄，其質堅硬而光滑，本草載有青、赤、黃、白、黑、紫六種，服之皆能輕身延年。若仙經所標靈芝名目，多至數十百種，不可畢陳，然非常人所能得也。

若將煙火混，體不履瑤池。

仙體貴乎清靈，若不絕煙火食，則凡濁之氣混入體中，安有超脱之望？

瑤池者，女仙所居之地。集仙傳云：「西王母宮闕，左帶瑤池，右環翠水。」

面壁第十二

萬事皆云畢，凝然坐小龕。

面壁之說，始於達磨。當梁武帝時，達磨止於嵩山少林寺，終日面壁而坐，九年如一日。故後世道家之修靜功者，皆曰「面壁」，今之佛家反無此說，徒知念「阿彌陀佛」而已。

辟穀一關，既已經過，不但煙火食可以斷絕，即芝苹之類亦可以不食矣。古仙修鍊到此程度時，大半擇深山石洞而居之，令人用巨石將洞口封沒，以免野獸之侵害，及人事之煩擾，且不須守護者。但此法在今日，未必相宜。

普通辦法，即於山林清靜之處，結茅屋數椽，以備同道棲止。然後用木做一小龕，其中僅容一人坐位，墊子宜軟厚，前開一門，餘三面須透空氣而不進風，最好用竹絲編簾遮蔽，如轎上所用者。人坐其中，不計月日，直至陽神出殼，始慶功成。惟晝夜須有人守護，謹防意外之危險。中間若不願久坐，暫時出來亦可。此時身內已氣滿不思食，神全不思睡。其外狀則鼻無呼吸，脈不跳動，遍體溫煖，眼有神光。其身體內部之作用，自與凡夫不同，不可以常人之生理學強加判斷。此等現象，今世尚不乏其人，余昔者固親見之矣。然皆未知其有何等神通，是或丹經所謂慧而不用者乎？

今按：自本首第三句以後，直至第十四首末句止，概屬不可思議之境界，故未作註。當日某女士尚疑余固守秘密，致書相詰，奈余自訪道至今已三十年矣，實未曾目覩陽神是何形狀，如何出法。即當日師傳，亦不及此，僅云時至自知。故對於出神以後種種作用，因無實驗，不敢妄談。且學者果能行面壁之功，何患不知出神之事？請稍安毋躁，以待他年親證可乎？

出神第十三

身外復有身，非關幻術成。

今按：此首若完全不註，未免令讀者意有缺憾。若每句作註，又苦於不能落筆。只得將前賢語錄摘鈔數條，以見出神之時，是何景象，出神之後，尚有工夫。欲知其詳，請博覽丹經，真參實悟，非此編所能限也。

青華老人語錄曰：「陽神脫胎之先兆，有光自臍輪外注，有香自鼻口中出。既脫之後，則金光四射，毛竅晶融，如日之初升於海，如珠之初出於淵。香氣氤氳滿室，一聲霹靂，金火交流，而陽神已出於泥丸矣。出神以後，全看平日工夫。若陽神純是先天靈氣結成，則遇境不染，見物不遷，收縱在我，去來自如。一進泥丸，此身便如火熱，金光復從毛竅間出，香氣亦復氤氳。頃刻返到黃庭，雖有如無，不知不覺，此真境也。若平日心地未能虛明，所結之胎，決非聖胎，所出之神，原帶幾分駁雜，一見可懼則怖生，一見可欲則愛生，殆將流連忘返，墮入魔道。此身既死，不知者以爲得仙坐化，誰知陽神一出而不復者，殆不堪問矣。」「問曰：『倘心地未純，而胎神已出，爲之奈何？』師曰：『必不得已，尚有鍊虛一著。胎神雖出，要緊緊收住，留他做完了鍊虛一段工夫，再放出去，則真光法界，任意逍遥，大而化之矣。鍊虛全要胸懷浩蕩，無我無人，何地何天，覺清空一氣，混混沌沌中，是我非我，是虛非虛，造化運旋，分之無可分，合之無可合，是曰『鍊虛』。蓋以陽神之虛，合太虛之虛，而融洽無間，所謂形神俱妙，與道合真，此乃出胎以後之功，分身以前之事也。』」「問：『陽神陰神之别如何？』師曰：『陰未盡而出神太早，謂之陰神。其出之時，或眼中見白光如河，則神從眼出；或耳中聞鐘磬簫管之音，則神從耳出。由其陽氣未壯，不能撞破天關，故旁趨别徑，從其便也。既出之後，亦自逍遥快樂，穿街度巷，臨水登山。但能成形，不能分形。但能遊走人間，不能飛騰變化。若盛夏太陽當空，則陰神畏而避之。是以雖帶仙風，未離鬼趣。』」「問：『陰神可以鍊爲陽神乎？』師曰：『可。學仙之士，不甘以小乘自居，只得於陰神既出後，再行修鍊。將那陰神原形粉碎，傾下金鼎玉爐，重新起火。火候足時，自然陰盡陽純，真人顯象。』」「問：『陰神如何能使原形粉碎？』師曰：『忘其身，虛其心，空洞之中，一物不生，則可以換凡胎爲靈胎，變俗子爲真人，而事畢矣。』」「問：『身外有身之後，還做什麼工夫？』師曰：『善哉問也！此其道有二：下士委身而去，其事速；上士渾身而去，其事遲。當陽神透頂之後，在太虛中逍遥自樂，頃刻飛騰萬里，高踏雲霞，俯觀山海，千變萬化，從心所欲。回視幻軀，如一塊糞土，不如棄之，是以蛻骨於荒巖，遺形而遠蹈，此委身而去者之所爲也。若有志之士，不求速效，自願做遲鈍工夫，陽神可出而勿出，幻軀可棄而勿棄，保守元靈，千燒萬鍊，忘其神如太虛，而以純火烹之，與之俱化，形骸骨肉，盡變微塵，此渾身而去者之所爲也。並列於此，聽人自擇，有志者不當取法乎上哉！』」

冲虛子語錄：「或問：『陽神之出，非必執定要身外有身，已承明命。但若果無形相可見，何以謂之出陽神？』答曰：『本性靈光，非有非無，亦無亦有，隱顯形相，安可拘一？昔劉海蟾真人以白氣出，西山王祖師以花樹出，馬丹陽真人以雷震出，孫不二元君以香風瑞氣出。此數者雖有相可見，而非人身也。又南嶽藍養素先生以拍掌大笑而出，邱長春真人自言出神時三次撞透天門，直下看森羅萬象，見山河大地如同指掌，此二者皆無相可見，而亦非身也，何必拘拘於身外有身而後爲出哉！』」「問：『何故有此不同？』答曰：『當可以出定之時，偶有此念動而屬出機，未有不隨念而顯化者。故念不在化身，則不必見有身；念若在化身，則不必不見有身。予之此言，但只爲我鍾、呂、王、邱、李、曹諸祖真人門下得道成仙者而說，是謂家里人說家常話，非爲旁門凡夫惡少言也。彼雖聞之，亦無所用。後世凡出我長春邱祖門下的派受道者，必須記知，庶免當機驚疑也。』」

冲舉第十四

佳期方出谷，咫尺上神霄。

冲舉者，即世俗所謂白日飛昇是也。參同契曰：「勤而行之，夙夜不休。伏食三載，輕舉遠遊。跨火不焦，入水不濡。能存能亡，長樂無憂。功滿上昇，膺籙受圖。」從古即有是說，但在今時，既未嘗見聞，理論上又苦無證據。若以歷代神仙傳記爲憑，自然如數家珍，聽者或樂而忘倦，顧又疑其僞造事實，提倡迷信。必須求得一平素不信仙道之人，在伊口中或筆下得一反證，而後方能無疑。試觀唐韓退之先生所作謝自然詩云：

「果州南充縣，寒女謝自然；童騃無所識，但聞有神仙。輕生學其術，乃在金泉山；繁華榮慕絕，父母慈愛捐。一朝坐空室，雲霧生其間；如聆笙竽韻，來自冥冥天。簷楹塹明滅，五色光屬聯；觀者徒傾駭，躑躅詎敢前。須臾自輕舉，飄若風中煙；茫茫八紘大，影響無由緣。里胥上其事，郡守驚且歎；驅車領官吏，甿俗爭相先。入門無所見，冠履同蛻蟬；皆云神仙事，灼灼信可傳。」後半段從略。果州在今四川順慶府。

通篇三百四十字，前半叙事，後半議論，凡惡劣名詞，幾全數加於其身，如「寒女」「童騃」「魑魅」「恍惚」「日晦」「風蕭」「神姦」「魍魎」「幽明」「人鬼」「木石」「怪變」「狐狸」「妖患」「孤魂」「深冤」「異物」「感傷」等字句，極盡詆毀之能事。可知韓先生絕不信世有神仙。雖然，韓先生末後之主張亦不過曰「人生有常理，男女各有倫；寒衣及饑食，在紡績耕耘。下以保子孫，上以奉君親；苟異於此道，皆爲棄其身」云云。嗚呼！此等見解，何異於井底之蛙，褌中之蝨，安足以饜吾人之望乎？

夫神仙所以可貴者，在其成就超過庸俗萬倍，能脱離塵世一切苦難，解除凡夫一切束縛耳，非徒震於神仙之名也。名之曰「神仙」可，名之曰「妖魔鬼怪」亦可，所爭者事實之真僞而已。謝自然上昇事，在當時有目共見，雖韓先生之倔强，亦不能不予承認。奈其素以儒教自居，闢佛闢老，道貌儼然，一朝改節，其何能堪！覩兹靈跡，被以惡名，亦無足怪。吾人讀墉城集仙錄一書，紀謝自然女真生平神奇事跡，至爲詳悉，惟不敢遽信爲真實。今讀此詩所云「須臾自輕舉，飄若風中煙」「入門無所見，冠履同蜕蟬」諸語，然後知冲舉之說信不誣也。後之學者，可不勉哉！

民國二十三年（一九三四年）八月上海翼化堂善書局初版

皖江陳攖寧　輯

口訣鈎玄錄初集

第一篇　讀者須知

第一章　學說之根據

本集内容，概依清朝光緒時代江西豐城黃元吉先生所撰道德經講義並樂育堂語錄二書爲根據，不攙雜別家學說，以免混淆。此二書雖曾經好道之士捐貲刊印，惜流傳不廣，甚難購置。至於坊間通行之道書，名目雖多，然言理者不言訣，言訣者不言理。學者觀之，或感覺空泛無入手處，或執著死法而不知變化，以致皓首無成。故黃先生昔日教人，理與訣並重。學者先明其理，而後知其訣乃無上妙訣，與旁門小術不同。既知其訣，更能悟其理乃一貫真理，與空談泛論不同。余所以亟爲介紹於今世好道之士。

第二章　書名之意義

此書原擬名黃元吉先生學說鈎玄錄，因嫌其太長，故省去五字。又因「學說」二字不足以包括此書之優點，且易於令人誤會爲虛浮之言論，非實行之方法，所以改名爲「口訣」，要使人明白此書中有歷代聖哲口口相傳之秘訣。學者果能按其所說，見諸實行，則了道成真，自信當有幾分把握。從此以後，不必累月經年，搜神語怪，乃知正道本屬平淡無奇；不必千山萬水，訪友尋師，乃知真訣即在人生日用。豈非一大幸事乎？

昔賢讀書治學，都有一種研究的工夫。唐韓昌黎先生文集有云：「記事者必提其要，纂言者必鈎其玄。」今按「提要」就是挈其綱領，「鈎玄」就是取其精華。余細察黃元吉先生所傳講義、語錄二書，皆當時黃先生口授，而門弟子筆錄。其初意本不要著書傳世，故其書無次序先後，無綱領條目，東鱗西爪，不易貫串。而且文筆亦不整齊，煩冗瑣屑處甚多。雖有最上乘修鍊口訣包含在內，但初學觀之，亦難領會。今爲學者便利計，故提要鈎玄之法不能不用。

况本書全部精華，就在「玄關一竅」。二書論玄竅之文字，皆散見於各處，而不成系統。今爲之聚其類別，比其條文，删其繁蕪，醒其眉目，當較原書爲易於入門矣。學者果能將玄竅之理論，一一貫通，玄竅之工夫，般般實驗，何患不能縮天地於壺中，運陰陽於掌上？功成證果，可與三清、元始並駕齊肩，豈區區玉液、金液、長生、尸解之說所能盡其量哉！此鈎玄錄所由作也。

第三章　應具之常識

第一節　道家與道教之異同

提及儒、釋、道三教，凡是中國讀書人都能領會。在昔明、清之際，曾有倡爲三教一家之說者。蓋以道的本體而論，三教原無分別。若依事實而論，則不可混爲一談。

中國自軒轅黃帝而後，經過許多朝代，直到周朝李老子，皆屬於道家一派，其學說是有系統的。用於外，可以治國齊家；用於內，可以修身養性。古時讀書人，皆能運用此學說以處世。在位則帝王將相不以爲榮，在野則陋巷布衣不以爲辱，所謂「達則兼善天下，窮則獨善其身」，無往而不自在，無時而不安樂。這個就叫作「道學」。漢時的張良，三國時的孔明，亦是此道中人物。

至於寇謙之之科誡符籙，張天師之正一派五雷法，邱長春之全眞派經懺、齋醮、祈禱等類，這些都叫作「道教」。雖各派之中，也有修養的方法，但其宗旨與作用，比較古代的道家，完全不同。

學者須要認識清楚，不可張冠李戴。**陳攖寧增批**　拿張天師的帽子戴在李老子頭上。

第二節　道家與儒家之異同

儒家學說，出於孔子。孔子以前，止有道家而無儒家。孔子當時曾受教於老聃，又自稱「述而不作，信而好古」，可知儒家亦發源於道家。至於儒、道二家學說異同，前人議論，甚爲詳盡，今日不必贅言。

讀者須知：儒家缺點，就是把人事看得太重，畢世講究做人的方法，沒有了期。設若一旦我們感覺人生若夢，人壽短促，人之能力薄弱，人之範圍窄狹，生不願意做人，死不願意做鬼，既不欲爲肉體所拘，又不甘偕肉體同歸於盡，是必別求超人之學術，然後纔能達到我們之目的。此等超人學術，求之儒家，頗不易得。當年孔子讚易，亦深悉此中玄妙。但是他對於門弟子不肯顯言，除顏、曾而外，得傳者甚少。因此後來儒家僅知世間法，而不知出世法，止有山林隱逸之士，如陳希夷、邵康節輩，尚私相授受耳。黃元吉先生所傳之道，就是此一派。

第三節　道家與佛家之異同

道家是中國古來所獨有的，佛教是漢朝由印度傳到中國來的，在歷史上根本就不相同。

魏晉六朝時代，士大夫崇尚清談，翻譯佛書者，不覺將老莊一部分之玄義，混融於佛教經典之內，故佛說與道家言偶有可以相通處。唐時佛學家，嘗以八卦之理，解釋佛教華嚴經，因此可知，道通於佛；近代學者，又以內典之理解釋莊子齊物論，因此可知，佛即是道。

愚見認為，佛家與道家，在理論源頭上，本無不同。其所以不同者，乃在下手修鍊的方法。道家工夫，初下手時，與肉體有密切之關係；佛家工夫，專講明心見性，不注意肉體上之變化，遂令人無從捉摸。印度本有小乘坐禪法，亦頗注意身內之景象，並可限定日期，證某種果位，獲某種神通。無奈中國佛教徒專喜空談，不肯拚苦用功實行修鍊，故大乘之說最為投機，而小乘工夫無人過問矣。

第四節　道家與神仙家之異同

出家人光頭無髮者，名為「和尚」；頭上蓄髮挽髻者，名為「道士」。凡有眼者，皆能分別。若一問及彼等修行方法其不同之處何在，非但普通人不能回答，即彼和尚、道士自己，亦莫明其妙。吾嘗見和尚庵中供呂祖像，道士觀中供如來像；又嘗見某老僧精神矍鑠，問其坐功，乃邱祖小周天口訣，某老道化緣，口中聲聲念的乃是「無量佛」。出家人尚且如此，何怪一般在家人認識不清。遇見吃齋誦經拜偶像者，不管他是佛是道，是出家是居俗，總而言之，送他一個「修行人」的雅號。至於修些什麼，行些什麼，現在的效驗如何，將來的成就如何，都不願去研究。

當今之世，論及佛道之異同，已屬多事。若再提起學道與學仙之分別，更覺曲高和寡，知音者稀。雖然，吾人求學，當以真理爲依歸，不可隨世俗相浮沉。況且此等學問，本是對上智之人說法，不是拿來普渡一般庸愚之士，因爲此事非普通人所能勝任。試觀歷史傳記，每一個時代，數百年間，修行人何止千萬，結果僅有少數人成就。可以想見此事之困苦艱難，談何容易？讀者諸君若有大志者，不妨先下一番研究工夫，把這條路認識清楚，然後再講實行的方法，幸勿河漢斯言。

古時道家與神仙家，本截然兩事。在漢書中，道家列爲九流之一，神仙列爲方技之一。何謂九流？曰道家，曰儒家，曰陰陽家，曰法家，曰名家，曰墨家，曰縱橫家，曰雜家，曰農家，共爲九家。後世俗語有謂「九流三教」者，三教人人皆知，九流則知者甚少，其實即發源於此。何謂方技？曰醫經，曰經方，曰房中，曰神仙，共分四種。考其類別之意，九流大都關於治術，方技則偏重於養生。治術是對人的，養生是爲己的。其宗旨自不同也。

老子爲道家之祖，凡講道無有過於老子者。一部道德經中，有講天道的，有講人道的，有講王道的，皆是雜記古聖哲之精義微言，並非專指某事某物而作此說。至其最上一層，乃是講道之本體。其言曰：「有物混成，先天地生。寂兮寥兮，獨立而不改，周行而不殆，可以爲天下母。吾不知其名，字之曰道。」其意蓋謂，道是宇宙萬物之根源，無名無形，絕對不二，圓滿普遍，萬古常存。所謂「修道」者，就是修這個道，讀者須要認識清楚。

今再論「仙」字的解釋。「仙」字又可以寫作「僊」。字書謂：「人年老而不死者曰仙；仙者遷也，謂遷入山中也。」古代傳記，凡紀載神仙歷史者，其末後一句，大半是入山不知所終，決不似普通人老死於牖下。至於學道者則不然。論語曰：「朝聞道，夕死可矣。」中庸曰：「道也者，不可須臾離也，可離非道也。」又曰：「君子之道，造端乎夫婦。及其至也，察乎天地。」易經曰：「一陰一陽之謂道。」據此可知，學道不必定要長生不死，止求能聞道、悟道、證道，雖死無妨，不必一定要入山苦鍊。雖倫常日用之間，何處非道之所在？所患者，人不能參透陰陽之消息耳。故凡種種奇怪駭俗之事，皆學仙者所必有，而爲學道者所厭聞。其不同如此。

再者，學道與學仙，前人意見，常有衝突處。唐白居易詩云：「皇皇道祖五千言，不言藥，不言仙，不言白日昇青天。」此蓋據老子之說以謗仙也。又抱朴子云：「五千言雖出老子，然皆泛論較略耳，其中了不肯首尾全舉其事。至於文子、莊子、關令尹喜之徒，雖祖述黃老，但永無至言。或復以存活爲徭役，以殂歿爲休息，其去神仙已千億里矣，豈足耽玩哉？」此又據神仙之說以謗道也。歷代以來，如此類者，數不勝數，皆是己而非人，黨同而伐異，其實皆搔不著癢處。亦猶之乎佛教中性宗與相宗對立，淨土與參禪互訐，徒費唇舌而已。至於後世之性相融通，禪淨雙修等法門，若可以調和於二者之間矣，然不免騎牆之誚。道之與仙，亦猶是也。

人生斯世，資質本至不齊，境遇又不一律。能學佛者未必能學道，能學道者未必能學仙，此言其人之才力有勝任與不勝任之分；凡好佛者未必好道，好道者未必好仙，此言其人之性情有相近與不相近之別。既不能捨己以從人，又何能強人以就我？只要大體無差，不妨各行其是，毋庸彼此互相攻擊，徒見其器量之小耳。

第四章　口訣之來源

上古時代，沒有紙筆墨硯，若想做幾部書流傳於世，供大眾閱看，是一件最困難的事。故凡有玄微的理論，切實的工夫，以及普通處世的格言，都是師以口講，弟以耳聽。猶恐語句太多，不能記憶，遂將其中最關緊要者，摘出幾句，編成簡括有韻的文章，便於使人背誦不忘，臨時即可應用。其例如後。

曲禮曰：「坐如尸，立如齊；禮從宜，事從俗。將上堂，身必揚；將入户，視必下。

遊毋倨，立毋跛；　坐毋箕，寢毋伏。　傲不可長，欲不可縱；　志不可滿，樂不可極。」以上皆言做人的道理。

書經曰：「人心惟危，道心惟微；　惟精惟一，允執厥中。」此十六個字，將修養的道理，已包括盡了。

易經繫辭曰：「天地絪縕，萬物化醇；　男女媾精，萬物化生。」後世丹經所言陰陽的道理，不能外此。

老子道德經曰：「惚兮恍兮，其中有象；　恍兮惚兮，其中有物；　杳兮冥兮，其中有精，其精甚真，其中有信。」此即後世丹經所謂「先天一氣」之說。

莊子在宥篇引廣成子教黃帝之言曰：「至道之精，窈窈冥冥；　至道之極，昏昏默默。無視無聽，抱神以靜，形將自正，必靜必清。無勞汝形，無搖汝精，乃可以長生。目無所見，耳無所聞，心無所知，汝神將守形，形乃長生。愼汝內，閉汝外，多知爲敗。我爲汝遂於大明之上矣，至彼至陽之原也；　爲汝入於窈冥之門矣，至彼至陰之原也。天地有官，陰陽有藏，愼守汝身，物將自壯。我守其一，以處其和。故我修身千二百歲矣，吾形未嘗衰。」

攖寧按　這段文章，把長生不死的道理，和盤託出，玄妙無倫。凡後世丹經所言鍊己築基、周天火候之說，無不在此。黃帝爲道家之祖，而廣成子又是黃帝之師，其言如此顯露，如此切實。奈何後世學道者，不於此尋一個出路，反去東摸西撞，七扯八拉，真所謂「盲人騎瞎馬」，愈走愈錯，越弄越糟。

列子天瑞篇引黃帝書曰：「谷神不死，是謂玄牝；玄牝之門，是謂天地之根。緜緜若存，用之不勤。」這六句古語，本在道德經內，讀者必認爲老子自己做的。今觀列子所引，明明說是黃帝之書，可見此語，乃自黃帝以來歷代相傳的口訣，不是老子自造的。傳到於今，已經過四千六百餘年矣。

以上數條，略見一斑。諸如此類，皆可名爲口訣。秦、漢以前的古書，常有此種口訣，隱藏在裏面，後人往往忽略過去。鈎玄錄非考古之文章，亦不必詳徵博引，僅使學者心知其意而已。

第一節　傳授口訣之愼重

道書丹經，所習用的「口訣」二字，其初蓋出於參同契書中。其言曰：「三五與一，天地至精；可以口訣，難以書傳。」據此可知，魏伯陽真人之意，就是不願把口訣寫在書上，所以滿紙都是隱語。讀參同契者，莫想在書中尋出一個法子來，他自己已經說過。其言曰：「竊為賢者談，曷敢輕為書。若遂結舌瘖，絕道獲罪誅；寫情著竹帛，又恐洩天符。猶豫增歎息，俛仰綴斯愚。陶冶有法度，未可悉陳敷。」照他的意思看起來，若完全寫出，則恐洩天符；若閉口不談，又恐絕道脈。弄得他說也不好，不說也不好，真是進退兩難。到了結果，下兩句斷語，就是：「天道無適莫兮，常傳於賢者。」嗚呼！魏祖之用心，亦良苦矣。

參同契既如此隱秘，試再求之於黃庭經，看其如何。黃庭經之言曰：「授者曰師受者盟，雲錦鳳羅金紐纏；以代割髮肌膚全，攜手登山歃液丹，金書玉景乃可宣。」據此可知，黃庭一派傳授，亦極端慎重，口訣亦不易得聞。

參同、黃庭，皆如此其隱秘矣，試再求之於抱朴子。一則曰「不得明師口訣，不可輕作」黃白篇第十六；再則曰「此法乃真人口口相傳，本不書也」釋滯篇第八；三則曰「至要之言，又多不書，登壇歃血，乃傳口訣。苟非其人，雖裂地連城，金璧滿堂，不妄以示之」明本篇第十一。諸如此類，不可勝數。考抱朴子內篇，本專講神仙之術者，其重視口訣也，較之參同、黃庭，若出一轍。

以上三種古籍，如參同契，如黃庭經，如抱朴子，皆仙道門中最有價值之書。其作書時代，距今已在一千五百年以上。後來所出各種內外丹法，以及符咒禁術等類，大半是由此三部書脱化而出。縱偶有軼出範圍之外者，其宗旨仍復相同。所以歷代以來，凡傳授丹經法術，莫不以口訣爲重。蓋千載如一日也。

第二節　口訣不肯輕傳之理由

余昔年訪道，執定一個見解，就是虛懷若谷。不管所遇之人，是正道，是旁門，是邪術，是大乘，是小乘，總以得到口訣爲最後之目的。故凡關於口訣一層，耳中所聞者，實在多得無以復加。雖不能說白費光陰，徒勞心力，然在我所得的口訣中，百分之五十，都是怪誕鄙陋，不能作用的。又有百分之二十，雖然能用，而無大效驗。其可以稱爲真正口訣者，僅百分之三十而已。

僅此百分之三十，尚有上中下三等之不同，難以一概而論。現在我對於「口訣」二字，著實有點厭聞。但因多年閱歷，刻苦研求，遂發明口訣不肯輕傳之理由如後。

(一)造化弄人，要人有生有死，有死有生。而修道者，偏要長生不死，或永死不生，以與造化相反抗。設若你没有超羣的毅力，絕頂的聰明，深宏的德量，結果定歸失敗。到了失敗以後，不咎自己資格欠缺，却怪爲師者妄語，口訣不靈。是多收一個徒弟，就多一層煩惱。因此非遇載道之器，不肯輕傳。此爲第一種理由。

（二）凡事若得來容易，在自己心目中，看得就不十分貴重。一旦實行，必以遊戲之態度處之。世上人情，大都如此。修道是一種最高尚的事業，若視同遊戲，請問能有好結果否？因此傳道者，常故意使學道者受過相當之困難，以觀察其人是否有誠懇之心志，所以不肯輕傳。此爲第二種理由。

（三）道是宇宙萬物所共有的，法是人類智慧所發明的，術是依法證道或護法行道之種種手段。道只有一，法則有上中下三等之差別，術更有古今、邪正、巧拙、利害之不同。道可以公開宣講，與千萬人聽聞；著書立說，與全世界相見。法當按三等之階級，選擇上中下三等根器而授之，不可以一法教多人，免致扞格不通。術更須擇時、擇地、擇人、擇社會環境，而酌量其可傳與不可傳。有幾種秘術，雖能速獲神效，而未免驚世駭俗，易招毀謗，若一顯揚，必生反動，對於實行上大有障礙，寧可秘而藏之，免致門外漢亂加批評，因此不肯輕傳。此爲第三種理由。

（四）爲傳道之師者，亦有三等資格。第一等是已經完全修鍊成功的人，或是古代聖真之化身。第二等是一半修鍊成功的人，其肉體上之生理，與凡夫絕不相同。這兩等人，傳道即傳道而已，沒有什麼交換條件，亦無須要凡人去幫助他。第三等的是已經千辛萬苦，得受口訣，但因環境不佳，經濟困難，未能實行用功修鍊，只得根於人類互助之原則，尋覓一個有財力可以幫助自己修道的人，而後傳之。但其人雖有財力可以助我，而品德欠優，不足爲載道之器者，照例亦不許傳授。此爲第四種理由。

附告　讀者至此，不要誤會，以爲作書者心中想人幫助，故意造出許多謠言。老實說一句，我現在的程度，雖然不敢與第二等資格並肩，但可以憑我個人的力量，趕上前去，尚不十分困難，毋須要人幫助。我現在所做的事，都是爲人，不是爲己。若欲獨善其身，自然有我分內應該進行之事，何必在此舞文弄墨，惹許多麻煩？讀者須要把市儈的習氣除脫，然後看我的書，方沒有障礙。

（五）爲師者當日學得口訣時，必定要發一種誓詞，如「不許妄傳匪人，若妄傳者，必遭災禍」等語，此乃最平常之誓詞。尚有比這個更厲害的，如「生受人天之誅，死受地獄之苦」等語。既然發過這許多誓，自己總不免忐忑於心。因此爲師者，日後傳人，都是戰戰兢兢，恐怕自己偶不小心，犯了誓語，所以不肯輕傳。此爲第五種理由。**陳攖寧增批**　忐忑，音「坦特」，心不安也。

（六）爲師者自己當日得傳口訣，很不容易。或經過許多歲月，或歷過許多艱辛，或受過許多磨折，最後方能得訣歸來。從此他就認定了自己生平所經歷之過程，就是普通一般初學人的榜樣。設若你所經歷者，不合於他自己當日之過程，他以爲太便宜於你，非普通學人之本分，因此不肯輕傳。此爲第六種理由。

(七)地元丹訣，黃白點金術，自古至今，皆守秘密，不肯公開。但每一個朝代，總有幾人承受此法。從前生活程度，比較現代是很低。他們修道的人，本不想發財，只要一個月鍊出幾兩銀子，就可過生活，不是隱於山林，就是混於城市。彼既無求於人，人亦不能識他。像這一類的口訣，也是不易得聞。設若公開宣布，大家都會鍊，銀子生產過剩，必要擾亂全國金融，又恐匪人得之，藉此作威作福，所以不肯輕傳。此爲第七種理由。

(八)劍術也是極端秘密之一種。上等的名爲劍仙，次等的叫做劍客。他們的戒律，不許管國家大事。現在常聽人說，彼等爲何不替國家出力？這都是門外話，決不可拿看小說的眼光去猜想。究竟他們費二十年光陰，犧牲一切，專鍊此術，作什麼用處呢？因爲中國自古以來，就有這一派，乃地仙門中之旁支。他們修鍊，是要跑到懸巖絕壑，採取靈藥，服食辟穀，吐納呼吸，噏受日精月華，各種工夫與金丹法門隱居城市修鍊者不同。假使在深山中，遇到毒蛇猛獸，肉體無力抵抗之時，就用劍氣去降伏。待到二三百年以後，道成尸解，肉體既不要保存，劍術遂歸於無用。他們若有不甘於小成者，半途上再求進一步的工夫，參透造化陰陽之消息，拿出旋乾轉坤之手段，將後天金氣，變而爲先天金氣，於是又走回金丹大道正路上來了。這種人性情，甚爲固執而冷僻，若是你的資格不合於他的條件，無論如何，他決不肯相傳。此爲第八種理由。

前幾年在四川重慶一帶傳授劍術的那位先生，難免沾染江湖上的習氣。他收了許多徒弟，弄了不少金錢。在他自己，甚爲得計，可惜劍仙名譽，被他喪盡。西北幾省，也有人在製造劍仙的神話，完全與真實劍仙事跡不同。吾恐又是一種欺詐手段，好道諸君，切切不可入其圈套。

（九）符咒祭鍊，遣神役鬼，降妖捉怪，搬運變化，三蹻五遁，障眼定身，拘蛇捕狐，種種奇怪法術，十分之九都是假的。然而真假是對待的名詞，有假必有真。其真者若誤傳匪人，則國家社會皆受其影響，傳者受者同遭災害，如昔日白蓮教之類皆是，所以不肯輕傳。此爲第九種理由。

（十）祝由醫病，符水救急，運氣按摩，鍼灸點穴，這都是他們一生衣食之資，你若沒有相當的報酬，決不能得到他們的口訣。其中也有專以救濟爲懷，不靠此謀生活者，雖不吝於傳人，但學者亦不許營業。若私自收人家報酬，又違背他們的戒律，連累師父，所以不肯輕傳。此爲第十種理由。

（十一）內家、外家兩派武術入門的架子，以及普通的拳脚，雖可以公開傳人，稍爲深一點的，就要正式拜師父，纔肯指示其中奧妙，不能隨便亂說。尚有家傳絕藝，只傳兒子不傳徒弟者，亦常有之。一者恐怕徒弟學會了要打師父，二者徒弟不能擔負養活師父一家的重大責任。若拜方外人做師父，就没有第二個問題。你若是運氣好，非但師父不要你養活，並且師父還可供給你的用度。然第一個問題仍不能免，總要稍爲留點秘密本領，防備徒弟倒戈。所以中國武術，愈傳愈劣，一代不如一代。此爲第十一種理由。

（十二）佛教、耶教，是世界性；道學、仙術，是種族性。凡含有世界性的宗教，無論你們是什麼種族，總普遍歡迎你們加入他們的教團。你不信，勸你信；你既信，拉你進。至於道學仙術，恰好立在反對的地位。設若你不是中華民族黃帝子孫，你就莫想得他絲毫真訣。我當日學道時，曾經照例發過誓語，永不公開，就是怕讓外國人得著，去拼命死鍊。假使他們一旦鍊成功，真似虎之添翼，我們中華民族，更要望塵莫及了。不如保留這點老祖宗的遺傳，尚有幾分希望。將來或可以拿肉體鍊出的神通，打倒科學戰爭的利器，降伏一般嗜殺的魔王。因此不肯輕傳。此爲第十二種理由。

或問：「佛教重慈悲，耶教講博愛，就算老氏之教與佛、耶二教不同，然觀道德經所云『清淨無爲』『退讓不爭』『柔弱者生之徒』『强梁者不得其死』等語，皆是老子的本旨。外國人果真信仰道教，決不至於恃强凌弱，以侵略爲能事。此條所言不敢公開之理由，未免過慮。」答曰：「請觀東方之佛教國，慈悲何在？歐洲各國，大半信仰耶穌教，博愛又何在？這些都是空談。在實際上行爲，極端相反。況且我等今日所研究者，乃中華民族自古相傳之仙術，不是宗教，不是道德，更不是專講心性的工夫。聖賢君子學此術，固不失爲聖賢君子，强盜小人學此術，仍舊是一個强盜小人，甚至於增加其作惡之能力。歷代仙師所以嚴守秘密，不肯輕傳，確是理由充足，非過慮也。」

(十三)神仙家的思想、理論與方術，綜合而觀，可以稱爲超人哲學。雖其中法門，種種不同，程度有深淺之殊，成功有遲速之異，然其本旨，總在乎改變現實之人生，不在乎創立迷信之宗教。後世一般宗教家，常感覺自己教義之空疏，不足資以號召，每每利用神仙之學說，混合於其教義内，以裝飾自己之門庭。試看各處秘密小教，以及某會、某壇、某社、某院等等，遍布全國。你若加入彼等團體之内，即可以窺見一鱗半爪，若隱若現，似乎真有神仙降世，暗作主持。及考察彼等全部之理論，對於古代神仙家之學説，大都隔膜而不能貫通，並且將聖賢仙佛、菩薩鬼神，夾雜一處，七扯八拉，於是乎神仙本來面目遂無人認識。幸而彼等未窺堂奥，僅僅涉及藩籬，故關於神仙家根本學說，尚不至被彼等摇動。假使今日毫無顧慮，將天元神丹、地元黄白並參同、悟真之秘訣，完全公開，讓彼等得知。其合意者，則作爲彼等資以號召之材料；其不合意者，則假借仙佛名義，胡亂批評，貽誤後學。是未見公開之利，而先受公開之害，因此不肯輕傳。此爲第十三種理由。

（十四）上條所言，乃過去與現在之流弊，尚有將來之隱患，亦不可不防。蓋舊式教徒，志在保守，故對於非彼教所有者，概目爲外道，神仙亦在彼等排斥之列。雖嫌其器量狹隘，不能容人，亦喜其界限分明，各存真相。所患者，就是新式教徒，志在侵略，每欲將他教之特長，以及神仙家之秘術，盡收攝於己教範圍之內，以造成他們的新教義。顯宗能容納者，即入於顯宗；顯宗不能容納者，概歸於密宗。其手段譬如商家之盤店，把我們店面的招牌取下，又把我們店中存貨搬到他們店中，改換爲他們的招牌，出售於市，並且大登廣告，說是他們本廠製造的。假使此計一朝實行，中華民族自古相傳之道術，就要被他們銷滅乾淨。吾輩忝爲黃帝子孫，不能不努力保存先代之遺澤，因此不肯輕傳。此爲第十四種理由。

陳攖寧增批 鈎玄錄止於此，因種種原因，未繼續再做。

連載民國二十三年（一九三四年）十月十六日至民國二十四年（一九三五年）一月一日揚善半月刊第二卷第八期至第十三期（總第三十二至三十七期），民國二十四年（一九三五年）二月十六日、三月一日揚善半月刊第二卷第十七、十八期（總第四十、四十一期），民國二十四年（一九三五年）七月一日至八月一日揚善半月刊第三卷第一至三期（總第四十九至五十一期），民國二十五年（一九三六年）十月十六日揚善半月刊第四卷第八期（總第八十期），民國二十五年（一九三六年）十二月十六日揚善半月刊第四卷第十二期（總第八十四期），民國二十六年（一九三七年）一月十六日揚善半月刊第四卷第十四期（總第八十六期）

靈源大道歌白話註解

宋曹文逸真人　原著
陳攖寧　註解

陳攖寧頂批　二首題詞都是一味的頌揚，刊於卷端，似嫌誇張過分，故把它剪除。封面裏頁刊載二十餘人台銜及某某附印幾百部、幾十部等字樣，和尋常印送善書、佛經例子相同，難免使閱者誤認本書是勸世文一類的東西，不肯用心去研究。底封裏頁，又登載丹道刻經會許多職員姓名，不合普通出版格式，似乎這些人爲讀者盡了不少的義務，但又標明每部售價若干，並非贈送性質，實際上與普通營業性書店無別。由於我當日只管撰稿，不問出版之事，遂發生這樣矛盾。到了出版以後，我纔看見。雖不同意，奈無辦法。此後本書從他人手中流行出去的，我管不到。若是我自己贈送與人，必將那種礙眼的東西一概取消，以保持此書之純潔。

蒲團子按　原文封二載題詞兩首。「靈源大道歌白話註解題詞一：『大著弘仙學，天花落講筵；　陰陽宣秘諦，造化失威權。　妙論超羣教，高風異昔賢；　他年如有約，海上訪成連。　福建連城習善堂吴竹園拜題。』靈源大道歌白話註解題詞二：『本是清虛境裏來，迷真逐妄着塵埃；　感君指點還源路，識得先天道眼開。　羅浮山人李慕玄由香港寄贈。』」並有載：「本書序跋各篇，甚關重要，請讀者注意！」

蔣竹莊先生序

老子道德經說「谷神不死」，莊子南華經言之更詳，曰「神凝」，曰「官止神行」。至達生篇中，更言「復精」「守氣」「藏神」，舉精、氣、神三者具述之，而最後工夫即在養神。是可知養神者，乃修道之上乘也。

靈源大道歌，宋徽宗時曹文逸女真人所作，明白說理，注重神氣，無鉛汞、龍虎等代名詞，極便初學。顧自宋至今，八百餘年，無人注意及此，深爲婉惜。皖江陳攖寧先生，特表而出之，且用白話註解，條分縷析，詳略得宜。讀者得此，可以循序進修，便莫便於此。且可由神氣混合而直造無爲之大道，不亦易簡而理得哉！

陳君以此書將付剞劂，囑余一言弁其首。余學道數十年，老而無成，實不足以叙此書。重以陳君之命，勉爲數語以塞責云爾。

戊寅冬日蔣維喬叙於因是齋

張任父先生序

靈源大道歌，不見於道藏，向來行本絕少。清賀龍驤刻入道藏輯要「奎」字帙中，題曰「至真歌，海蟾真人劉玄英撰」。考圖書集成神異典引羅浮山志云「宣和中，有曹仙姑居京城，明於丹術，嘗作大道歌，深得旨要」；又考體真山人汪東亭之論是歌也，亦曰「劉祖著還金篇、還丹歌，皆鉛汞對待，何獨於此歌只言汞而不言鉛耶」，因謂此歌實出於曹仙姑之手。按汪氏謂「女真著作，皆言汞不言鉛，言水不言火」，其說雖不足以爲定論，然細詳此歌，文字思想，皆與海蟾還金、還丹諸篇不類，其爲曹仙姑所作蓋無可疑。

仙姑名字里貫，俱無可考，惟據圖書集成引羅浮山志，知其爲宋徽宗宣和中女真，工詩賦，明丹術。宋徽宗廣求學仙之徒，仙姑與吳妙明皆被徵至京師，敕封「文逸真人」，靈源大道歌即作於斯時，誠歷代女真所著丹經之最古者也。其書闡揚玄理，發明丹道，皆能直指要妙，發其本根，惜世間傳本既少，湮沒堪慮。皖江陳攖寧先生，獨慼然憂之，於是詳加註解，重授剞劂。（**陳攖寧頂批** 剞劂，即刻板之意。）書成，屬高觀如兄以原稿見示，且問序於余。余於斯道，蓋有志焉而未能入門，何敢贊一辭？顧於先生之深通丹道，欽遲已久，亦不可無一語以致其拳拳之意，故敢有所述焉。

夫仙道以人爲主，人則以性命爲宗。無主則道不生，無性命則身不立。仙道多門，取用非一，道有淺深，人有智愚，天下之道雖殊途而同歸，百慮而一致，然從粗入妙，各有等差，脗跡符真，非同一見。**陳攖寧頂批** 脗，即「吻」。吻跡，即泯合跡象。世俗無知，乃橫生異解，入主出奴，隱若敵國。甚或好貨之徒，故作荒唐無稽之談，使初學之士，效驗未收，流弊已生。此丹道之所以難行也。

是編獨揭大道，毫無隱語，首論玄理，次主絕俗，莫非穩妥篤實法門，能一掃彼宗繁蕪之說。而要之以中，存神定氣，翕聚元和。其於撥亂反正之理，性命合一之道，論之甚詳。攖寧先生更因而廣之，以爲之註。其宣通疑滯，解說道要，皆淺顯明白，切近不支。至其於書中之名詞，解釋尤稱詳審。凡歷代丹經名詞之紛紜而無從得其確解者，靡不一旦而豁然貫通，使瑯函秘籍，人人得而讀之。學者苟循是以求，何難超凡入聖？是先生之鼓聾發昧，功亦巨矣。

中華民國二十七年戊寅十二月十五日壽縣任父張壽林序

洪太庵先生序

仙學者，乃人類進化之學，而成仙則爲人類進化之結果。衡以世界事事物物進化公例，固無足異，乃世人恒以怪誕目之，可謂淺識矣。**陳攖寧頂批** 開始就打破神秘的觀念。

溯自洪元既判，草昧初開，不知經幾千萬年之絪緼，始有人類。又不知經幾千萬年之變化，始演成今日之人。人之智慧雖日增，人之技術雖日巧，而於衰老病死，終不能避免。豈畢竟無法以抗此定律乎？毋亦人類之進化有未至歟！

然而好生惡死，人之常情也。既同具此情，乃不用其智慧與死神爭，徒知憑藉技術之巧，以相殺爲能事。嗚呼！何其悖謬一至於此耶！我古昔聖真早有所見矣，故史家謂「黃帝且戰且學仙」，而老子則有「利而不害」「爲而不爭」「歸根復命」「長生久視」之道。夫唯不相害，故不相爭，不相爭，故不相殺，然後人類之肉體得以苟全。能全形，則能復命，能復命，則能長生，然後人類之精神方能超脫。

試觀四千六百年前，廣成訓黃帝之語，豈不深切而著明乎？黃老既邈，歷代繼起之仙人，成道後，即高蹱遠蹠，或並其訣亦秘而不宣。即有著述流傳，亦復辭多隱約，八卦五行，龍虎鉛汞，使後之讀者，如墮五里霧中，無從得其出路。彼輩爲一身一時計，則得矣。如衆生何？如天下後世何？**陳攖寧頂批** 邈，音「莫」，遠也。踵，脚後跟也；蹠，音「隻」，脚掌也。高踵遠蹠，即遠走高飛之意。

今夫衰老病死，固常情所同惡也。慨自戰禍蔓延以來，海宇驚飈，中原沸鼎，伏尸百萬，流血千里，破產亡家轉於溝壑者，其數更無限量。人生斯世，雖欲求其衰老病死而不可得。悲哉！**陳攖寧頂批** 飈，這個字刻錯了。今改正如左：「飈」。亦可寫作「飆」。音「標」，狂風也。鼎，是烹飪之器。**蒲團子按** 「更無限量」，原作「何止億兆」。陳攖寧頂批云：「『億兆』這個數字太大。」故陳攖寧改爲「更無限量」。

攖寧吾師，乘再來之願，本渡世之心，不惜費四十載之精神，窮研仙學，並改革古仙自了之觀念，隨機方便，接引緣人。其所著書，未公諸世者，吾不得而言。已行世者，則有黃庭經講義、孫不二女丹詩註，與夫揚善半月刊之宏篇鉅製，微妙玄通，獨具手眼，學者多能識之。

茲值國難期間，又有靈源大道歌白話註解之作。此書明白簡要，易知易行。復經我師拈出「神」「氣」二字，爲一篇之主腦。

夫神氣者，乃吾身中所固有，不求於人，不假於物，信受而奉行之，可以躋聖域，可以避衰老，可以却死病。若修到極致者，或將來竟能以肉體證得之神通，打倒科學戰爭之利器。不觀夫電乎？人一觸即死，物一觸即毀，其潛在之能力，誠高於一切，而其破壞範圍，却至有限。自十九世紀後，經白種人發明而利用之，於是科學世界，乃日新而靡有已。人謂世界進化，歸功於蒸汽，然以視電力，則猶小巫之見大巫矣。

夫電即天地之元氣也，人即天地之元神也。故天、地、人稱爲三才。假使有天地而無人，不過一混沌世界而已，電力何由而見？既有人焉，復能取電力而支配之，譬如修鍊家元神與元氣合一，其能力乃真不可思議。科學新發明，有所謂死光者，毀滅力無可限量，其實即以極大電力爲之。而此電力者，豈非出自人工製造乎？死光今雖未用於戰爭，但早遲終有實現之一日，試問尚有何物能抵禦此乎？戰艦飛機，坦克大炮，能遇之而不摧乎？ 攖公所謂「以肉體證得之神通，打倒科學戰爭之利器」，信非徒託空言矣。

陳攖寧頂批

世界第二次大戰期間，尚未聽說死光在戰場上發揮它的威力，因爲那種機械不能隨便移動，而光線亦不能達到遠距離之故。這兩句話雖是我說的，但與洪君的意思不同，他誤會了。死光是一種極短波之射線，公元一九二〇年左右，纔有人發明出來，破壞力甚强，動物遇之即死，火藥遇之即炸，發電機遇之即失效，請問這種東西誰人敢在肉體上去試驗？

蓋肉體即是人身，而一人之身，即是一小天地。電即人身之元氣，真意即人身之元神，以元神馭元氣，而使神氣合一，則小而固一身之邦國，大而極變化之能事。譬如製造死光，不出於科學家之試驗室，而出於仙學家之丹田，有何不可乎？ 若夫人類之衰老病死，皆由元氣散漫，無真意以主宰之，故日朘月削，而消磨於不知不覺之中。**陳攖寧頂批** 朘，音「肩」，萎縮也。 是以程子雖致疑於飛昇，而獨信長生有道，意謂如以燭火當風，則油易枯而火易滅，若置之密室，則其燃燒時間，可以長久。 是知當風而燭火易滅者，即元氣散漫，無主宰之謂也； 密室而燭火不易滅者，即元氣統攝，有主宰之謂也。 噫！ 人類所以自戕其壽命者，豈非胥出於身中之毫無主宰乎？

且今之醫學家有言，人類疾病，皆由於微菌，必用藥力消滅之，而疾病始瘳。 道家又有守庚申之說，謂必殺盡三尸五蟲，始能成道。 夫三尸五蟲，即人身潛伏之微菌也。 人之元氣旺盛，則微菌伏而不動； 元氣一衰，微菌出而肆虐。 設醫藥不得其道，雖有賁育之勇，亦只束手待斃而已。 道家有見及此，於是刻苦修持，無間晝夜，統攝身心，以神馭氣，真火內鍊，殺盡尸蟲。 蓋三尸五蟲之害道，等於微菌之害身，果一掃而空之，則疾病可以不生，人身可以不死。 故醫學家言，雖確實有據，其功效只能愈疾病，而不能致長生； 道家之說，固不能由顯微鏡中而證明，但其統攝身心，運動元氣，蒸融關脈，變換筋骨，則真不死之道也。

雖然，老子謂大患在於有身，無身復有何患。 此則道祖垂教之深心，欲令世人於既得長生之後，進一步再求超脫。蓋所謂無身者，即是精神已離軀殼，而跳出陰陽五行之外，純然炁體用事，與造化大氣同流，水火烏能侵，刀兵烏能害。此乃上士修鍊之極功，非下士所敢望其項背。惟是上士人少，而下士人多，則又不得不爲有身之下士說法，故有三千、八百之功行，五等仙階之級數，毋亦誘人爲善，使先立根基，而後授之以道，及至功行圓滿，無人非，無鬼責，雖有身亦復何患乎？此又古仙接引後學之微意也。**陳攖寧頂批**：老子所謂「大患爲吾有身」，不是這個意思。洪君已弄錯，閱者勿再誤會。攖寧批。

昔張紫陽仙師，三傳匪人，三遭天譴。夫天亦何與其事，是必所傳之人，不爲善而爲惡，惡由妄念而生，匪由妄念而作。既有妄念，則靈臺不能清淨，而所得之口訣，亦不生效驗。由是而謗道誣師，致陷其師於官刑，遂乃引爲大戒耳。然後知世間學道之人，善念不生，功行不積，固無由得師；妄念不除，靈臺不淨，亦無由成道。故講求人類進化學者，其必以仙學之道德爲依歸，內外兼修，而達到成仙之階段，則今日大地之魔火窟，安知不能一變而爲諸天之玉華樓乎？

道不負人，吾輩其勉之哉！

中華民國廿七年戊寅仲秋門人太庵洪萬馨拜序於香江旅次

高克恭先生序

史稱道家爲君人南面之學，秉要執本，清虛自守，謙柔制剛，退讓爲進，治化於無爲，操勝於未戰。又復翛然玄覽，拔乎塵寰，以至於無爲而無不爲。所謂菩薩度世之道，莫之能外也。**陳攖寧頂批**　道家之學，本是古代中華民族政治界最高首領的修養法，所謂「達則兼善天下」也；後來治國者不講此道，只有些山林隱士尚能够懂得其中一部分理論，他們利用黃老治國之道，以治其身，遂一變而爲自了漢，所謂「窮則獨善其身」也。即如老子著書，意在發揚黃帝之道，而老子的事功竟不及黃帝萬分之一，此乃受客觀條件所支配，雖有大心者，亦無可奈何，只好終身做隱君子，僅留下五千餘言的道德經供後人當作哲學研究而已。——中華民國廿八年三月陳攖寧於仙學院。

嗟夫！當今之世，四海沸騰，魔外侵陵，人居水火。有大心者，固未容飄然遐引，悠然高蹈，作自了漢，趣涅槃城也。然而時會風雲，遇合有數，動靜出處，自有其機，則是玄門性命之功，神仙鍊養之術，正可爲哲士修身，藏器待時，聖賢治平，博施濟衆之用，照徹昏衢，引登覺路，莊嚴穢土，安定狂瀾，豈異人任哉？

吾師攖寧先生，學通內外，道擅南北，高度遠識，殷殷誨人。余自丁丑之夏，得遇先生，備蒙指示，粗窺玄妙。顧以時值喪亂，四方奔走，未獲留侍講席，竊自悵憾。所幸先生講授之餘，輒有撰述，受讀獲益，良非淺鮮。今日過滬，先生復以仙學院講義第一種靈源大道歌白話註解見示，深覺此歌顯揚大道，發其本根，開示真源，不雜隱語。更經先生明爲疏解，宣其蘊要，決疑通滯，簡擇精詳，使讀者易知，知者易行，誠可謂入聖之明燈，超凡之舟楫也。**陳攖寧頂批**　丁丑秋間，抗日戰爭即開始。戊寅是抗戰第二年。

嗟夫！先生固有意於經世者，其未用於世者，時也。雖治世之願未償，而度世之道以宏，寧非吾人之大快歟？

戊寅孟冬高克恭敬題

趙慧昭女士序

去歲春正，由翼化堂善書局購閱孫不二女丹詩註及女子道學小叢書，知各書皆出自皖江陳攖寧先生手筆。景慕之餘，亟思訪翼化堂主人張竹銘君，冀爲先容。適滬戰爆發，遂致中阻。今以機緣成熟，幸得陳肅亮、沈霖生兩君之介紹，獲見攖寧先生。飫聆高論，並讀其揚善刊中諸作，尤深傾倒。始悉先生研究玄學已四十年，讀破道書萬卷，平日對於女丹，特別注重。註解各書，簡要詳明，使讀者易窺門徑，誠我女界學道者之良導師也。

邇來諸同志創設仙學院，公請先生演講道要。列席旁聽者，坤道居多。最能令人滿意者，即先生善於因人說法，隨程度之高低，定課程之深淺。雖其權巧方便，不執於一法，不偏於一門，而尤推靈源大道歌白話註解爲上中下三根普渡也。

慧昭修道有心，自慚不學。前讀青華老人唱道真言，始終以「鍊心」二字貫徹到底，並無秘訣可傳。後讀曹文逸女真人靈源大道歌，亦不提龍虎鉛汞等事。通篇除闡明玄理而外，不過勸人斷絕俗情而已，竟未見口訣藏在何處。然此篇乃古代女真第一部作品，行世垂八百餘年，學道者羣相推許。竊料其中或有奧妙，未必概屬空談，因此疑懷莫釋。今得攖寧先生白話註解，始恍然大悟矣。

蓋真言所謂鍊心者，本兼有「動」「靜」二義。動鍊者，即此篇所謂「應物無心神化速，戰退陰魔加慧力」之類是也；靜鍊者，即此篇所謂「齋戒寧心節言語，閒閒只要養元神」之類是也。又如唱道真言上卷十段所謂「先天一意」「太極一圈」，十一段所謂「玄關一竅」，十三段所謂「一元常見」，二十七段所謂「忽然一覺」，二十九段所謂「躍然一動」，種種形容，皆不離乎「一」。此篇所謂「太極布妙人得一，得一善持謹勿失」，又謂「混合爲一復忘一，可與元化同出没」云云，亦單提直指「一」字上之工夫，較真言玄旨，絲毫無間。誠哉！古聖昔賢，其揆一也。

攖寧先生讀者須知第四條，開示兩件要義，第一要悟通玄理，第二要斷絕俗情，否則，縱得口訣，亦無用處。而唱道真言上卷五段，亦謂心源未澈，情欲纏繞，則築基必傾，藥材多缺；下卷五十八段，又謂七情六欲之身，不能作大丹之爐鼎；六十九段，又謂俗情未除，胎仙豈結。二書互相印證，始信攖寧先生之語，爲確有可憑。世間學道者，俗情果能去盡，而後玄理愈明。玄理既明，則知道在目前，毋勞遠索，人人有分，個個全真，尚何男女異同之足辨哉！**陳攖寧頂批**　這幾句話專指修道而言，若要學仙，則不能如此說法。仙家鍊内丹這種工夫，與男女異性、生理不同有關係，不可混亂使用。——己卯夏攖寧批。今夫文章之妙，固不限字數之多寡，真言累數萬餘字而不厭其詳，大道歌僅九百字而不嫌其略。但爲學者易於念誦計，則大道歌尤屬切要。况乃歷代女真著作之祖乎？

此篇文字，有幾處每覺其隱奥難明，自攖寧先生白話註解出，而後見地塵消，義天日朗，其嘉惠後學之功爲何如耶！

本書原是講義體裁，乃先生主講仙學院時，按期口授而筆錄者。慧昭亦爲席前聽講之一員，兹喜出版在即，特追叙其顛末如此。

戊寅閏七月七日趙慧昭謹序

朱昌亞女士序

佛與仙之別，昔者吾不得而知也，知之自讀揚善半月刊中攖寧先生各種著作始；仙與道之別，吾更不得而知也，知之自讀靈源大道歌中攖寧先生白話註解始。揚善刊出至九十九期後，正值非常時局，遂停止發行，讀者數千人，每引以爲憾。今者幸有大道歌註解出版，庶幾稍慰學道諸君渴望之情矣。

夫仙學與道學，其不同果安在乎？蓋聞古今學仙者，必從鍊丹下手，不鍊丹，不足以成仙也；學道者，則無鍊丹之必要，只須後天神氣合一，返還到先天之性命，再使先天之性命合一，歸本於清靜自然，而道可成矣攖寧按 四句話包括盡了。試問二者孰爲優劣乎？曰：此則視學者立志如何，無所謂優劣也。立志於返老還童、長生住世、陽神脫殼、白日飛昇者，則學仙；立志於德配天地、功參化育、神歸渾穆、體合虛無者，則學道。是故仙有五種等級之分，而道止有一；仙固不能離道而獨存，道則以有仙而愈顯其妙用；仙乃大道全體中一部分之結晶，而道則宇宙萬物共同之實相。明乎此，則仙道之辨，判然矣。

所謂成仙者，即是將此玄妙無形之道，在陰陽爐鼎中，密集煅煉，提出精華，使其團結不散，而成爲靈感有形之仙； 所謂成道者，即是將此大患有形之身 **陳攖寧頂批** 此處雖也說「大患有形之身」，但非解釋老子，比較洪太庵的意思不同，在動靜修持中，陶冶銷融，去盡重濁，使其輕清超脫之元神，返本還原，和宇宙本體無形之道合而爲一。 **陳攖寧頂批** 成仙與成道的分別，雖是我當日在諸同學面前講過，假使沒有這樣精妙簡潔的文筆，也不能把這種深奧的理論表示出來。若用白話寫，就累贅多了，恐怕幾十句話還說不明白，是值得讚美的。——寧批。 如參同契、抱朴子、呂祖詩集、三丰玄要篇等書，即仙學之代表也； 如邵康節、黃元吉諸前輩著作，以及唱道真言等書，即道學之代表也。 雖仙學書中，亦偶爾談道，然其宗旨，則偏重於仙也； 道學書中，亦雜用仙學名詞，然其宗旨，則偏重於道也。 正派仙學，必不走旁門邪徑； 先天大道，更不是孤寡頑空。

以上所述仙道辨別，至爲明晰，或可以補充白話註解中未曾洩漏之玄機，學者果能會而通之，當勝過讀遍丹經道書萬卷。 蓋此寥寥數語，乃古昔聖賢所未嘗顯言者。 昌亞不敏，烏足以知此？ 近常聽講於仙學院，側聞攖寧先生之緒論，遂筆以記之耳。 嗟乎！ 學者茫昧久矣，今得先生一言，非但千百年來仙道兩家互相詆毀、互相輕視之心理可以除，即彼三教混同、仙道不分、强人就己、張冠李戴、隔靴搔癢、借題發揮諸流弊，亦廓然頓絕。

其有功於學術界者，不亦源遠而流長耶？豈僅吾黨同門之幸歟！仙與道之界說，前人未言，後人雖言，亦不能有加於此。昌亞云云，實非私譽。

若夫白話註解屬稿之因緣，已詳於趙序；仙學與人類進化之關係，以及科學與仙學之比較，洪序已宣闡盡致。洋洋大觀，吾何容贅焉？

中華民國二十七年戊寅中秋上海朱昌亞拜識於仙學院

靈源大道歌讀者須知

陳攖寧　作

一，靈源大道歌，雖是女真著作，但不是專講女丹口訣。凡是學道的人，無論男女老少，用這個工夫，都很有效驗，絕無流弊，可以算得仙道中最穩妥最普渡的法門。以前學人，對於本篇不大注意，埋没多年，甚爲可惜。久已想用白話註解，出版流通，無奈得不着機會。今以仙學研究院需要講義，註解方能完成。又以丹道刻經會志在流通，出版方能如願。可知世間萬事成功與否，各有時節因緣，信非偶然。

二，本篇正文的好處，在毫無隱語，從頭到尾，都是明明白白闡揚真理。不像别種丹經，滿紙的龍虎鉛汞、天干地支、河圖、洛書、五行八卦，弄得學人腦筋昏亂。本篇註解，雖没有特别優點，但是少用文言，多用白話，完全順着正文的意思，力求淺顯，使粗通文理的人一看就懂，並且能依照註解的意思，再講給好道而不識字的人聽。於是乎普渡的願心，慢慢就可以實現了。

三，有人疑惑本篇中，女功爲什麽不講斬赤龍，男功爲什麽不講鍊精化氣，對於命功一層，恐怕尚不完全。但要曉得，女子鍊斷月經和男子閉塞精竅這兩種工夫，有急進法與緩進法，有勉强法與自然法。他書上所說的法門，是勉强，是急進；此書上所說的法門，是自然，是緩進。勉强急進，做得好時，效驗很快，做得不好，就要弄出許多毛病，反而誤事；自然緩進，做得好時，同樣發生效驗，做得不好，至多没有效驗而已，決不會做出毛病。比較起來，要算這種法門最穩妥而無流弊。所以當日曹真人就把這篇歌訣傳於後世，並非是不懂斬龍與鍊精的工夫，更不是保守秘密弗肯對人說。

四，或問：「本篇中三分之二是高談玄理，三分之一是勸人斷絕俗情，做工夫的口訣，究竟在何處呢？」答曰：「學道的人最難悟通的就是玄理，最難擺脱的就是俗情。這兩件事果能做到，雖說目前尚未能專心修鍊，但已經具足修鍊的資格了。等到一天實行用功，就很容易見效。否則，縱讓你把口訣念得爛熟，也無用處。倘若你一定要曉得口訣隱藏在什麼地方，我可以指與你看。本篇中有四句最要緊的口訣：第一句，『神不外馳氣自定』；第二句，『專氣致柔神久留』；第三句，『混合爲一復忘一』；第四句，『元和內運即成真』。工夫到此，大事已畢，以後的口訣不必再問了。」

五，本篇未嘗没有缺點，但這個缺點，是各家道書千篇一律的，不是本篇所獨有的。試看古今道書所講，大概不外三件事：一鋪張玄妙，二隱藏口訣，三勸勉修行。若問及學人的生活環境、飲食起居要合於那幾種條件纔能正式做鍊養工夫，倘與某種條件不合，對於做工夫是否有妨礙，各家道書從來不注意到此。因爲中國以前社會情狀，和現在大大兩樣。今人所感受的痛苦，古人或許夢想不到。人生今世要想修道，必須注意自己環境，並社會情狀是否適宜，切勿徒知責備工夫無效。

六，本篇宣傳大道，開示靈源，直指性命，專講神氣，所以不用鉛汞等類代名詞。汪東亭先生曾言，此歌通篇無一字及鉛，所說無非真汞一物。愚按：本篇所云「神水」，雖可以說是真汞一物，但又云「神水難言識者稀，資生一節由真氣」，這個「真氣」，却是指鉛，不是指汞。況且修道比較鍊丹，究竟有點分別，假使我們把他顛倒過來說修丹鍊道，在旁人聽了未免要笑我們文理欠通。因此可以明白兩者不同之點。修道的人，果能够從後天神氣返還到先天性命，就算是功德圓滿，不必再去討論什麼鉛汞問題。只有三元丹法，纔須注重鉛汞。世上道書，往往把修道和鍊丹混而爲一，籠統批評，貽誤後學非淺。再者，汪又云：「歷代女真著作，皆是言汞不言鉛，言水不言火。蓋女真身屬坤體，故不便言陽火，而只說陰符也。」愚按：孫不二元君所作女丹工夫次第詩，有「神鉛透體靈」一句，明明說出「鉛」字，又孫詩第七首標題「符火」二字，明明指陰符與陽火而言，可知汪說亦不足爲定論。

七，古人學道，必須從師口授，所以各家道書皆没有初步下手的規程，今世學人每視爲憾事。往歲見福州洪太庵君所著五大健康修鍊法，條理詳明，可作爲初學入門參考書之用。

中華民國二十七年戊寅中秋節皖江陳攖寧識於上海仙學院

靈源大道歌

宋朝曹文逸女真人　作

我爲諸君說端的，命蒂從來在真息；　照體長生空不空，靈鑑含天容萬物。　太極布妙人得一，得一善持謹勿失；　宮室虛閒神自居，靈府煎熬枯血液。　一悲一喜一思慮，一縱一勞形蠹弊；　朝傷暮損迷不知，喪亂精神無所據。　細細消磨漸漸衰，耗竭元和神乃去；　只道行禪坐亦禪，聖可如斯凡不然。　萌芽脆嫩須含蓄，根識昏迷易變遷；　蹉跎不解去荊棘，未聞美稼出荒田。　九年功滿火候足，應物無心神化速；　無心心即是真心，動靜兩忘爲離欲。　神是性兮氣是命，神不外馳氣自定；　本來二物更誰親，失却將何爲本柄。　混合爲一復忘一，可與元化同出沒；　透金貫石不爲難，坐脫立亡猶倏忽。　此道易知不易行，行忘所行道乃畢；　莫將閉息爲真務，數息按圖俱未是。　比來放下外塵勞，內有縈心兩何異；　但看嬰兒處胎時，豈解有心潛算計。　專氣致柔神久留，往來真息自悠悠；　緜緜迤邐歸元命，不汲靈泉常自流。　三萬六千爲大功，陰陽節候在其中；　蒸融關脈變筋骨，處處光明無不通。三彭走出陰尸宅，萬國來朝赤帝宮；　借問真人何處來，從前元只在靈臺。　昔年雲霧深遮蔽，今日相逢道眼開；　此非一朝與一夕，是我本真不是術。　歲寒堅確如金石，戰退陰魔加慧力；　皆由虛淡復精專，便是華胥清淨國。　初將何事立根基，到無爲處無不爲；　念中境象須除撥，夢裏精神牢執持。　不動不靜爲大要，不方不圓爲至道；　元和内運即成真，呼吸外求終未了。　元氣不住神不安，蠹木無根枝葉乾；　休論涕唾與精血，達本窮源總一般。　此物何曾有定位，隨時變化因心意；　在體感熱即爲汗，在眼感悲即爲淚。　在腎感念即爲精，在鼻感風即爲涕；　縱橫流轉潤一身，到頭不出於神水。　神水難言識者稀，資生一節由真氣；　但知恬淡無思慮，齋戒寧心節言語。　一味醍醐甘露漿，饑渴消除見真素；　他時功滿自逍遥，初日鍊烹實勤苦。　勤苦之中又不勤，閒閒只要養元神；　奈何心使閒不得，到此縱擒全在人。　我昔苦中苦更苦，木食草衣孤又靜；　心知大道不能行，名跡與身爲大病。　比如閒處用功夫，爭似泰然修大定；　形神雖曰兩難全，了命未能先了性。　不去奔名與逐利，絕了人情總無事；　決烈在人何住滯，在我更教誰制御。　掀天聲價又何如，倚馬文章非足貴；　榮華衣食總無心，積玉堆金復何濟。　工巧文章與詞賦，多能礙却修行路；　恰如薄霧與輕煙，閒傍落花隨柳絮。　縹緲浮游天地間，到了不能成雨露；　名與身兮竟孰親，半生歲月大因循。　比來修鍊賴神氣，神氣不安空苦辛；　可憐一個好基址，金殿玉堂無主人。　勸得主人長久住，置在虛閒無用處；　無中妙有執持難，解養嬰兒須藉母。　緘藏俊辯黜聰明，收卷精神作愚魯；　堅心一志任前程，大道於人終不負。

靈源大道歌白話註解

皖江陳攖寧　作

宋朝徽宗皇帝宣和年間，有一位曹女士，在當時頗有女才子之名。徽宗皇帝生性好道，又喜歡會做詩文的人。曹女士道學既可以配稱第一流，而且詩文確也做得不壞，所以宋徽宗很看得起她。召她到京城居住宋徽宗時首都在汴梁，即是現在的河南開封縣，特別優待。又賜號她爲「文逸大師」。**陳攖寧頂批**　「真人」二字，是後來學道者對她的尊稱，不是皇帝的敕封。

蒲團子按　「賜號」原作「敕封」，「大師」原作「真人」，均爲陳攖寧改。**陳攖寧頂批**　曹文逸是宋真宗時宰相曹利用之族孫，廿一歲即出家爲女道士，雲遊四方。晚年應詔居汴京，賜號「文逸大師」。羽化後，朝廷又賜謚爲「希元觀妙先生」。詳情見於明朝宋濂所編的汴京勾異記卷二。我當日做註解時，尚未得見此記，所以不曾將其生平事略寫入本書中，未免遺憾。

這篇靈源大道歌，就是這位曹文逸真人，在那個時候，做給一般學道人看的。流傳到現在，差不多經過八百二十年從宣和初年算起。

孫不二女丹工夫次第詩，比較此歌後出幾十年。其餘各種女丹經，更在孫不二之後，大概都是明、清兩朝的作品。

黃庭經雖由晉朝魏夫人傳出，然不能算是魏夫人自己的著作。謝自然、何仙姑等，雖在唐朝成道，也沒有著作流傳乩壇上沙盤中扶出來的詩文，不能算本人著作。

我們可以說，歷代女真，自己肉體在世間親筆所寫的道書，當以此篇最古了。陳攖寧頂批　因無爲法和有爲法性質不同，本篇只能稱作道書，不能說它是丹經。當初撰稿時，未免疏忽過去，今特改正。——攖寧自批。蒲團子按　「的道書」原作「正式丹經」，陳攖寧改。全篇共計一百二十八句，所講的道理，所論的功夫，不限定女子方面，男子亦可通用。現在特把本文依次序分開，每句每字，用白話註解如後。

我爲諸君說端的，命蒂從來在真息。第一句、第二句。

我，曹文逸自稱。諸君，指當時並後世修仙學道的人。端的，即是真正而又的確。命蒂，即是吾人生命最關緊要的地方。凡花葉瓜菓，和枝莖相連處，都叫作蒂，此處一斷，花葉就立刻枯槁，瓜菓就不能生長。真息與凡息不同，凡息粗，真息細；凡息淺，真息深；凡息快，真息慢；真息是凡息的根源，凡息是真息的發洩；真息可以化爲凡息，凡息也可以化爲真息。譬如山中石頭縫裏流出的泉水，就是真息；江河中風翻浪湧的長流水，就是凡息。

照體長生空不空，靈鑑含天容萬物。第三句、第四句。

照體，是迴光返照自己性體。長生，即是性體永久存在。空，是說性體本空。但因爲這個性體無所不包，真空與妙有同時顯露，所以又說不空。

鑑，是鏡子。靈鑑，就是指性體而言。含天容萬物，就是把天地萬物都包含容納在這個靈鑑之中。

第二句，說的是命。第三、第四句說的是性。

太極布妙人得一，得一善持謹勿失。第五句、第六句。

易經上說：「易有太極，是生兩儀。」道德經上說：「此兩者同出而異名，同謂之玄。玄之又玄，眾妙之門。」這就是「太極布妙」的意思。「一」就是道。「得一」就是得道。

老子說：「道生一。」周子就說：「無極而太極。」老子說：「一生二。」孔子就說：「太極生兩儀。」因此，我們可以明白，道就是無極，「一」就是太極，「二」就是兩儀，兩儀就是陰陽，陰陽就是性命，性命就是神氣。

道不可說，「一」不可見。凡可以說可以見的，不是「二」便是「三」。譬如上下、左右、前後、大小、長短、厚薄、多少、輕重、冷熱、剛柔、吉凶、利害、善惡、是非、虛實、有無、性命、神氣、陰陽，這些相對的都是「二」。在這些「二」的當中那個就是「三」。有了「三」以後，就能演變而成千成萬。所以老子說：「三生萬物。」

萬物既然是從道中生出來的，我們人類號稱萬物之靈，自然也是從道中生出來的。離開道就沒有世界，也就沒有人類。人得「一」，是說每個人都得着大道全體中極小一部分，但可惜微末得很。倘若我們把這點微末東西再弄失掉，恐怕第二世連人也做不成，漸漸要變成下劣的動物。

所以，作者勸大眾們，幸而生成一個人身，就應該時時刻刻小心謹慎，護持此道，切勿令他喪失。

宮室虛閒神自居，靈府煎熬枯血液。 第七句、第八句。

宮室虛閒，比喻人身上沒有惡習和各種不良的嗜好，以及心中沒有妄想和雜念。果能如此，我們的元神自然安安穩穩住在裏面，不致於流離失所，飄蕩忘歸。然而世上人們，心中常常被七情六欲攪擾，沒有片刻清涼。**陳攖寧頂批** 七情，喜、怒、哀、懼、愛、惡、欲；六欲，一色欲、二形貌欲、三威儀姿態欲、四言語音聲欲、五細滑欲、六人想欲。七情是儒家之說，六欲是釋家之說。七情之說見禮記禮運篇中。情欲一動，陰火跟着就動。陰火一動，周身氣血津液都要受傷。弄得面黃肌瘦，形容枯憔。這個病根，就在於人人心中看不破，放不下。所以說「靈府煎熬枯血液」。

人的意識與思想發源之處，叫作「靈府」。

一悲一喜一思慮，一縱一勞形蠹弊。第九句、第十句。

凡人當失意的時候，就要悲哀；當得意的時候，就要歡喜；遇到困難，不能解決，就要思慮；未得患得，既得患失，更不免時時用盡心思。我們平生所經過的境界，十分之九都是失意，很少有得意的時候。幾十年有限光陰，就在憂患中消磨乾淨。

身心放鬆是縱，身心緊張是勞。一時放鬆，一時緊張，就是一縱一勞。我們的肉體受不住這許多刺激，自然要變成衰朽，不可救藥了。

形蠹弊，是說身體裏面腐壞，等於木頭被蟲蛀一樣。

朝傷暮損迷不知，喪亂精神無所據。第十一句、第十二句。

早也吃虧，晚也吃虧，自己糊糊塗塗，不曉得厲害，精神耗喪而昏亂。若問他們在世做人怎樣可以做得好，出世修道怎樣可以修得成，他們絲毫沒有把握。

細細消磨漸漸衰，耗竭元和神乃去。第十三句、第十四句。

因爲是細細消磨，所以吾人身體雖有虧損，尚不至於感受劇烈之痛苦。因爲是漸漸衰老，所以人生數十年中，每容易忽略過去，不知不覺地頭髮白了，面皮皺了，不知不覺地血液枯了，筋骨硬了。

元和，就是元始中和之氣，又名爲「先天炁」。實在講起來，就是生天生地生人生物的一種生氣。宇宙間生氣，本是無窮，但每個人身體上由娘肚子裏帶來的那點生氣，可憐太少。從小到老，幾十年中，身體裏面所儲蓄的生氣消耗已盡，我們的靈魂就要和我們的肉體告別了。形神分離，人豈能不死？

只道行禪坐亦禪，聖可如斯凡不然。第十五句、第十六句。

「禪」字可以作「定」字解。一般唱高調的人，都曉得說「行也在定，坐也在定」，甚至於「睡卧也在定」，不必要做什麽工夫。倘若早早晚晚，刻苦用功，反嫌他過於執著，缺乏活潑天機，或者笑他是磨磚做鏡。然而這種話只能對程度很高的人說，不能對普通人說。聖人可以這樣做，凡夫萬萬辦不到。

萌芽脆嫩須含蓄，根識昏迷易變遷。第十七句、第十八句。

草木最初從土里長出的小體，叫作「萌芽」。因爲它的體質脆弱而嬌嫩，經不起損傷，須要培養有法，保護得宜，他日方有成材的希望。這就是比喻人身中一點生氣，根基不牢，最容易喪失，須要設法把他含蓄在身内，不讓他常常向外面發洩，然後吾人壽命方可延長。

眼、耳、鼻、舌、身、意，叫作「六根」。六根所起的作用，就是六識。根與識被塵境所擾亂，陷入昏迷狀態，容易由善變惡，由正變邪。若不徹底下一番苦功，恐怕没有什麽好結果。

蹉跎不解去荆棘，未聞美稼出荒田。第十九句、第二十句。

荒田之中，多生荆棘。倘若懶惰懈怠，游手好閒，不把田中荆棘斬除乾淨，好的稻穀決不會生長出來。這兩句話，比喻人心中妄想以及惡劣的習慣若不去盡，工夫很難有進步，好的效驗不易於發現。

九年功滿火候足，應物無心神化速。第二十一句、第二十二句。

九是陽數中的極數，九年，表示純陽之意，不是必定要九個年頭；功滿，是說工夫圓滿；火候足，是說用功到了這個時候，可以告一段落。應物，就是在世間做利物濟人的事業；無心，就是隨緣去做，不是有心要做功德；神化速，就是用自己全神來行教化，功效自然很快。孟子書上說「所過者化，所存者神」，與此處意思相同。

無心心即是真心，動靜兩忘爲離欲。第二十三句、第二十四句。

無心心，就是無念頭的心體。普通人心中沒有一分鐘不起念頭，他們認爲這個念頭是心的本體，其實錯了。諸君要曉得，那個無念的心方是真心，有念的心却是假心。

人能認識真心，自然一動一靜全是天機，可以做到忘物忘形的境界，這個就叫做「離欲」。

神是性兮氣是命，神不外馳氣自定。第二十五句、第二十六句。

古丹經常説「是性命，非神氣」，是對工夫深、程度高的人説法； 此處説「神是性」「氣是命」，是對普通人的説法。各有用意，並非矛盾。

因爲普通人只認得他們自己的肉體，除了肉體以外，從來不注意到神氣上去。如果教他們認得「神」「氣」兩個字的作用，比較普通人已算是大有進步，「性」「命」二字的真相，只好留待日後他們自己去參悟了。

修鍊家初等工夫，離不掉神氣。須要把自己的神收在肉體裏面，然後氣方能定得下。

本來二物更誰親，失去將何爲本柄。第二十七句、第二十八句。

二物，就是神與氣。這兩樣東西，本來最親密不過。神離開氣，神無所養；氣離開神，氣無所馭。沒有氣來養神，神就要逃亡； 沒有神來馭氣，氣就要耗散。失掉一項，即等於失掉兩項，請問還有什麼東西作我們身體的根本，作我們自己的把柄呢？

混合爲一復忘一，可與元化同出沒。第二十九句、第三十句。

混合爲一，就是做心息相依、神氣合一的工夫；　復忘一，就是工夫做到神氣合一之後，不要死死的執著捨不得放鬆，須要把這個合一的景象忘記方好。既能合一，復能忘一，那時身中氣候，自然與元始造化機關同出同没。出是顯露，没是隱藏。　化機應該顯露時就顯露，化機應該隱藏時就隱藏，自己絲毫不作主張。

透金貫石不爲難，坐脱立亡猶倏忽。第三十一句、第三十二句。

尋常人精神被肉體限制住了，不能直接的達到身外物質上去。　修鍊成功的人，精神可以離開肉體，而能支配肉體以外的別種物質，所以說「透金貫石不爲難」。　倏忽，是頃刻之間。　坐脱立亡，是坐着或者是立着的時候，我們的神倘若要離開肉體，頃刻就可以離開，不至於被肉體所拘束。

此道易知不易行，行忘所行道乃畢。第三十三句、第三十四句。

這個道理，雖容易明白，却不易於實行。縱能勉强去行持，也難以畢業。必須由勉强而進於自然，由自然而造於渾然，由渾然而至於釋然，纔是「行忘所行道乃畢」。

莫將閉息爲真務，數息按圖俱未是。第三十五句、第三十六句。

息，是鼻中呼吸。閉息，是把呼吸暫時閉住；數息，是數自己的呼吸，從一、二、三、四數到幾十幾百。按圖，是按照圖樣做工夫，或用全副精神死守身中某一竅，或動手動脚做各種姿式。

這些法子都不是大道，因爲閉息病在勉强，數息未免勞心，按圖又嫌執着，對於自然大道相差太遠。

比來放下外塵勞，內有縈心兩何異。第三十七句、第三十八句。

比來，等於「近來」。曹真人意思說，修道的人們，在近來這個時候，既然能把身外的一切塵勞都放下了，爲什麽身內的塵勞却放不下，仍舊有許多東西掛在心頭？請問身內百事縈心，比較身外一切塵勞，有何分別呢？

但看嬰兒處胎時，豈解有心潛算計。第三十九句、第四十句。

諸君請看嬰兒尚未出胎在娘肚子裏那十個月的時候，嬰兒心中可曾經在暗地裏算計什麼？　諸君既要學道，何不先學嬰兒？

專氣致柔神久留，往來真息自悠悠。第四十一句、第四十二句。

老子道德經第十章說：「專氣致柔能如嬰兒乎？」專氣，就是專心一志在氣上面做工夫；　致柔，就是工夫柔和到了極處，沒有絲毫剛强急迫的樣子。　果能如此，神就可以久留於身中，而不向外馳，「神不外馳氣自定」。　氣定之後，真息自有發動之時。「悠悠」二字，是形容真息的樣子深長而久遠、和緩而幽閒。

緜緜迤邐歸元命，不汲靈泉常自流。第四十三句、第四十四句。

緜緜，微細不絕之意；　迤邐，旁行連延之意；　元命，即人身生命根源。　這句是形容真息在身內行動的狀態。　雖說四肢百骸無處不到，然自有他的歸根復命之處。

靈泉，在後文又叫作「神水」。　地面上泉水總是往下流，不會往上流。　人要用水，非拿器物汲取不可。人身上的靈泉，却無須汲取，自然會在身中周流循環。真息所到之處，即是靈泉所到之處。因爲津能化氣，氣能化津，充滿一身，所以有如此妙用。

三萬六千爲大功，陰陽節候在其中。第四十五句、第四十六句。

今曆法一晝夜共九十六刻，古曆法一晝夜共百刻。張紫陽金丹四百字序上說：「夫一年十有二月，一月三十日，一日百刻，一月總計三千刻，十月總計三萬刻。行住坐卧，緜緜若存。胎氣既凝，嬰兒顯相。玄珠成象，太乙含真。三萬刻之中，可以奪天上三萬年之數。何也？一刻之工夫，自有一年之節候。所以三萬刻能奪三萬年之數也。故一年十二月，總有三萬六千之數。雖愚昧小人，行之立躋聖地。奈何百姓日用而不知。」此段文章，說得很明白，可以作此處註解。

曹文逸是宋徽宗宣和年間人，在民國紀元前約七百九十年。張紫陽是宋神宗熙寧年間人，在民國紀元前約八百四十年。兩人前後距離不過五十年，所以他們的論調頗有幾分相近。

蒸融關脈變筋骨，處處光明無不通。第四十七句、第四十八句。

此二句是說工夫的效驗。

蒸是蒸發，融是融化，關是關節，脈是血脈，變是變換。先蒸發而後方能融化。常常融化，不要讓他堅硬，而後方能慢慢地變換。這個工夫，就叫作「金丹換骨」。

處處光明，即是孫不二女丹詩中所說「元神來往處，萬竅發光明」的意思；無不通，即是周身全部通暢，沒有一處閉塞。

三彭走出陰尸宅，萬國來朝赤帝宮。 第四十九句、第五十句。

三彭，即是三尸。道書常說，上尸名彭倨，在人頭中，令人愚癡沒有智慧；中尸名彭質，在人胸中，令人煩惱不能清靜；下尸名彭矯，在人腹中，令人貪飲食和男女之欲。或名「三尸神」，又名「三尸蟲」。太清中黃真經上有兩句：「可惜玄宮十二樓，那知反作三蟲宅。」這個意思，就是說吾人潔淨美好的身體被許多三尸蟲盤據在裏面，弄得穢惡不堪，是很可惜的。

道家斬三尸法子，有用符咒的，有守庚申的，有服丹藥的，都不算徹底解決。此處用內鍊工夫，運元和之氣，充滿臟腑，蒸融關脈，變換筋骨，逼令三尸無處藏身，非拋棄他們的老窠逃走不可。壞東西一去，好東西就來了。

萬國來朝，比喻五臟六腑四肢百骸的精氣神，都聚會在絳宮一處。絳宮屬於心的部位，心屬火，其色赤，醫家稱爲「君主之官」，所以叫作「赤帝宮」。

借問真人何處來，從前原只在靈臺。第五十一句、第五十二句。

真人，即是真我。吾人肉體有生有死，不能算是真我，只可以叫作假我。除掉有形質的肉體，尚剩下那個無形質的念頭，是否可以叫作真我？然而也不是真我。因爲那個念頭，也是忽起忽滅，不能由自己做主的。再除掉忽起忽滅的念頭，另外尋出一個無生無死萬劫長存的實體，這個方是真我，又名爲「真人」。

這個真人，從前未曾見過面，此刻第一次認識他。究竟他由何處而來呢？其實他從前就住在我們靈臺之中，未嘗瞬息離開，並非由外面進來的。

昔年雲霧深遮蔽，今日相逢道眼開。第五十三句、第五十四句。

因爲歷年以來，被雲霧遮蔽，把真人的面目隱藏。雖說他從前就住在靈臺之中，我們却認識不出。今日工夫做到相當的程度，道眼遂開。道眼既開，如撥雲霧而見青天，真人因此露面。

「雲霧」二字，比喻我們的七情六欲妄想雜念。

此非一朝與一夕，是我本真不是術。 第五十五句、第五十六句。

這個工夫，不是一朝一夕做得成，須要經過若干歲月，並且不是用什麼取巧的法術，討什麼意外的便宜，僅此尋得吾人本來真面目而已。

歲寒堅確如金石，戰退陰魔加慧力。 第五十七句、第五十八句。

論語上有一句話：「歲寒然後知松柏之後彫也。」歲寒，是每年天氣最寒冷的時候。彫，是樹木落葉子。松柏後彫，是說別種樹木到這個時候都已枯槁零落，獨有松柏仍舊青翠不彫。比喻修道的人有堅忍的力量，可以耐得困苦，受得磨折，而不至於改變初心。

「確」字同「堅」字一樣解釋。松柏不彫已經稱得起堅確，金石比松柏更要堅確，所以此處拿金石比喻修道人的志氣。有金石般的志氣，自然能够戰退陰魔。

陰魔既已去盡，慧力即同時增加。慧是智慧，力是毅力。只有智慧而無毅力，雖可以見道，而不能成道。只有毅力，而無智慧，又恐怕認不清大道，誤入旁門。必須智慧與毅力二者俱足，方免遺憾。

皆由虛淡復精專，便是華胥清淨國。第五十九句、第六十句。

心中沒有妄想和欲念，就是虛；不染一切嗜好並惡習，就是淡；仔細研究，徹底明白，就是精；信受奉行，始終如一，就是專。

列子書上說「黃帝晝寢，而夢遊於華胥氏之國。其國無師長，其民無嗜欲。不知親己，不知疏物，故無愛憎。不知背逆，不知向順，故無利害」，其實是一種寓言，等於今人所謂「烏託邦」之類。人們心中果能十分清淨，也同到了華胥國一樣。

初將何事立根基，到無爲處無不爲。第六十一句、第六十二句。

世間無論做什麼事，起初總要立一個根基，以後方能有所成就。修道是大事業，更要把根基立穩，方能步步前進。等到工夫純熟，程度高深，自然顯得頭頭是道。表面上很像無所作爲，實際上已是精全氣全神全，沒有絲毫缺陷。老子道德經第三章說：「爲無爲則無不治矣。」又第三十七章說：「道常無爲而無不爲。」此篇「到無爲處無不爲」句，也是根據老子的意思。

念中境象須除撥，夢裏精神牢執持。第六十三句、第六十四句。

這兩句就是立根基的辦法。吾人當靜坐的時候，須要把心中雜念打掃乾淨。等到坐功純熟之後，雜念可以完全消滅。然後，在睡夢之中，也不忘記修道之事，也同平常靜坐的時候一樣，自己很有主宰。

不動不靜爲大要，不方不圓爲至道。第六十五句、第六十六句。

工夫偏於動，嫌太浮躁；工夫偏於靜，嫌太枯寂；性情偏於方，嫌太板滯；性情偏於圓，嫌太巧滑。能不落於兩邊，而得其中和，纔是大道。

元和内運即成真，呼吸外求終未了。第六十七句、第六十八句。

吾人果能在身内運用元始中和之氣，流行不息，就可以成道。倘若在外面呼吸上永久執着，不肯放鬆，到底未有了脫之日。

元氣不住神不安，蠹木無根枝葉乾。第六十九句、第七十句。

元氣，即是上文所說元始中和之氣；不住，即是不能長住於身內而向外面發洩。發洩太多，身體裏面的元氣漸漸虧損，元神因爲没有元氣來培養，遂不能在身中安居，而要逃亡。譬如樹木被蠹蟲所蝕，根本受傷，枝葉自然就乾枯。人身中元氣，被七情六欲、饑飽寒暑、勞心苦力所傷，身體自然也不能長久。

休論涕唾與精血，達本窮源總一般。第七十一句、第七十二句。

鼻中生出的流質叫作涕；口中生出的流質叫作唾；心中生出的流質叫作血；外腎生出的流質叫作精。雖有四種名稱不同，但是這些東西本源却是一樣。

達本，是看透他們的根本；窮源，是追究他們的來源。

此物何曾有定位，隨時變化因心意。第七十三句、第七十四句。

人身上各種流質，不是分疆劃界固定在一處而不許移動的，都是臨時因外界的感觸和内心的刺激而後生的。

在體感熱即爲汗，在眼感悲即爲淚。第七十五句、第七十六句。

皮膚裏面的流質，外感於天氣温度太高，就變化爲汗，從毛孔中出來； 眼睛裏面的流質，內感於情意過分悲哀，就變化爲淚，從淚腺中流出來。

在腎感念即爲精，在鼻感風即爲涕。第七十七句、第七十八句。

外腎裏面的流質，內感於心中淫慾之念，就變化爲精，從尿管中出來； 鼻黏膜裏面的流質，外感於空氣寒冷之風，就變化爲涕，從鼻孔中出來。

縱橫流轉潤一身，到頭不出於神水。第七十九句、第八十句。

縱，指人身上下； 橫，指人身前後左右； 流轉，是說在身體裏面周流循環；潤一身，是說身中無一處不走到，無一處不滋潤。 所以能有這種變化和這種功效，總不離乎神水的作用。

神水難言識者稀，資生一節由真氣。第八十一句、第八十二句。

神水這件寶物，它本身的道理太玄妙，頗難以言語形容。 而且世間有學問的人雖多，識得神水的人卻很少。須知汗、淚、涕、唾、精、血等等，都是神水所生，神水又是真氣所生。人身若沒有真氣，神水就不免要乾枯。神水既然乾枯，於是乎有眼不能視，有耳不能聽，有鼻不能嗅，有舌不能嘗，有生殖器不能生育，有四肢百節不能活動。到了這個地步，去死已不遠了。

按：學者讀丹經最感困難的，就是同樣的一個名詞，無論在什麼方法上都可以混用。即如「神水」二字，在此處是如此解釋。若在別種丹經上，雖有同樣的名詞，卻不能作同樣的解釋。

請看張紫陽悟真篇後序云：「金丹之要，在乎神水華池。」又張紫陽金丹四百字序云：「以鉛見汞，名曰華池；以汞入鉛，名曰神水。」這是人元丹法的神水。

又張紫陽金藥秘訣序云：「金水者，乃得金氣之玄水，又號神水。鍊丹之訣，但能引神水入華池，萬事畢矣。」許真君石函記中聖石指玄篇云：「鉛砂摶成如土塊，六一固濟相護愛。用火煅煉一晝夜，火滅煙消土化灰。騰鉛倒製入灰池，火發鉛鎔化神水。」這是天元丹法的神水。

又明鏡匣云：「若人識真汞，黃金內神火；若人識真鉛，白金內神水。」白紫清地元真訣云：「華池神水，神水真金。閃灼先天，發洩乾金。」這是地元丹法的神水。

又靈陽子洞天秘典云：「陰陽鉛汞爲神水，神水施爲不離鉛。誰識丹爐神水，乃爲月魄金漿。」伍冲虛修仙歌中自註云：「暗進者，暗進神水，暗進神火，屬烹鍊之工；明進者，明進神水，明進神火，屬超脱之工。」朱癡伯金火燈云：「生鉛但有壬水癸水，既成白金，其中方有神水。」這是黃白術的神水。

以上所列各種丹經中神水名詞，比較靈源大道歌中神水，確有霄壤之別。又朗然子詩云：「夾脊河車透頂門，真修捷徑此爲尊。華池神水頻吞嚥，紫府元君直上奔。常使氣衝關節透，自然精滿谷神存。一朝得到長生路，須感當初指教人。」此詩所指用神水名詞，專指口中津液而言，乃狹義的神水。靈源大道歌中神水，包括人身一切粗細流質而言，乃廣義的神水。義意雖同，而不完全相同。倘若學者止知其一，不知其二，依先入爲主，看見名詞相同，就説方法是一樣，那真是誤人而又自誤。

天元丹法，重在服食，不重點化。地元丹法，既能點化，又可以進一步鍊成服食，而上接天元。黃白術僅能到點化程度而止，不能再往前進。人元丹法，要用同類陰陽，雖有鉛銀砂汞等名詞，其實與五金八石毫無關係。這是四種丹法不同之處。

至於靈源大道歌的宗旨，乃是修道，不是鍊丹，也不是參禪止觀。其中作用，學者應當辨別清楚，不可稍涉含糊。世上流傳的各種丹經道書，都病在籠統，理路不清，閱之往往令人厭倦。我深悉其中弊病，所以專重分析，想把科學精神用在仙學上面，以接引後來的同志。因爲這個緣故，凡是拙作論調，每不肯附和前人之說，亦自有苦衷，讀者能諒解爲幸。

再按：揚善半月刊第四十一期第六頁所載玉華宮侍書仙子降壇詩末二句云：「爲惜前緣開後覺，早留真液渡衰殘。」「真液」二字，正合靈源大道歌「神水」二字的本意。留得住真液，纔可以濟渡衰殘。即是留得住神水，纔可以維持生命。這種理論，已成爲鐵案如山，不能搖動。既然當年曹文逸真人不惜苦口婆心，把第一等修鍊的方法宣布流傳，諸君總算有緣，雖然在八百年以後出世從宋徽宗宣和時代算到今日，但是能讀他這篇歌訣，也就如聞其聲，如見其人了。因此奉勸諸君，務必努力奉行，不可虛度歲月。否則，轉世投胎，未必再有今日的機會。

但知恬淡無思慮，齋戒寧心節言語。第八十三句、第八十四句。

「但知」二字的意思，就是只曉得照以下所說的方法做去，其他一切都不去管。恬，是心中安靜；淡，是把世間虛榮看得很淡；思，是思想；慮，是憂慮。

齋戒，是古人在將要祭祀天地鬼神之前一種預備的行爲，如沐浴、更衣、不飲酒、不茹葷、不作樂之類；　寧心，是心不妄想；　節言語，是口不亂說。

一味醍醐甘露漿，饑渴消除見真素。第八十五句、第八十六句。

牛奶第一轉叫作「酪」，第二轉叫作「生酥」，第三轉叫作「熟酥」，第四轉叫作「醍醐」，醍醐可以算得牛奶中精華所結成的；　芭蕉有一種名叫「甘露蕉」，花苞中有露水，味甚甘，就是甘露漿，可以算得芭蕉中精華所結成的。一味，是說沒有第二樣。因爲上面所做的工夫，純潔而安靜，所以身中發生的效驗，也是甜美而清涼。饑則思食，渴則思飮，都是表示吾人身體裏面有所欠缺，需要補足，方好維持。假使身體内部無所欠缺，自然就不饑不渴；　能入大定，自然就能看見本來面目。凡絲類没有染顏色的叫作「素」。吾人真面目，本是白淨無疵，一塵不染，所以叫作「真素」。

他時功滿自逍遥，初日鍊烹實勤苦。第八十七句、第八十八句。

到了將來工夫圓滿之後，自然逍遥快樂。但在當初下功的時候，實未免勤勞而辛苦。

用武火時叫作「鍊」，用文火時叫作「烹」。如何是武火？打起精神，掃除雜念，端身正坐，心息相依。如何是文火？全體放鬆，含光內守，緜緜似有，默默如無。

勤苦之中又不勤，閒閒只要養元神。第八十九句、第九十句。

雖說下手做工夫要耐得勤苦，然又不是勞心勞力動手動腳的事。所以老子道德經上有一句口訣，教人「用之不勤」。

既說要勤，又說要不勤，豈非自相矛盾嗎？須知所說「不勤」的意思，就是不勞動，不執着，不揠苗助長；所說「勤」的意思，就是不虛度，不懈怠，不一暴十寒。**陳攖寧頂批** 「不勞動」這個意思，是說在每天做靜功的時候，身體和腦筋都要全部休息，不要於外部再做五禽戲、八段錦、易筋經，也不要於內部再做存想、守竅、運氣、吐納等類工夫，因爲那些工夫容易使人疲勞。閒閒，就是表示不勤。能閒閒，方能保得住元氣。能保元氣，方能養得住元神。「揠苗助長」「一暴十寒」二語，見於孟子書中，是兩種比喻。

奈何心使閒不得，到此縱擒全在人。第九十一句、第九十二句。

奈何世上的人心，總是要休息而不可得。雖說因爲環境所困，不能完全放下，然而有一半也是歷劫以來的習慣，難以改變。做工夫的人，常常被這個念頭所累。到了此種地步，或任他放縱，或設法擒拿，全在各人自己做主。

我昔苦中苦更苦，木食草衣孤又靜。第九十三句、第九十四句。

曹真人言他自己當日做工夫時期，很受過許多困苦。吃的穿的，都是別人家不要的東西。所處的境遇，既孤寂而又冷靜。

心知大道不能行，名跡與身爲大病。第九十五句、第九十六句。

心中分明認得大道是好，無奈不能實行。所以不能實行的緣故，因爲受三種之累：一種虛名，二種事跡，三種身體。虛名之累，就是能者多勞；事跡之累，就是權利義務；身體之累，就是衣食住行。

比如閒處用功夫，爭似泰然修大定。第九十七句、第九十八句。

修道的人，就怕不得閒。幸而得閒，又被許多有作有爲的旁門小法所累。比如我們身心，已經得到了清閒境界，與其再要用各種旁門小法工夫，倒不如一切放下，專修大定的工夫爲妙。

「爭」字與「怎」字相同，「爭似」猶言「怎若」。按：張紫陽真人悟真篇七言律詩第二首云「大藥不求爭得遇」、第十三首云「爭知火裏好栽蓮」，七言絕句第一首云「爭得金丹不解生」、第八首云「爭似真鉛合聖機」、第四十首云「爭得金烏搦兔兒」、第六十四首云「教人爭得見行藏」，凡所有的「爭」字，都作「怎」字解。宋朝人文章上面所習用的字眼，和現在人所用的兩樣。爲諸君讀道書便利計，特附註於此。

形神雖曰兩難全，了命未能先了性。 第九十九句、第一百句。

大道之要，在全神而又全形。全神，普通叫作性功；全形，普通叫作命功。修道的人，能得形神兩全最上。如其不能，先做性功以全神，等到有機會時，再做命功以全形，亦無不可。

下文所說，就是了性全神的辦法。

不去奔名與逐利，絕了人情總無事。 第一百零一句、第一百零二句。

不去同人家爭名奪利，謝絕人情上的往來應酬，就能够達到清閒無事的境界。

決烈在人何住滯，在我更教誰制御。第一百零三句、第一百零四句。

不貪名利與謝絕應酬，這兩件事，看起來很不容易做到。但是事在人爲，倘若真肯下決烈的心，未必一定就有什麼障礙。在我自己本身，更是要做就做，教誰來干涉我呢？

住滯，即障礙之意；　制御，即干涉之意。

掀天聲價又何如，倚馬文章非足貴。第一百零五句、第一百零六句。

掀天，形容其人聲價之高；　倚馬，形容文章下筆之快。但是對於修道上都無用處。

榮華衣食總無心，積玉堆金復何濟。第一百零七句、第一百零八句。

上句說一心向道，不注意於榮華衣食；　下句說有錢的人，若不肯修道，等到老病死的時候，雖有錢又何濟於事呢？

工巧文章與詞賦，多能礙却修行路。第一百零九句、第一百一十句。

此言成功一個文學家，也無大用，反而爲修行的障礙。

恰如薄霧與輕煙，閒傍落花隨柳絮。第一百十一句、第一百十二句。

此言文人不能成大事業，就像那些薄霧輕煙，和落花飛絮爲伴，總覺得飄蕩無根，虛而不實。

縹緲浮游天地間，到了不能成雨露。第一百十三句、第一百十四句。

上句說薄霧輕煙的形狀；下句說薄霧輕煙比較雨露不同。雨露有益於人世，煙霧無益於人世，然而煙霧終久是煙霧，不能變成雨露。

縹緲，形容其飄蕩無根；浮游，形容其虛而不實。

名與身兮竟孰親，半生歲月大因循。第一百十五句、第一百十六句。

世上没有一個人不喜歡名譽，更没有一個人不愛惜身體。名譽和身體比較起來，那一樣同我最親近呢？自然是身體最親切了。可惜世上人半生歲月，就此因循過去。

「因循」二字的意思，就是遵守舊章。我們抱定人類始祖所遺傳的飲食男女習慣，永遠不肯改變，服從造化小兒所支配的生老病死定律，絕對不敢違抗，這些都叫作「因循」。

比來修鍊賴神氣，神氣不安空苦辛。第一百十七句、第一百十八句。

比來，就是近來，大概指中年以後而言。因爲凡人到了這個時候，身體已漸漸衰朽，全靠在神氣上面用工夫，纔能有少許補救。神氣若不能安居在身內，所做的工夫都是白吃辛苦。

可憐一個好基址，金殿玉堂無主人。第一百十九句、第一百廿句。

好基址、金殿玉堂，皆指人的身體而言；　主人，指人的元神而言。

身體譬如一所房屋，元神譬如這房屋的主人，倘若時時刻刻讓他在外面游蕩，不肯回到腔子裏，就像一所好房屋，無人居住，無人打掃，無人修理，漸漸的這個房子要變壞了。

勸得主人長久住，置在虛閒無用處。第一百廿一句、第一百廿二句。

我們應該用種種方法，把房屋的主人勸回來，長久住在家中，不要野心勃勃，常想跑到外面去。並且要把他放在空虛閒靜的地方，使他心無所用，然後他的舊習慣始能慢慢的改變。

無中妙有執持難，解養嬰兒須藉母。第一百廿三句、第一百廿四句。

我們的元神，當其寂然不動的時候，不可以說他是有；當其感而遂通的時候，又不可以說他是無：只好說是無中妙有。

凡世間道理，不可拿言語形容、不可用心思推測的，都叫作「妙」。妙有也是這種道理。既不偏於無，亦不偏於有，因此就難於執持。所謂難於執持，就是說把握不牢，捉摸不定。照這樣看來，工夫究竟如何下手呢？

但諸君要懂得，世上養育嬰兒，全靠母親力量。我們元神譬喻嬰兒，試問元神之母是什麼？老子道德經第一章云：「無名天地之始，有名萬物之母。」第二十章云：「我獨異於人，而貴求食於母。」**陳攖寧頂批**　老子原文是「我獨異於人，而貴食母。」因爲這句話不容易解釋，唐太宗就添了「求」「於」兩個字在下句中。第二十五章云：「有物混成，先天地生。

寂兮寥兮，獨立而不改，周行而不殆，可以爲天下母。吾不知其名，字之曰道。」因此，我們可以斷定母就是道。若要養育元神，必須憑藉道力。

道是什麼？道就是陰陽，陰陽就是性命，性命就是神氣。初下手工夫，就是以神馭氣，以氣養神。神氣合一，就是修道。

緘藏俊辯黜聰明，收卷精神作愚魯。 第一百廿五句、第一百廿六句。

精神發於耳目，叫作「聰明」；發於言論文章，叫作「俊辯」。緘是封閉，藏是收藏；黜是廢棄，收卷等於收捲。

這兩句大意，是勸人把自己精神收藏在身體裏面，不要發洩在身體外面，要學老子道德經上所說「大辯若訥，大巧若拙」的樣子，是爲修道初步下手的辦法。

堅心一志任前程，大道於人終不負。 第一百廿七句、第一百廿八句。

心要堅定，志要專一，任我們向前途走去，終可以達到目的，那時纔曉得大道不負於人。所怕的就是人們自己不肯走這條大道，偏喜歡走邪路旁門，非但今生落一場空，並且來生尚要招得種種惡報，何苦乃爾！

附錄

曹文逸女真人贈羅浮道士鄒葆光詩

羅浮道士真仙子，躍出樊籠求不死。冰壺皎潔水鑑清，洞然表裏無塵滓。叱咤雷霆發指端，誡邪役鬼篆飛丹。朝吞霞氣松窗煖，夜禮星辰玉簡寒。琴心和雅胎仙舞，屏絕淫哇追太古。幽韻蕭森海島風，餘音繚繞江天雨。真居僻在海南邊，溪上簾櫳洞裏天。靈鳳九苞飛檻外，珍禽五色舞花前。金絲擣露紫河車，青霓跨領鐵橋斜。羅浮自古神仙宅，萬里來尋况是家。我昔閨中方幼稚，當年曾覽羅浮記。形質雖拘一室間，精魂已出千山外。如今親見羅浮人，疑是朱明降上真。劍氣袖攜三尺水，霞漿杖掛一壺春。松姿鶴步何蕭散，風調飄飄驚俗眼。吾師出處任高情，止則止兮行則行。富有溪山寧願利，貴懷道義不干名。我今寄跡都城裏，門外喧喧那入耳。上床布被日高眠，不爲公來不肯起。問公去速來何遲，得接高談幾許時。白雲偶向帝鄉過，去住無蹤安可期。我亦韶華斷羈紲，何異飄蓬與翻葉。相逢邂逅即開顔，禮樂何曾爲吾設。志同笙磬合宫商，道乖肝膽成吴越。相近未必常往還，相遙未必長離別。翩然孤鶴又南征，寄語石樓好風月。共五十二句。

古今圖書集成神異典引羅浮山志

羅浮山志云：「宋徽宗宣和中，有曹仙姑居京城，作詩贈道士鄒葆光。時徽宗廣求學仙之徒，與工詩賦奇女。仙姑與吳妙明皆徵至京師。仙姑明於丹術，嘗作大道歌，深得要旨，道流競傳誦之，敕封『文逸真人』。每遇道流，藐謂無人，獨與葆光語，甚見稱許，故有此贈。」**陳攖寧頂批**　曹初名希蘊，後名道冲，見於鄭昂所撰希元觀妙先生祠堂記。因當時皇帝賜號「清虛文逸大師」，人皆稱之爲「曹文逸」，其本名反而不傳。嗣又賜號「道真仁靖先生」，歿後又賜諡「希元觀妙先生」。

汪東亭先生對於靈源大道歌之意見

附錄體真山人汪東亭曰：「大道歌，又有人謂是劉祖海蟾著，名至真歌。余觀歷代丹書，凡有女真著作，皆是言汞不言鉛，言水不言火。蓋女真身屬坤體，故不便言陽火，而只說陰符也。惟獨此歌更洗刷淨盡，通篇無一字及鉛，所說無非真汞一物。且靈源者，泉窟也，泉窟即神水之根也。本歌云：『神水難言識者稀。』又云：『縱橫流轉潤一身，到頭不出於神水。』此皆祖述悟真所言：『本是水銀一味，周流遍歷諸辰。陰陽數足自通神，出入不離玄牝。』蓋玄牝即靈源泉窟也。又『至真』之義，丹經皆指真陽。此歌一味真陰，與『至真』二字何涉？況劉祖著還金篇、還丹歌，皆是鉛汞對待，何獨於此歌只言汞而不言鉛耶？余謂文逸仙姑所作，確無疑也。」汪說見於道統大成女丹訣中。

揚善半月刊第七十七期靈源大道歌之按語

攖寧按 靈源大道歌，在各家道書中，常名爲至真歌，謂是劉海蟾真人所作。與此篇對勘，僅題目及作者姓字不同而已，本文未見有何特異處。至真，靈源，劉作，曹作，紛紛聚訟，迄無解決之方。

余觀此篇體制，殊不類劉真人手筆。然欲判歸曹仙姑名下，又苦於搜不出證據。雖光緒年間，體真山人汪東亭曾有論斷，理由亦不充足。余後偶閱古今圖書集成神異典，見其中引羅浮山志一段云云，方知大道歌確屬曹作。

曹爲宋徽宗時人，其名不傳，「文逸」二字乃其封號。曹在當時並有贈羅浮道士鄒葆光七言長歌一首傳世，格局氣味，與靈源大道歌極相似。於是數百年疑案遂以大白。

與蔣竹莊先生討論先後天神水

來函之一段

靈泉神水，似指先天，雖後天之津液從此而出，今即以津液釋靈泉，先後天不分，恐致學者誤會。

覆函之一段

「神水」二字，原是一種代名詞，說後天可，說先天亦可。但在各家道書丹經上，雖其所用名詞，往往雜亂無章，而先天與後天的界限，却劃分得很嚴，不便通融假借。凡所謂先天，都是無形的；凡所謂後天，都是有形的。如涕、唾、精、血、汗、淚等物，當然屬於後天。即大道歌所云「神水」，亦不合先天定義，惟比較涕、唾、精、血、汗、淚等物，其程度則超過一級耳。蓋因大道歌原文「縱橫流轉潤一身」這七個字，已將神水的界限劃定了。儼然是有形的物質，而非無形的先天。至於所謂「神水難言識者稀，資生一節由真氣」，這個「真氣」，似指先天而言。假使說神水是先天，則神水所賴以資生的真氣，更是先天，於是乎有兩個先天，恐不合理。愚謂：自先天無形的真氣，一變爲有形的神水，自有形的神水，再變爲不僅有形而且重濁的涕、唾、精、血、汗、淚等物，其中顯分階級，可知本篇所謂「神水」，乃先天無形真氣變後天有形物質時，中間過渡之物，今世醫學家所謂「內分泌」者，或不無關係。

據汪東亭先生云：「靈源者，泉窟也，泉窟即神水之根也。」汪意蓋謂靈源如山中石隙之泉眼，其水至清潔，而且靜止。神水如尚未出山之流泉，其水因流動所經過路程太多，已不免泥沙混入，惟幸其尚未出山，究與江河湖沼渾濁之水有不同。故汪不曰「靈源即是神水」，而曰是「神水之根」，可知神水之根乃先天，而神水則非先天矣。

拙註引朗然子詩「華池神水頻吞嚥」句，的確是指口中津液而言，然較之常人口中涎唾，則有清濁之別。黃庭內景經第三章「口爲玉池太和官，嗽嚥靈液災不干」，又第三十三章「取津玄膺入明堂，下溉喉嚨神明通」，又外景第一章「玉池清水灌靈根」，又第二章「玉池清水上生肥，靈根堅固老不衰」各等語，皆同朗然子之意。昔日拙作黃庭經講義，對此略有發明。

總而言之，靈源大道，是指先天；涕唾精血，是指後天。而靈泉神水，則是先天變後天時中間過渡之物。若按返還功效而論，亦可以說由後天返還到先天時中間過渡之物。是否有當，敬請指教。

吳彝珠女士跋

仙道之學，玄妙難知，乃吾中華獨有之國粹，亦惟吾漢族古往聖哲特別之智慧，始能發明到此。

余何幸生爲中國之人，而得聞此道耶！幼讀小說家言，頗羨神仙有超人之能力，常於靜夜，炷香禱天，以求仙度。長者每斥我爲妄，黠者羣笑我爲愚。雖然，妄與愚，且置勿論，而其一念之誠，或不無可取也。後以夙世因緣，得識吾攖寧夫子。花晨月夕，對坐清談，方知世間真有神仙之學，決非小說家空中樓閣之言。惜彼時專攻醫術，嗣又服務社會，致令三十載大好光陰，盡消磨於塵勞苦海之中，詎堪回首。

丙子春，攖寧夫子爲編輯揚善半月刊故，謀隱居僻處。余復以困於痼疾，不能任繁劇，遂同意遷居滬西梅隴鎮之鄉村。既便於呼吸新鮮空氣，且欲代其料理衣食住之瑣事。有暇，輒煮茗吟詩以爲樂。一日偶讀圓嶠真逸詩「太息平生晚聞道，雙修偕隱兩蹉跎」之句，不禁觸動愁懷，泫然流涕。夫子見而謂曰：「爾欲聞道，此其時矣。惟不能以私情而廢古制。」余乃照例具表立誓行禮如儀，遂於歷代道祖仙師位下，敬恭承受超生死、脱輪迴、歷劫不變、千聖相傳、天人合一之絕學。此丙子冬月事也。嗚呼！大道無私，豈不信哉？

靈源大道歌者，余三十年前，已能背誦，但未明其奧義，僅喜玩其詞章。而今則幸矣。一者幸萬方多難之秋，尚有此仙學勝緣之集會；二者幸文化銷沉之際，尚有此白話註解之流通；三者幸諸位道友序文，皆各擅真知灼見，逸想遐思，足以補充註解未盡之意；四者幸天下後世有緣士女，得讀此書，於最短時期，即能洞明最上乘之玄妙，並預賀彼等將由此而獲修身立命之方，識返本還源之路，則作者、註者、序者、捐資刊印者、設法流通者，種種願力，皆不致虛拋耳。

噫！余老矣，且苦病，今生能完其素志與否，固不敢存奢望。惟大道無私，成功亦何必自我乎！

中華民國二十七年戊寅季秋内弟子吳彝珠謹跋

靈源大道歌白話註解跋

靈源大道歌，向無單行本應世。至於白話註解，更未之前聞。今觀此歌，通篇既無龍虎鉛汞、五行八卦等類代名詞，而其宣傳大道，開示靈源，直指性命，專講神氣，又至爲親切。若能依法行持，可保絕無流弊。不論男女老少，士農工商，只須有一時一刻之工夫，便可調一開一闔之真息，補救已損之精神，攝收漸耗之元氣，勉維現狀，庶渡衰殘。倘再能斷絕塵緣，專心致志，將見混一忘一，得大自在，倏忽之間，真可以坐脱而立亡矣。

雖然，本篇因是文言，初學猶難領會。兹幸吾師陳公，復用淺顯流暢之白話文以註解之，使粗通文理之人，亦能展卷了然，無師自悟，庶免歧路徬徨，空抱向隅之歎。惟學者既得此書，即當徹底研究，切勿如走馬看花，或竟束之高閣。若徒遇斯盛緣，而不得其益，結果仍與醉生夢死之庸俗人無異，終不免爲最狡猾最頑皮之造化小兒所玩弄，豈不甚可惜哉！

原夫曹真人之啟發於前，與吾師之細釋於後也，蓋欲普渡眾生，願人人成道耳。則世之讀此書者，又安忍辜負作者及註者之一片苦心，而不力求上進耶？

中華民國二十七年戊寅季秋弟子汪伯英謹跋

民國二十八年（一九三九年）一月丹道刻經會初版，陳攖寧增批本

參同契講義（甲本）

陳攖寧 著

周易參同章第一

乾坤者，易之門户，衆卦之父母。坎離匡廓，運轂正軸。

乾坤兩卦名，乾爲天，坤爲地，乾屬陽，坤屬陰兩卦，乃是易道的門户易，一日一月也。「易」。故：「日月交光謂之易。」又云：「闔户爲坤，闢户爲乾。」能闔能闢，所以稱門户，衆卦包括六十四卦，除去乾坤兩卦爲父母不算父母乾生三男震、坎、艮，坤生三女巽、離、兑，於是陰陽相交，生子生孫，變成六十二卦，皆以乾坤爲本，故曰「衆卦之父母」。

坎離亦是兩卦名詞，坎是水是月，離是火是日兩卦，陽包陰，陰包陽，如匡廓然水和月均是外陰而内陽，火和日均是外陽而内陰，如匡廓，故契云「坎離匡廓」。又如運動車轂者，必先置正轂中的車軸若要運動轂，必須端正車軸。此處轂譬猶身，軸譬猶心，謂要運用人身之水火、陰陽、日月，必須安正人心，不得稍存邪念。

附 仇註謂：「『轂』『軸』二字，與『門户』『橐籥』例看，亦取牝牡之意。蓋車上軸頭正固，方能運轂，猶人身劍峯剛健，方能御鼎。軸指下峯崑崙，不指中心主宰，下文『處中制外』方言及正心。」

牝牡四卦，以爲橐籥，覆冒陰陽之道。猶御者之執銜轡，有準繩一作「猶工御者，準繩墨，執銜轡」，**正規矩，隨軌轍，處中以制外。**

乾坤鼎器坎離藥物，一牝一牡，一陰一陽，四個卦象，作彼此相通、往來不窮的橐籥橐籥，譬喻陰陽之門户。上陽子曰：「橐象坤門，籥象乾户。」，用以包括**頂批**　覆冒即包括也一切。凡合於陰陽之道者，猶之乎御馬者執着銜轡，有一定的準繩，正一定的規矩，隨着所行的軌轍，處其中以制其外。這是譬喻修道的人，只要一心不亂，念念規中規中不單指清淨言，南派丹法在陰陽接觸、小往大來時，亦須知雄守雌、存無守有，恍惚杳冥，念念規中，使真人潛深淵，自優游而舒適，結果自有神妙不測之變化，不必去注意工夫的效驗，而效驗自來。亦猶御馬，不必去細看馬的走法，只要執銜馬口鐵轡馬韁、準繩，正着規矩，隨着軌轍，則馬之行也，自會達到目的地。莊子云「樞得其環中，以應無窮」，亦是此意。

數在律曆紀，月節有五六，經緯奉日使。

修丹之道，是與天運循環、陰陽往復之例是相同的，所以他的氣數在律正合十二管**頂批**　十二律即黃鐘、大吕、太簇、夾鐘、姑洗、仲吕、蕤賓、林鐘、夷則、南吕、無射、應鐘，在曆正合十二月。而每月的節令，以五日爲一候，正是六候。六候之中，前三候爲金，後三候爲水，用以調合營衛，補氣補血，爲之經。而一日之中，朝進陽火，暮退陰符，自屯、蒙、需、訟，以至既、未，爲之緯。如此逢月逢日，有經有緯，好像每日奉着值符使者的命令。

兼併爲六十，剛柔有表裏。朔旦屯直事，至暮蒙當受。晝夜各一卦，用之依次序。既未至昧爽，終則復更始。

一月三十日，一日一夜共兩卦，兼併共計六十卦。剛是陽，柔是陰；剛是金，柔是水；剛是鉛，柔是汞；剛是氣，柔是神；剛是命，柔是性；剛爲表衛，柔爲裏衛。所以：「剛柔有表裏。」而自初一之旦辰始則進陽火，爲屯卦直事；到暮晚時退陰符，則蒙卦當受。至明日初二日之旦辰進陽火，則需卦直事；暮晚退陰符，則訟卦當受。如此依次挨排，計日用卦，朝師暮比，晝夜各用一卦，直到月晦日，則正值朝既濟、暮未濟。以至次月之朔，再復朝屯暮蒙。所以說：「終則復更始。」然這不過易經上的卦名如此，其實没有什麼深意。所以張紫陽真人云：「此中得意休求象，若究羣爻漫役情。」又說：「卦中設象本儀形，得象忘言意自明；後世迷途惟泥象，却行卦氣望飛昇。」

屯蒙對待圖

附註　行火候，除去鼎器藥物四卦，故只算六十卦。屯直事，震下坎上䷂，爲屯卦。震爲長男，而能復坎中之陽，以「行温養之功」，施生育之德，故謂「屯直事」。蒙當受，艮上坎下䷃，爲蒙卦。艮爲少男，而能聚坎中之陽，以行温養之功，故謂「蒙當受」。昧爽，即次月之初也。

日辰「辰」，一作「月」**爲期度，動靜有早晚。春夏據內體，從子到辰巳。秋冬當外用，自午訖戌亥。**

此是申言修鍊的火候。一日、一辰、一月、一年，其陰陽、進退、消息、升降的道理，完全是相同的。一日、一辰有四時，可以用子、午、卯、酉等地支相計算，而一月、一年亦有四時，可以用子、午、卯、酉等地支相計算，所以可用日、辰作爲期度規則及法度也，而年、月可以類推。動屬陽，是早；靜屬陰，是晚。春夏則由內陰而求外陽，進陽火也，是以從子到辰巳，謂之「據內體」； 秋冬則由外陽而附內陰，退陰符也，是以自午訖亥戌，謂之「當外用」。 一年如此，一月如此，一日、一辰亦無不如此。

附註 「春夏內體，秋冬外用」，朱夫子云：「春夏爲朝，秋冬爲暮，內體謂前卦，外用謂後卦。」彭真一子云：「陽火自子進符，至巳純陽用事，乃內陰求外陽也； 陰符自午退火，至亥純陰用事，乃外陽附內陰也。」由內至外謂之內體，由外至內謂之外用。

賞罰應春秋，昏明順寒暑。爻辭有仁義，隨時發喜怒。如是應四時，五行得其理一作「序」。

賞應春，罰應秋，昏順寒，明順暑。細玩爻辭，有仁有義。按，爻有奇偶，奇爻爲⚊，屬陽，陽爲仁；偶爻爲⚋，屬陰，陰爲義。仁爲賞，義爲罰。工夫亦準此。 隨其時候發喜發怒，這都是合乎一陰一陽的性質。

陸註云：「此乃總結，明丹道與天道、易道無不相準。 蓋賞罰喜怒者，火候文武慘舒之用也。 天道，春一噓而萬物以生，秋一吸而萬物以肅。 易書卦爻，喜而扶陽，怒而抑陰，莫非消息自然之理。 丹法進火退符，一準是道。 故昏則宜寒，爲罰，爲怒；明則宜暑，爲賞，爲喜。一日之中而四時之氣俱備，皆要順其自然，非有所矯柔造作於其間者。如是，則身内之五行各得其序，而丹道可冀其成矣。」

辭解

門户　易繫辭上傳曰：「是故闔户謂之坤，闢户謂之乾。」又繫辭下傳曰：「乾坤其易之門邪。」單扇者爲户，雙扇者爲門，「門」字即兩個「户」字相合而成。户，爲奇，爲陽，屬乾家；門，爲耦，爲陰，屬坤家。

匡廓　「匡」與「筐」同，「廓」與「郭」同。坎外陰而内藏陽，離外陽而内藏陰，如筐中藏物，郭中藏城之義。「門框」之「框」字，古時亦作「匡」。門之有框，亦如城之有郭。

轂軸　車輪中心小圓孔，曰「轂」；横木作桿，兩端穿入轂中者，曰「軸」。

橐籥　老子曰：「天地之間，其猶橐籥乎。虚而不屈，動而愈出。」分而言之，橐即鼓風之囊，籥即通風之管，後人所用之風箱，即發源於此。橐比喻坤門，籥比喻乾户。

覆冒　蓋於上面曰「覆冒」。中庸曰：「譬如天地之無不持載，無不覆幬。」「覆冒」之義，與「覆幬」同。

陰陽之道　易繫辭上傳曰：「一陰一陽之謂道。」程子曰：「離了陰陽便無道。」陰陽，氣也；所以陰陽者，道也。氣是形而下者，道是形而上者。

銜轡、準繩、規矩、軌轍　馬口中鐵曰「銜」；馬韁曰「轡」；驗平之器曰「準」；驗直之器曰「繩」；為圓之器曰「規」；為方之器曰「矩」；兩輪中間之距離曰「軌」；車輪行地之跡曰「轍」。

律曆紀　律有十二，黃帝時伶倫所造。截竹為筒，陰陽各六。筒有長短，則聲音有清濁高下之分。陽律者六，黃鐘、太簇、姑洗、蕤賓、夷則、無射；陰律亦六，即大呂、夾鐘、仲呂、林鐘、南呂、應鐘。漢書有律曆志，紀一朝之樂律及曆法之沿革。宋史律曆志云：「帝王之治天下，以律曆為先；儒者之通天人，至律曆而止。曆以數始，數自曆生，故律曆既正，寒暑以節，歲功以成。」

月節五六　五日為一候，一月有六候，一年共七十二候。

經緯　南北縱線為經，東西橫線為緯；一月六候譬如經，一日兩卦譬如緯；每月月出庚為經，每日朝屯暮蒙為緯。

屯蒙既未　易經六十四卦，丹道以乾坤二卦為鼎器，所謂「鼎器」者，即人之身體；以坎離二卦為藥物，所謂「藥物」者，即人身中之神氣。除去乾坤坎離四卦，尚有六十卦作爲火候之象。每一日用兩卦，一月三十日即用完六十卦。屯卦、蒙卦算是初一，既濟、未濟算是三十，中間尚有五十六卦，則略而不言。所以要用屯蒙等卦作爲每日火候者，並非取法於卦中之奧義，不過取其兩卦反對之象而已。

昧爽　一作「晦爽」。「昧爽」之意與「昧旦」同，言天將明未明之時。

乾坤二用章第二

天地設位，而易行乎其中矣。 天地者，乾坤之象也； 設位者，列陰陽配合之位也。易謂坎離。 坎離者，乾坤二用。 二用無爻位，周流行六虛，往來既不定，上下亦無常。

上天下地，既定其陰陽之位，而日月即往復迴環，運行乎其中。 天地，即是乾鼎坤爐的大象。 乾鼎爲陽，坤爐爲陰，故乾坤亦列有陰陽配合之位。 日月爲易，易謂坎離者，蓋坎離爲人身之日月，而日月爲天地之坎離。 又日月爲天地之易，坎離爲人身之易； 日月爲天地之二用，坎離爲人身之二用即指乾鼎坤爐。 日月二用，在天地間，固無定位，而周流行乎六虛之間； 坎離二用，在乾鼎坤爐之中，恍惚杳冥，亦無一定爻位，而周流乎人身之六虛，以補氣補血。 然坎離二氣之運用，但覺融快乎身心，而其往來則不定，是以上下亦無常。 此蓋形容離家之汞與坎家之鉛一交之後，先天之炁，即源源而入我身中，自有周流六虛、往來不定、上下無常之景象。

幽潛淪匿，變化於中。 包裹萬物，爲道紀綱。 以無制有，器用者空。 故推消息，坎離

沒亡。

先天一炁，幽玄而深潛，杳冥恍惚，没藏而不得見。然及其時至機動，一陽爻生，則自然變化於中。生天生地生人生物生仙，皆賴此一炁。故云「包裹萬物」，而「爲道紀綱」。

然此先天一炁，若有心求之，則必不能得。必須以無心求之，藉象罔而得玄珠，非離朱、喫詬之所能求也。故云：「以無制有，器用者空。」蓋謂器若實者，則不能得其用。惟中空者，乃能受物而得用。此無論清淨、陰陽，皆如此。

清淨功夫，若不能虛極靜篤，則一陽不生；陰陽功夫，若離器不空，則坎宮之氣，安能默運過來？然空之與氣，本不相離。關尹子云：「衣搖空得風，氣嘘物得水。」搖空得風，則鼓物可以生氣；嘘物得水，則積炁可以化精。是氣水、炁精，本是一物之變化，蓋可分可合者也。

消息者，諸家皆云「進火爲息，退符爲消」。一消一息，其陰陽升降進退之時，自有一種融和温薰之景象，不識不知，順帝之則，尚安知有坎離二爻存乎其間哉？

又一説：「息則朔旦至望，震兑乾爲陽火；消則望後至晦，巽艮坤爲陰符。一日兩卦，始自屯蒙，終則既未，皆六十卦爻之妙用，並無坎離可見，是『坎離沒亡』也。」

亦通。

辭解

天地設位二句　陸註謂此乃魏公引易大傳之辭，今按此二句見周易繫辭上傳中，繫辭乃孔子所作，亦稱爲易大傳。

乾坤二用　乾卦陽爻皆用九，坤卦陰爻皆用六，乾坤一交，變爲坎離，坎之中爻即是乾之九二，離之中爻即是坤之六二。故曰：「坎離者，乾坤二用。」

消息　消是減退，息是增進。故消亦可解爲退陰符，息亦可解爲進陽火。

中宮土德章第三

言不苟造，論不虛生。引驗見效，校度神明。推類結字，原理爲徵。坎戊月精，離己日光。日月爲易，剛柔相當。土旺四季，羅絡始終。青赤白黑，各居一方。皆禀中宮，戊己之功。

魏公，真人也，真實而無妄，所以言語不肯苟造，議論不肯虛生，況且引驗而能見效，測量合乎神明。又推類古聖作字之意**頂批** 古人作字之意，如並「日」「月」而爲「明」，疊「日」「月」而成「易」，合「日」「月」而成「丹」者，皆是，即原其理以爲徵。

彼坎家之戊土，實含月之精；我離家之己土，實藏日之光。彼之坎月，我之離日，互爲交易，方得鉛汞之剛柔相當、陰陽之情性和合。然所以能如此者，必須用土。

觀乎五行之土，分旺四季，而羅絡乎終始。萬物生成，皆不能外之。則知作丹之道，亦同此理。

丹家之土謂何？即真意也。彼之金水，我之木火，若無真意去融會貫通而混一之，則木魄之青、火神之赤、金魄之白、水精之黑，各居一方，分離散失，永無成丹之望。若欲成丹，必須坎離兩家，都用中宮的真意，寂然不動，感而遂通，自然兩而化者，變一而神，豈非坎戊離己二土妙用之功哉？悟真篇云：「坎離若也無戊己，雖含四象不成丹；只緣彼此懷真土，遂使金丹有返還。」

辭解

引驗見效　謂引證事實所經驗者，以見其功效。

坎戊、離己　漢儒解易，喜用納甲之說，以十天干分納於八卦之中。乾納甲壬，坤納乙癸，坎納戊，離納己，震納庚，巽納辛，艮納丙，兌納丁。初三，月出西方庚位，其象如震仰盂，故震納庚；初八，上弦，月出南方丁位，其象如兌上缺，故兌納丁；十五，月出東方甲位，其象如乾卦陽氣之圓滿，故乾納甲：以上指昏見之月而言。十六以後，圓滿之月光漸漸虧缺，天曉時見於西方辛位，其象如巽下斷，故巽納辛；廿三，下弦，月見於南方丙位，其象如艮覆碗，故艮納丙；三十日天曉時，月雖在東方乙位而不可見，其象如坤卦純陰無陽，故坤納乙：以上皆指曉月而言。

土旺四季　木旺春季，火旺夏季，金旺秋季，水旺冬季，土旺於春夏秋冬四季之末，各十八天，一年共計七十二天。木火金水亦各旺七十二天。五乘七十二，合得三百六十天。

日月神化章第四

易者象也。懸象著明，莫大乎日月。窮神以知化，陽往則陰來。輻輳而輪轉，出入更卷舒。

易，即日月。日月者，象也。懸象於太空，最爲顯著而明白者，莫大乎日月。窮者，推也。推日月交易生養萬物之神以知化理，亦即可推離己日光與坎戊月精彼此相射交易而生人生仙之神以知化理。蓋均不外陽往則陰來、此往則彼來、小往則大來，如輻之輳轂，輪轉不停之理耳。

出入更卷舒者，知幾子說「鍊己純熟，温養火符，出入有度，操縱由己」是也。然此但就陰陽派而言，範圍似乎狹小。存存子云「日月行於黃道之上，一出一入，迭爲盈虧，互爲卷舒」，則其理包羅萬象矣。

辭解

易者象也五句　易經繫辭下傳曰：「是故易者象也。象也者，像也。」又繫辭上傳曰：「是故法象莫大乎天地，變通莫大乎四時，懸象著明莫大乎日月。」又繫辭下傳曰：「窮神以知化，德之盛也。」橫渠張子曰：「氣有陰陽，推行有漸爲化，合一不測爲神。」又繫辭下傳曰：「日往則月來，月往則日來，日月相推，而明生焉；寒往則暑來，暑往則寒來，寒暑相推，而歲成焉。」

輻輳　即道德經所謂「三十輻共一轂」之意。「輳」同「凑」，聚也。

朔受震符章第五

易有三百八十四爻。據爻摘符，符謂六十四卦。銖有三百八十四，亦應卦爻之數。晦至朔旦，震來受符。當斯之時，天地媾其精，日月相撢持；雄陽播玄施，雌陰統黃化；渾沌相交接，權輿樹根基；經營養鄞鄂，凝神以成軀。衆夫蹈以出，蝡動莫不由。

易有三百八十四爻謂易共六十四卦，每卦六爻，共合三百八十四爻，正合藥重一斤三百八十四銖。知幾子云：「大藥重一斤，計三百八十四銖。易有三百八十四爻，其數適相當也。」。除去牝牡四卦四六二十四爻，則三百六十爻。據其爻象而摘採其符，則以一爻當一時。一日十二時，一月則三百六十時，則三百六十爻盡矣。

符，指六十四卦爻中之符。抱一子云：「符即爻畫也，非別有符也。據易言之謂之卦，據丹言之謂之符，故曰『符謂六十四卦』也。」惟存存子則云「一卦有六爻，一爻有三符」，則與抱說不同。按：「一爻三符」之說，本上陽子。上陽子云：「一爻有三符，一日兩卦，兩卦共有三十六符。」由三十日晦至初一日朔旦，乃陰極生陽之時，故震卦來受符。

震卦☳，一陽生於二陰之下。故當此之時，正天地媾精、日月撢持之候。雄陽之虎，播其玄施； 雌陰之龍，統其黃化。混沌交接，權輿樹根。經營以養其命蒂，凝神以成其聖軀。此論仙家作丹之道也。然而生人生物之道，亦由乎此，不過順逆、動靜之異耳。所以凡衆之夫亦蹈此以出，而蠉動之物亦莫不由之。

辭解

三百八十四爻　一卦六爻，易有六十四卦，共計三百八十四爻。古制一兩有廿四銖，十六兩爲一斤，共三百八十四銖。所以後世丹經，常以爻銖並稱，因卦爻之數亦是三百八十四故耳。

據爻摘符　一日用兩卦，兩卦共有十二爻，等於一日十二時。後人又謂「一爻有三符」。一符有二候，二候有三百七十五息，即算是一符，其時間之長短，等於一個時辰三分之一。蓋一個時辰有一千一百二十五息，晝夜十二時，共得一萬三千五百息也。古代無鐘錶，凡較定時刻，皆用銅壺滴漏，所以丹經云「周天息數微微數，玉漏寒聲滴滴符」。據爻者，依據時候而交合； 摘符者，乘其動機而採取也。

震來受符　「符」字頗難解，今將本書中所有「符」字彙集一處，比較而觀之。第五章

「據爻摘符」「震來受符」； 第六章「上觀顯天符」「天符有進退」； 第十一章「元精眇難覩，推度效符徵」； 第十七章「金本從日生，朔旦受日符」； 第廿二章「寫情著竹帛，又恐洩天符」； 第廿八章「晦朔之間，合符行中」「九三夕惕，虧折神符」； 第四十章「得其節符」； 第四十一章「各得其和，俱吐證符」。照以上各句所用之「符」字，並無定義，看其用在何處，即作何解說。「據爻摘符」之「符」字，可以作「時候」解，蓋謂依據卦爻以定時候也； 「顯天符」之「符」字，可以作「天象」及「天運」解，蓋謂天象之運動也； 「效符徵」之「符」字，可以作「效驗」與「信徵」解，蓋謂元精雖不可見，而其效驗與信徵則可推度也； 「震來受符」及「朔旦受日符」之「符」字，可以作「陽氣」解，蓋謂受日之陽氣也； 「洩天符」可以作「洩天機」解； 「合符行中」，謂合兩方之符而行乎中道也古人用圓竹一段剖爲兩半，各執其半邊，臨有事時則取而合之，以爲憑信，此物名曰「符」； 「虧折神符」，謂十五月圓之後，盛極必衰，須防虧損神光也； 「得其節符」，謂得其節制，自然合拍之意； 「俱吐證符」，謂彼此俱吐露其證據與符信也。

天地媾精　易繫辭下傳曰： 「天地絪縕，萬物化醇。男女媾精，萬物化生。」今按：「男女」二字，可作「雄雌」解，不必限定於人類之男女。若專指人類之男女，則下文當曰「人乃化生」，不能曰「萬物化生」。

日月撢持　「撢」與「探」同。探者，自遠處而取之也。日月二體在天空中相距甚遠，而月能感受日之陽光而生明，又能遮蔽日體而爲日蝕，並且日光復能將月球之形體隱藏而不使人見，此即所謂「日月相撢持」也。

權輿　萬物始生之義。

玄施、黃化　易坤卦文言傳曰：「夫玄黃者，天地之雜也。天玄而地黃。」

鄞鄂　別本亦作「垠鄂」，謂邊際也。爾雅釋名曰：「額，鄂也，有垠鄂也。」可參看第三十章「性主處內，立置鄞鄂」二句。大概所謂「鄞鄂」者，即神室也，觀「凝神以成軀」一句可知。第十四章云：「鍊爲表衛，白裹真居。」所謂「鍊爲表衛」者，即「經營養鄞鄂」之意；所謂「白裹真居」者，即「凝神以成軀」之意。

蝡動　「蝡」字，音「軟」，乃蟲類蠢動之貌。

天心建始章第六

於是仲尼讚乾坤，鴻濛德洞虛。稽古當元皇，關雎建始初。冠婚炁相紐，元年乃芽滋。

因此之故，孔夫子所以稱讚乾坤，以形容鴻濛之德洞然而虛空。稽古則思元皇之至治，關雎遂詠夫婦之始初。冠婚後，其炁自相紐結；元年屆，則事物均得芽滋。

謹按：「讚乾坤」「德洞虛」者，易也，無極也；「稽古元皇」者，書也，無極生太極也；「關雎」者，詩也，太極生陰陽也；「冠婚」者，禮也，陰陽相交也；「芽滋」者，春秋也，陰陽交而生萬物也。

故易統天心，復卦建始初。長子繼父體，因母立兆基。

易即日月，日月一交，天心即現，故易統天心。

復䷗，即月與日交，陰與陽交，晦復之朔，坤中之震，以六爻之剝極，則謂之復。此中有先天一炁，謂之天心，生人、生物、生仙，莫不由之。故云：「復卦建始初。」

長子繼父體，即震卦代乾； 因母立兆基，謂由坤得體。存存子云：「以丹法言，震爲龍，龍即長子，即悟真所言『家臣』。繼者，代也，長子代父之體，乘其活子時至，投入母懷按：母懷即指坤鼎而言，氣精交感，先天真鉛之兆基，於此而立，即丹經所謂『太陽移在月明中』也。」

聖人不虛生，上觀顯天符。天符有進退，詘信以應時。消息應鐘律，升降據斗樞。

聖人不是虛生者，故上觀顯然之天符按：即天機也。經云：「觀天之道，執天之行，盡矣。」今夫天地之陰陽升降，日月之晦朔盈虧，歲序之寒暑往來，日辰之昏明早晚，莫非天符之顯然者。陶云：「月行於天，一夜一度與日交合，謂之天符。」，則天符有進有退自朔至望，進也； 自望至晦，退也，自當順其詘信即屈伸也，以應其時。而作丹之道，其火候消息，當應陰陽鐘律之數； 其火候升降，當據北斗之樞機。

按：鐘六陽六陰六陽律爲黃鐘、太簇、姑洗、蕤賓、夷則、無射也； 六陰律爲林鐘、南呂、應鐘、大呂、夾鐘、中呂也，一進一退，故象火候之消息。

而斗樞者，即北辰，亦即天心也。孔子云：「爲政以德，譬如北辰。居其所，而眾星拱之。」蓋謂其能端拱無爲，無爲而無不爲也。今作丹之斗樞，蓋謂人身之斗柄，亦當端居不動，守雌不雄，專其炁而致柔，則火候之升降，自然合度矣。

附註　黃鐘律呂，每月換一管，一歲換盡十二管；　北斗樞機，每時移一位，一日移遍十二辰。

辭解

起首六句　五經原非鍊丹之用，魏公蓋借此以發明丹道，猶之借納甲之象以顯示火候，同爲比喻而已。易經以「乾」「坤」二卦爲首，書經以「粵若稽古帝堯」一句爲首，詩經以關雎一章爲首，禮經以士冠禮、士婚禮二篇爲首，春秋以「元年春王正月」爲首。參同契則將此五項連串成文，借喻陰陽造化之神妙也。

復卦　易經復卦云：「復，亨。出入無疾，朋來无咎，反復其道，七日來復，利有攸往。」彖曰：「復，亨，剛反。動而以順行，是以出入無疾，朋來无咎。反復其道，七日來復，天行也。利有攸往，剛長也。復其見天地之心乎。」程子曰：「自古儒者皆言靜見天地之心，惟某言動而見天地之心。」又曰：「一言以蔽之，天地以生物爲心。」

鐘律 十二律呂,以黄鐘爲首,故總名曰「鐘律」。

斗樞 北斗七星,以天樞星爲首,故總名曰「斗樞」。

日月始終章第七

日含五行精，月受六律紀。五六三十度，度竟復更始。原始要終，存亡之緒。

日則含五行之精日乃太陽元精，中含五采，五行之精所化，萬物得之而成五色。以丹道言之，則火是也，月則受六律之紀月乃太陰，其體白而無光，必借光於日，晦、朔、弦、望皆以去日之遠近爲標準。月晦之日，與日合璧。一年之中十二月，與日會者十二度，聖人以六律、六呂紀之。以丹道言，則藥也，五行與六律相乘，正合三十度數。度竟，則日月合璧，晦也；更始，則合璧之後，月光復蘇也。終而復始，始而復終，存而復亡，亡而復存，故原始要終，爲存亡之緒。

藥生象月章第八

三日出爲爽，震庚受西方。八日兑受丁，上弦平如繩。十五乾體就，盛滿甲東方。蟾蜍與兔魄，日月炁雙明。蟾蜍視卦節，兔者吐生光。七八道已訖，屈折低下降。

蓋月自三十日晦後，至初三日生明，新月陽光出而爲爽，見於西方庚位，象一陽起於二陰之下，故云「震庚受西方」，西方者，庚金也； 初八日象兑卦☱，由一陽進爲二陽，兑卦納丁爲南方火位，正值上弦，月光其平如繩； 至十五則三陽盛滿，乾體就矣，乾納甲，甲屬木，在五行之方位爲東方。蓋蟾蜍月精與兔魄月體，必待望日，日月之氣雙對而始明，故陰陽必須合而離坎必須交也。至蟾蜍之所以生，惟視乎卦節下之陽漸長，則蟾蜍之精漸生，然後兔魄者吐之以至光明。**頂批** 乾，甲壬； 坤，乙、癸； 坎，戊； 離，己； 震，庚； 巽，辛； 艮，丙； 兑，丁。

按： 此節諸家皆謂象鼎中藥生之候也。蓋以一月而論，則當由初三以至十五。然一候之中、一日之中、一時之中、一刻之中，皆有初三至十五之象，所謂簇月於日、簇日於時、簇時於片刻，此則在臨爐時善於體會與運用耳，不能以筆墨宣也。先哲云

「月之圓存乎口訣，時之妙在乎心傳」，即指此一時半刻之火候也。

七者少陽之數，八者少陰之數，七八即十五之代表。月之十五爲望，陽氣盛極。盛極必衰，以比丹道之陽火既極，必換陰符，此一定之理。故云：「七八道已訖訖者，終也，至也，屈折低下降。」

頂批 仇註：「此由前章『朔旦震符』，釋經文『震出爲徵，陽氣造端』一章之意。此一節，言上半月之三候，乃昏見者。」

辭解

三日出爲爽 爽者，明也，即「哉生明」之意。

震庚受西方 受者，納也，即「震納庚」之意。庚之位在西方。

蟾蜍 古書常言，羿請不死之藥於西王母，姮娥竊之以奔月，化爲蟾蜍。

卦節 每月初一至初五爲震卦節，初六至初十爲兑卦節，十一至十五爲乾卦節，十六至二十爲巽卦節，二十一至二十五爲艮卦節，二十六至三十爲坤卦節。

陰符轉統章第九

十六轉受統，巽辛見平明。艮直於丙南，下弦二十三。坤乙三十日，東方喪其明。節盡相禪與，繼體復生龍。

十六，則陽道屈折下降，轉受陰符統制，一陰生於二陽之下，於象爲巽☴，平明見於西方之辛位；艮卦☶，則一陰進爲二陰，二陽退爲一陽，平明直於南方之丙位，正是下弦二十三之時；坤乙三十日，則三陰俱全，三陽俱退，卦爲純陰，月爲全晦，故於東方乙位喪其光明，蓋日月合璧之時。然合璧之後，卦節雖盡，而陰極陽生，相與禪代，復由晦至朔旦，震來受符矣。震爲長男，長男屬木，爲青龍，故云「繼體復生龍」。

按：此節合上節之上下弦，有兩說。據仇等所云，上下弦皆屬於彼。上弦在前三候，屬金；下弦在後三候，屬水。進陽退陰，皆屬彼家鼎中之事。而陸西星註，則據參同契本文「上弦兌八，下弦艮八，兩弦合精，乾坤體成」之意，謂上下兩弦，分屬彼我。上弦象虎，先天之鉛也；下弦象龍，後天之汞也。象虎，故採彼之鉛以進陽火；象龍，故養我之汞以退陰符。二說孰是孰非，或皆是皆非，姑不具論，惟望研究者自己參證可耳。

壬癸配甲乙，乾坤括始終。

此節陸註頗明，姑照原註錄下。月現之方，震下納庚，巽下納辛，兑下納丁，艮下納丙，乾下納甲，坤下納乙。卦節即周，而十干尚餘壬癸，則以壬癸而配甲乙，復分納於乾坤之下，是乾坤括納甲之終始也。夫乾納甲，而復納壬，則盛於甲者，未始不盛於壬；坤納乙，而復納癸，則喪於乙者，未始不喪於癸矣。然而不言離納己、坎納戊者，何也？土居中央，流行則無定位，故不言耳。

七八數十五，九六亦相當。四者合三十，易象索滅藏。

七八之數十五，九六之數亦是十五。四者爲易中之四象，正合三十而成晦，日月合璧，易象索然而滅藏矣。

附註 七八，少陽數七，少陰數八；數，易之策數；九六，太陽數九，太陰數六。又，易中通揲蓍策數，餘三奇之數則爲九，餘三耦之數則爲六，二耦一奇則爲七，二奇一耦則爲八。或又云「七八九六，金木水火之成數也，故爲四象」，亦通。

辭解

十六轉受統　初一至十五，乃「雄陽播玄施」之時；　十六至三十，乃「雌陰統黃化」之時。

禪與　上月之節氣已盡，下月又接續而來，故曰「禪與」，謂上月讓與下月，下月代替上月也。

繼體復生龍　即第六章所謂「長子繼父體」，第五章所謂「震來受符」。易經說卦傳云：「震爲龍。」

壬癸配甲乙二句　宋沈括云：「易有納甲之法，可以推見天地胎育之理。乾納甲壬、坤納乙癸者，上下包之也；　震巽坎離艮兑納庚辛戊己丙丁者，六子生於乾坤之包中，如物之處胎中者。」

象彼仲冬章第十

象彼仲冬節，草木皆摧傷。佐陽詰商旅，人君深自藏。象時順節令，閉口不用談。天道甚浩廣，太玄無形容。虛寂不可覩，匡廓以消亡。謬誤失事緒，言還自敗傷。別敘斯四象，以曉後生盲。

象彼仲冬節，十一月中，陽氣閉藏，草木皆已摧傷，於是養其微陽，同先王至日閉關之詰商旅。人君深自藏於內，猶真人之潛深淵。象其時以順其節，閉其口而不用談。蓋天道甚爲浩廣，太玄眇無形容，虛寂者不可覩，匡廓是以消亡。此蓋在「故推消息，坎離没亡」之候。若或謬誤失其事緒，多言還自敗傷，故別序此老陰、老陽、少陰、少陽之四象，以曉後生之盲者。

附註　佐陽，養陽也；　詰商旅，先王以至日閉關，盤詰商旅，使不得行，以養微陽也。

辭解

佐陽　佐有扶助之義，即扶助人身中陽氣而使其生長也。

詰商旅　易經復卦象傳曰：「雷在地中復，先王以至日閉關，商旅不行，后不省方。」程子註云：「雷者，陰陽相薄而成聲。當陽之微，未能發也。雷在地中，陽始復之時也。陽始生於下而甚微，安靜而後能長。先王順天道，當至日陽之始生，安靜以養之，故閉關，使商旅不得行，人君不省視四方，觀復之象而順天道也。在人之身亦然，當安靜以養其陽也。」詰者，盤查之義。

推度符徵章第十一

八卦布列曜，運移不失中。元精眇難覩，推度效符徵。

八卦雖分布於列曜之方位，然其山澤通氣、水火相射、地天交泰、雷風相搏之時，彼此運移，實不能失其中心之樞機。**頂批** 八卦分布，等於天上之列星，雖運移而中心不動。 天地如此，人身何獨不然？ 欲一身之精神魂魄、水火木金之周流旋運，安能不藉夫中樞？

中樞者，虛無之竅也，即玄關也。 玄關若開，則元精可覩。 惟玄關不易開，故元精妙難覩。 必須推之度之。 如何推度？ 即專心致志，純一不二，無欲觀妙，謹候其時，久之，則妙難覩者，自然忽而開闢，玄竅之內，有效驗之符候，先天一炁之苗徵應而發生矣。 至其景象，則陰陽與清淨，皆屬相同，惟一則在神氣交媾之中，一則在龍虎相合之中。

居則觀其象，準擬其形容。 立表以爲範，占候定吉凶。 發號順時令，弗失爻動時。

居者，靜也。 靜則觀八卦列曜以做工夫論，則此八卦列曜，但指人身之中； 若以廣義論，則指天象矣、玄精符徵之象，準擬彷彿其形容。 蓋人身本無所謂八卦列曜，惟以人合天，人在天中，則自其天象之八卦相應，而彷彿想像其形容。

立表爲範者，因天時人事，實有相通之處，故天之子時爲正子時，人之子時爲活子時，則在人身可覺「一日內，十二時，意所到，皆可爲」。 正子時則有一定之時，如一日之子時爲半夜，一月之子時爲晦朔，一年之子時爲冬至。 此則須立表爲範。 惟古時只有日圭刻漏，至今日則可以鐘錶代之矣。 參同發揮云：「大丹火候，不用時辰，何必立表占候。 所以立表占候者，恐失天人合發之機也。」天人合發之機，即以活子時當正子時也。

占候者，占氣候。 吉凶者，和氣爲吉，戾氣爲凶； 清氣爲吉，濁氣爲凶； 純粹先天爲吉，夾雜後天爲凶。 既以立表爲範，又復占定吉凶，如是則時弗可失也，故宜「發號順時令，弗失爻動時」。 按：爻動時，即恍惚杳冥中，一陽爻動之時也。 恍惚中有精，杳冥中有信，即靜極而動，虛中之一覺也。 百字歌云：「此中真有信，信至君必驚。」

發號，即發剛柔相交、陰陽互戰之號； 順時令，即順天人合發之時令。 靜極而動，一戰而天下平。 先哲云：「君子有不戰，戰必勝矣。」此言雖論軍事，可喻丹道。

頂批 又陸西星云：「象以擬形，則知藥材之老嫩； 表以測候，則知火候之消息。 吉凶者，火候中之休咎也，如隆冬大暑、盛夏霰雹之類。」

上察河圖文一作「天河文」**，下序地形流，中稽於人心**「心」，或作「情」**，參合考三才。動則依卦爻，靜則循彖辭。乾坤用施行，天下然後治。**

上察先天河圖之卦文，下序大地形質之源流，中稽人心七情之變化。天地與人，謂之三才。故參考而合此三才，皆是動則依其卦變由坤而復，由陰變陽，聽其自然耳，而靜則順其彖辭，於是乎天則資始，地則資生「資始」「資生」，皆是彖辭，以行乾坤之二用。乾坤之二用既已施行，則致中致和，位天地，育萬物矣。故云：「天下然後治。」此論天地之象也。

今以人身論之，則陽性爲乾，陰性爲坤。陰中之陽爲坎即所謂虎之弦氣，陽中之陰爲離即所謂龍之弦氣，是乾坤之二用。此二用施行，則以致中致和，人身同天地一般而治矣。

辭解

居則觀其象二句　易繫辭上傳云：「是故君子居則觀其象而玩其辭，動則觀其變而玩其占」「聖人有以見天下之賾而擬諸其形容，象其物宜，是故謂之象」。

上察河圖文二句　易繫辭上傳：「仰以觀於天文，俯以察於地理，是故知幽明之故。」

御政之首章第十二

可不慎乎？御政之首，鼎新革故。管括微密，開舒布寶。要道魁柄，統化綱紐。爻象内動，吉凶外起。五緯錯順，應時感動。四七乖戾，誃離仰俯。文昌統錄，詰責台輔。百官有司，各典所部。

可不謹慎乎？御政的起初，應當有鼎新的氣象，革去故舊陳腐的政治。而知幾子以爲，此喻修道者革去故鼎，而易新鼎也。上陽子則以爲，遷善改過謂之鼎新革故。存存子則曰：「鼎新，一陽初動，藥苗正新也；革故，陽火忽萌，改革重陰也。」

管括微密，或云指地宜謹嚴，或云指鼎防破真。或云：「『管括微密』者，『耳目口三寶，固濟勿發通，凝神以固氣』也」。

開舒布寶者，是開誠布公之義。或云，即對鼎而言，須待以誠心，而施以恩惠。如是，則藥真意投，可以有求必獲。

要道者，陰陽交接之要道也。是全在乎魁柄，謂下崑崙也，以統制造化綱紐。綱紐，謂如網之有綱，衣之有紐，謂關鍵處也。**頂批** 舊解「魁柄」作「辰極」，但斗柄乃外指者，辰極乃居中者，有上下表裏之辨。

惟是爻象內動即活子時在內發動，則吉凶即應之而外起。

以清淨而論，爻象內動，即自身中的先天一炁發動。當此之時，能至誠專密，精心不二，毫無妄念，則其炁自能轉折上行，所謂由夾脊河車而直上崑崙，所謂氣之輕清上浮者爲天。又云：「氣之至而伸者爲神，此則吉也。」若當爻象內動，自己心中不清，夾涉後天，或生淫念，則其氣變而爲後天濁氣，所謂氣之重濁下凝者爲地。又云：「氣之返而歸者爲鬼，此則凶也。」蓋當此子爻發動之時，一轉念間，即爲神鬼生死之關、吉凶變化之地也。

若以陰陽而論，則於坎離交接之時，則此爻象動於鼎中。其適應到吾人之身，與清淨法同一道理。

五緯錯順者，五行緯星不順而逆行也。蓋丹道用逆而不用順，感動作用也。應時，臨期也。

四七，二十八宿也；乖戾，東南西北易位也。陸云：「子南午北，龍西虎東，一時璇璣，皆爲逆轉，故曰『乖戾』。」

誃，改移也。誃離仰俯者，柔上而剛下。是皆丹法逆用也，謂改移其仰俯之姿勢也。蓋本則坎仰而離俯，今則離仰而坎俯，所謂「地天泰」也。

文昌，喻臨爐之人； 統錄，謂總持大綱； 台輔，謂道侶； 詰責台輔，謂凡糾察之權，歸責任於道侶； 百官有司，指供應任使之人； 各典所部，謂各司其執事也。

或君驕溢，亢滿違道。或臣邪佞，行不順軌。弦望盈縮，乖變凶咎。執法刺譏，詰過貽主。辰極處正，優遊任下。明堂布政，國無害道。

君是乾，臣爲坤。故或乾卦驕盈，亢滿違道，而恣行野戰； 或坤卦邪佞，不順正軌，而攪動丹心。於是弦望盈縮，不能得其一定步驟，則乖變凶咎立見矣。

執法者，諫諍之官，此喻明理而能開道臨爐之主者。及至君驕臣佞，以致乖變凶咎，爲執法者，自不得不詰過於其主矣。蓋明告其不合於道。

辰者，北辰也； 極者，北辰中至中至小之一星，以比人靜定之心也。吾人靜定之心，處乎大中至正之地，而優遊自適，則人身之氣機流暢，關竅開通。

任下者，不願爲上而爲下。經云：「夫江海能爲百谷王者，以其善下。」又云：「大國以下小國，則取小國； 小國以下大國，則取大國。」又云：「以貴下賤，大得民也。」蓋世間惟下者乃能虛，虛者乃能受。虛心下氣，則先天自來，即知白守黑，則神明自來。此理推之修身、齊家、治國、平天下，皆可相通，不僅指鍊丹一端而言也。「明堂布政，國無害道」者，即心正身修，家齊國治，而天下平矣。

辭解

管括微密　管是管理；括是約束；微是隱微；密是嚴密。

要道魁柄二句　要道在於魁柄，乃統化之綱紐也。魁柄，即斗柄；綱紐者，如網之有綱，如衣之有紐；統化者，統御造化也。

爻象內動二句　易繫辭下傳曰：「爻也者，效此者也；象也者，像此者也。爻象動乎內，吉凶見乎外。」

五緯　金、木、水、火、土五星，右旋者爲緯。

四七　二十八宿，左轉者爲經。

錯順　不順行而逆行。

乖戾　違反平素之常道。

誃離　誃，音「侈」，與「離」同義。

文昌　天象。文昌宮有六星，一上將，二次將，三貴相，四司命，五司錄，六司寇。統錄者，掌記錄之事。

台輔　天象。三台星有上台、中台、下台之别，共六星，在斗魁之下，兩兩相比。詰責者，掌糾察之事。除三台星而外，又有四輔星。

執法　天象中有左執法、右執法各星。刺譏者，評論其過失。

辰極　論語曰：「爲政以德，譬如北辰，居其所，而衆星拱之。」朱子註謂：「北辰是中間無星處，些子不動，緣人要取此爲極，不可無記認，所以就其旁取一小星，謂之極星。」

明堂　天子所居之正殿。

內以養己章第十三

內以養己，安靜虛無。原本隱明，內照形軀。閉塞其兌，築固靈株。三光陸沉，温養子珠。視之不見，近而易求。黃中漸通理，潤澤達肌膚。初正則終修，幹立末可持。一者以掩蔽，世人莫知之。

內以養自己之真性，則當安靜而虛無，其原初的本來面目，隱藏其外耀之明，迴其光以內照自己之形軀，是故閉塞其兌兌者，凡有缺口之處均是，如耳、目、口、鼻等，因兌卦☱口缺之故，築固靈株陸云「靈株，即靈根」，引黃庭經「玉池清水灌靈根」，仇云「指下峯」，三光仇云「天有三光，日、月、眾星；人有三光，兩目一心」，或云即耳、目、口也陸沉以土沉水，謂之陸沉，此喻人之性光下照氣海。性光，真土所生；氣海，人身真水之源於氣海氣海，即氣穴，孤修、雙修均有之。孤修氣海在自己臍下，雙修氣海在既濟之中心，皆先天一炁發生之所，以温養即用文火靜養也其子珠子珠，玄珠也。陸云：「神爲子炁，得陽火以鍊之，則子母相抱而成玄珠。」。然此子珠，視之雖不可見，實則近在身心，只要陰陽一交，極易尋求。於是吾身黃中之道，漸通其理理，即氣也，施化潤澤而達於肌膚。蓋其初能正其身心而合乎至道，則其終必能享受修齡；其幹本能卓然樹立，則其枝末亦必能自持而不倒也。此蓋勗修道之人，宜慎其始而固其本也。然正者何？幹者何？一即是也。一，即先天一炁，隱藏而不見，蓋即坎中之一陽爻也。惟此一者，掩蔽而不能明，故世人莫能知之。

辭解

原本　看吾身念頭從何處起，或看吾身呼吸發動之根在何處，皆是「原本」之工夫。

閉塞其兌　兌有廣狹二義。依狹義解，則兌爲口；依廣義解，凡人身有缺口處，皆名爲兌，如上七竅、下二竅皆是。

黃中漸通理　易坤卦文言：「君子黃中通理，正位居體，美在其中，而暢於四支，發於事業。美之至也。」

知白守黑章第十四

上德無爲，不以察求。下德爲之，其用不休。上閉則稱有，下閉則稱無。無者以奉上，上有神德居。此兩孔穴法，金氣亦相須。「須」，或作「胥」。

上德者，不識不知，混沌未破，毫無嗜欲，純乎先天也。先天者無爲，故不以察求。下德者，知識已開，純乾已破，嗜欲多端，落於後天。既入後天，則當用返還之道，漸漸補養，故云「其用不休」。

上閉者，坎也；稱有者，坎中滿也。下閉者，離也；稱無者，離中虛也。以離中之虛無處下，恭敬以迎奉其上，因其上有神妙之德即謂坎中先天之鉛居於坎中之故。上則爲坎，下則爲離。上則爲玄，下則爲牝，乃是兩個孔穴。夫此兩孔之穴法，若一交合，則自有金氣相須乎其中矣。兩孔穴法，即玄關一竅。金丹四百字云：「此竅非凡竅，乾坤共合成；名爲神氣穴，內有坎離精。」蒲團子按：「金丹四百字」，原作「悟真」，據辭解改。

知白守黑，神明自來。白者金精，黑者水基。水者道樞，其數名一。陰陽之始，玄含

黃芽。五金之主，北方河車。故鉛外黑，內懷金華。被褐懷玉，外爲狂夫。

倘能知其坎中之白，而守其坎體之黑，則上有之神明神德，自然而來矣。蓋白者爲金精，居於坎中；黑者爲水基，即是坎體。陸云：「奉坎者，但守其黑，蓋晦盡之期，朔當自來，守之之久，自爾震來受符，而神明之德見矣。」

夫水者，爲道之樞機，其生數名一天一生水，爲陰陽之原始。水在色爲玄，玄即黑也。玄含黃芽按：黃爲土色。黃芽，土之所生。五行土能生金，則金即黃芽也，是五金金、銀、銅、鐵、錫也之主，乃北方水之方也之河車言能生陰生陽，可循環運轉，流通於一身者。陰真人云：「北方正氣爲河車。」。

鉛外黑者，即云坎水之體本黑也；內懷金華，言水中有金也；被褐者，外黑也；懷玉者，內白也。內懷玉而外被褐，故云「外爲狂夫」。

金爲水母，母隱子胎。水者金子，子藏母胞。真人至妙，若有若無。髣髴太淵，乍沉乍浮。進退分布，各守境隅。

五行之中，金本爲水之母，而今則母反隱乎子胎之中，金在水內，是水生金矣。蓋先天之五行本顛倒，丹道宜逆用也。後天則不然，五行順行，金生水矣，故水爲金子，子藏母胞。修道之人，宜用先天，故採水金。按：金生水，水生金，本循環互用者。譬之月晦者，水也，朔旦則水生金矣；望者，金也，既望，則金生水矣。水金金水，循環不息。

真人者，即先天一炁，水中金也；至妙者，不可測也。真人至妙而不可測，故既恍惚若有，而又杳冥若無，髣髴如太淵太淵，大海也之乍沉乍浮耳。此演臨爐交接之景象也。及其交接既已，則進退分布，各守境隅，不相涉矣。

採之類白，造之則朱。鍊爲表衛，白裏真居。方圓徑寸，混而相扶。先天地生，巍巍尊高。旁有垣闕，狀似蓬壺。環匝關閉，四通踟躕。守禦固密，閼絕奸邪。曲閣相連，以戒不虞。可以無思，難以愁勞。神氣滿室，莫之能留。守之者昌，失之者亡。動靜休息，常與人俱。

採取鼎中的先天一炁，即是水中金也。金在五行之中，其色主白，故云「類白」。及採得之後，入我身而爲丹，丹之色則赫赤而朱矣。何故色朱？蓋以火火色赤溫養，鍊爲表衛之故。然外雖爲朱，裏則仍白。

真居者，如真人之居於中也。中在何方？即方圓徑近也一寸之地，今之所謂「方寸」也。方寸之間，混混沌沌，似相扶持，而其其實中藏之物，乃先天地生，巍巍尊高，無與比倫者也。道德經云：「有物混成，先天地生，獨立而不改，周行而不殆，可以爲天下母。」此即「先天地生，巍巍尊高」之意。旁則似有垣牆垣也闕宮闕也，其狀好似蓬壺外丹地元術有蓬壺等物，此處亦可形容坤鼎四周景象，迴環周匝，關閉四通，均須踟躕不進不出也。守禦更當固密，尤宜閼遏也絕奸邪不明道之門外漢也。

「曲閣相通，以戒不虞」，或指一時恐有奸人入內，修丹者可以隨時見機走避，以防萬一也。蓋謂雖以環匝關閉，四通踟躕，守禦固密，閼絕奸邪矣，猶恐萬一有不測之事發生耳。謹之至、慎之至也！

「可以無思，難以愁勞」，又指內養之事矣。然而「神氣滿室，莫之能留」者，蓋不知「守之者昌，失之者亡，動靜休息，常與人俱」之道理耳。

勤而行之，夙夜不休。伏食三載，輕舉遠遊。跨火不焦，入水不濡。能存能亡，長樂無憂。道成德就，潛伏俟時。太乙乃召，移居中州。功滿上昇，膺籙受圖。

辛勤而行之，早夜不休，至誠無息也。此節指道成上昇、功行圓滿之時。本文頗顯，不必細解。

伏食三載，即後代丹經所謂「三年乳哺」也。知幾子謂：「伏食者，乃伏先天真炁，非指天元神丹。」

太乙者，指天上至尊之神，即玉皇也。

辭解

上德、下德　老子道德經第三十八章：「上德不德，是以有德；下德不失德，是以無德。上德無爲而無以爲，下德爲之而有以爲。」

上閉、下閉　上閉者，坎中滿也，故上閉稱有；下閉者，離中虛也，故下閉稱無。丹道取法於水火既濟，故以坎爲上，以離爲下。

兩孔穴法　道德經第一章：「故常無欲以觀其妙，常有欲以觀其竅，此兩者同出而異名。」又金丹四百字云：「此竅非凡竅，乾坤共合成。名爲神氣穴，內有坎離精。」

金氣亦相須　參同契第四十一章：「男女相須，含吐以滋；雄雌錯雜，以類相求。」又第四十四章：「雄不獨處，雌不孤居，以明牝牡，更當相須。」以上皆言順行造化生人生物之相須也。此處所謂「兩孔穴法」，即男女雄雌生人生物之世間法也。所謂「金氣亦相須」，即逆行造化，取水中金之法，亦不離乎男女，亦不能外乎兩孔穴也。第二十六章亦有雄雌相須之說。

知白守黑 道德經第二十八章：「知其白，守其黑，爲天下式。爲天下式，常德不忒，復歸於無極。」

北方河車 坎卦屬水，位在北方。以外丹法象而言，黑鉛屬水，屬坎卦；硃砂屬火，屬離卦。車能載物，又能轉運。先天真一之炁，隱藏於黑鉛中，譬如車之載物。及至臨爐燒鍊，則此先天真一之炁，流轉運行於鉛池之上下四方，有種種之變化，如外丹書所言「紅霞縹緲籠秋月，錦浪翻騰浴太陽」諸般景象。迨到退火寒爐，則此物復凝結成一餅塊，如外丹書所言「面似絳桃酣絳日，心同金橘裹金砂」；中含真土精神足，內隱陽華氣味佳」。此即所謂「河車」是也。凡世間五金之類，與此河車鍊養多日，皆能改變其本性，故此物名爲五金之主。若以後升前降解釋此處所謂河車，恐非魏公之本意也。嬰兒胞胎所以名爲河車者，即取象於外丹之原理，蓋謂其中包裹先天真一之炁，而變化成人形也。所以名爲紫河車者，因胞衣多血，其色紫也。

真人至妙四句 參同契第三十二章：「真人潛深淵，浮游守規中。」

進退分布二句 參同契第二十七章：「剛柔斷矣，不相涉入。」

採之類白十句　黃庭外景經第二章：「黃庭真人衣朱衣，關門牡籥闔兩扉。幽闕俠之高巍巍，丹田之中精氣微。」

蓬壺　方壺、蓬壺、瀛壺乃海上三山。

四通踟蹰　踟躇，謂房室相連之狀。或謂閣旁小室亦曰「踟蹰」。註家有以行走徘徊、不進不退爲說者，於本文之義不合。

道術是非章第十五

是非歷藏法，内視有所思。此言存想。**履斗步罡宿，六甲次日辰。**陸云：「此法無考。」陶云：「即選時日以行子午也。」**陰道厭九一**此言採戰。九一，即九淺一深。陶云：「分上中下三峯採人精氣，託號泥水金丹也。」**，濁亂弄元胞**即服紫河車也。**食氣鳴腸胃，吐正吸外邪。**此言吐納。**晝夜不臥寐，晦朔未嘗休。身體日疲倦，恍惚狀若癡。百脈鼎沸馳，不得清澄居。**此即今之鍊魔法。**累土立壇宇，朝暮敬祭祀。鬼物見形象，夢寐感慨之。心歡而意悅，自謂必延期。遽以夭命死，腐露其形骸。舉措輒有違，悖逆失樞機。諸術甚眾多，千條有萬餘。前却違黃老，曲折戾九都。**此即漢武禱祀之法。**明者省厥旨，曠然知所由。**

按：此闢一切旁門外道，不合魏公之法者也。

前却曲折，皆做功夫之姿勢，違背黃帝、老子之道。戾，亦違背之意；九都，諸家皆謂九幽酆都，戾九都謂獲戾於九幽酆都，其實非是，乃指古有九都仙經。謂曲折的姿勢，不合古時九都仙經也。**頂批** 道藏「清」字號張真人金石靈砂論中黑鉛篇引九都丹經云：「修鍊九光神丹，將鉛抽作，千變萬化，不失常性，惟鉛與汞。」據此可知，「九都」乃書名。**又批** 「戾九都」三字，前從未有人解出，乃吾師獨到之見，可謂別具隻眼者。　蒲團子按　「又批」文字，當係汪伯英抄按，「吾師」即指陳攖寧。

辭解

陰道厭九一　玉房秘訣云：「凡施寫之後，當取女氣以自補復。建九者，内息九也；厭一者，以左手殺陰下，還精復液也。」施寫，即施洩；内息，即納息；厭一，即壓一；殺陰下，即用手指緊按陰蹻穴，此穴在肛門之前，陰囊之後。

前却違黄老二句　玉房秘訣云：「今陳八事，其法備悉。伸縮俯仰，前却屈折。帝審行之，慎莫違失。」

九都　金石靈砂論中黑鉛篇引九都丹經云：「修鍊九光神丹，將鉛抽作，千變萬化，不失常性，惟鉛與汞。」據此可知，「九都」二字乃書名，註家以九幽酆都、九宫洞房、洛書九數諸説解之，皆不合本旨。

二八弦氣章第十六

偃月作鼎爐，白虎爲熬樞。汞日爲流珠，青龍與之俱。舉東以合西，魂魄自相拘。上弦兌數八，下弦艮亦八。兩弦合其精，乾坤體乃成。二八應一斤，易道正不傾。

以偃月仰而倒曰「偃」。半弦之月，其形半偃，名曰「偃月」。此處以象坎卦也。前文有「坎戊月精」作爲鼎爐鼎爐，一物也。或云二物，鼎指乾，爐指坤，鼎爐者，謂鼎下之爐也，鼎爐之中有白虎即爐中應時產生之先天炁也以爲熬樞以火燒物曰「熬」；樞，動機也，此即指爐中煖氣發動之機。離之汞日，名曰「流珠」。按：丹經水銀名汞，以象我家之真精。水銀、真精皆流動，如珠走盤而不定，故曰「流珠」。流珠之中，常有青龍五行汞爲木，木屬青龍，即我家之真火。其實，青龍、流珠，一物也與之相俱，故舉我東家青龍、汞木，皆在東方，道書云「東方甲乙木」，故我家爲東家，以合彼西鄰白虎、鉛金，皆在西方，道書云「西方庚辛金」，故彼爲西鄰，則乾之天魂，與坤之地魄，自相拘戀悟真云「但將地魄擒朱汞，自有天魂制水金」，即「魂魄相拘」意。

夫以太陰月象論，自朔旦至初八，是乃上弦兌數之八日；自既望至廿三，是乃下弦艮數之八日。上下兩弦，共合其精，乾坤之體乾坤體，即聖胎，於是乃成。而上八下八，二八十六，正應一斤之數，則大易日月相交之道，合乎中正而不傾頹矣。

按： 此上下弦，有兩種解釋。一專指坤爐之中前半月、後半月，前金、後水，進陽火、退陰符而言； 一謂，上弦兑是少女，下弦艮是少男，上弦、下弦，乃指彼我而言。

辭解

偃月 仰而倒者曰偃，俯而倒者曰仆。偃月之象如此☽。後人有以自己身內兩腎之間爲偃月爐者，已謬誤矣。更有以「心」字下面之灣形筆畫形如偃月，遂謂心是偃月爐，尤爲大錯，皆是强不知以爲知也。

鼎爐 鼎爐乃一物，意謂即鼎之爐，非謂既作鼎又作爐。

兩弦合其精二句 金丹四百字序云：「以身心分上下兩弦。」又曰：「心屬乾，身屬坤，故曰『乾坤鼎器』。」又曰：「身者心之宅，心者身之主，身中有一點真陽之氣，心中有一點真陰之精，故曰『二物』。」

金火含受章第十七

金入於猛火，色不奪精光。自開闢以來，日月不虧明。金不失其重，日月形如常。金本從日生，朔旦受日符。金返歸其母，月晦日相包。隱藏其匡廓，沉淪於洞虛。金復其故性，威光鼎乃熺。

金放在猛火中煅煉，其精光之色，不爲火所奪去，只有愈鍊而愈精光。自從開闢到今，太陽太陰，仍是如此，不虧其本體之光明，所以金則不失其重量，日月之形依舊如常。

夫月體爲水，就是月魄；月光爲金，就是月魂。然而月光月魂，却是得到太陽光的反射而生出，所以說金本從日生。朔旦（初一）受到日符（即太陽光），月中的金性（即月魂月光），正如重復返歸到母家（母家，指月體。當晦之時，好像月中的金性已離月他往，所以光重現說返歸其母）來了。當月晦之日，月中的光明被日體相包，隱藏在太陽的匡廓之中，沉淪於洞然虛空之際，日月合璧，所以一些也看不出來。然而並不是沒有，乃是隱藏在裏邊而不現。若等到朔旦爲復，三日生明之後，則月中之金光又復其故性矣。而於是威光之鼎指坤鼎，乃熺然光明貌而熾盛，可以供離家之採取矣。

或又云「金復其故性者，乃金來歸性初，是取坎填離之意；威光鼎，指離，非指坎也」，但與參同契本文似不甚相合，至道理亦可相通。

二土全功章第十八

子午數合三，戊己數居五。三五既和諧，八石正綱紀。土遊於四季，守界定規矩。呼吸相含育，佇息爲夫婦。黃土金之父，流珠水之子。水以土爲鬼，土填水不起。朱雀爲火精，執平調勝負。水盛火消滅，俱死歸厚土。三性既會合，本性共宗祖。

子爲坎水，其數一即天一生水；午爲離火，其數二即地二生火。一加二，合爲三。戊爲坎土，己爲離土，數居五天五生土。合子午之三，與戊己之五，三五既得和諧即水、火、土三者調和之意，而三與五爲八，正如外丹中八石**頂批** 古時八石，硃砂、雄黃、雌黃、硫黃、空青、雲母、硝石、戎鹽（即青鹽），今硼石、膽礬、信石之得正綱紀。

夫土爲人身之真意，故在彼爲戊，在我爲己，遊於四季四季，一年爲春、夏、秋、冬，五行爲水、火、木、金，人身爲精、神、魂、魄也，猶真意周流乎一身精、神、魂、魄水、火、木、金；冬、夏、春、秋之中。倘將真意收在戊己之中宮，守其界限，定其規矩守界定規矩，上陽子謂：「東有氐土，能守青龍之界；西有胃土，能規白虎之威；南有柳土，能矩離火之户；北有女土，能定坎水之門。」，一呼吸，順自然之真息，緜緜若存，由粗入細，馴至神依息而凝，息戀神而住；一收一放，呼吸調和，攝取外來真一之炁，入吾戊己之宮，與我久積陰精，兩相含育，而精神魂魄亦歸於中。呼吸漸次佇定，陰陽結合，成爲夫婦矣。然何以能如此哉？蓋黃土爲坎中之戊，戊土爲先天乾金，先天乾金生於坎戊之中，故黃土爲金之父土生金也；流珠爲離家木汞，木汞生於水，故爲水之子，而土能尅水，故水則以土爲鬼。鬼即歸之意。尅我者爲鬼。金丹四百字云：「真土擒真鉛，真鉛制真汞。鉛汞歸真土，身心寂不動。」**蒲團子按**「金丹四百字」，鈔本作「悟真」。據內容改。木爲水子，自亦從母而歸土矣。水木俱於土，則土勢太盛矣。土勢太盛，則水無所用，故土填水不能起。然五行陰陽，當以調和爲貴，不可有太過不及。今土勢太過矣，故須以朱雀之火精，執其平衡，以調其勝負。「調和鉛汞要成丹，大小無傷兩國全」，大國指坎，小國指離。

夫朱雀火精，在人爲心神，即以心君之神火，下照於水土泛濫之處水土泛溢，即喻一身之濁陰太盛，而致氣機不運，或生痞脹等症。於是乎火爲水滅，水不泛濫，水火調和，陰陽既濟，而俱歸於中宮之厚土此節當參看外丹書，則水、火、土之三性，俱歸而合一。於是乎，知本來之原性，實共一宗祖也。

辭解

八石正綱紀　八石乃外丹爐火中所用者，有二說：　硃砂、雄黃、雌黃、硫黃、空青、雲母、硝石、戎鹽，此八種，名爲八石；　另一說，則將雲母、硝石、戎鹽，改爲硼砂、膽礬、信石，前五種同上。八石正綱紀，等於下文「土遊於四季，守界守規矩」之意。土既是喻言，則八石未嘗不是喻言。蓋中央之氣，既已和諧，因此八方之氣，亦各正其位矣。

流珠水之母　「母」字當作「子」字。參同契集註本作「子」。流珠是木汞，水能生木，故曰「水之子」。

水以土爲鬼六句　可參考張紫陽金丹四百字所云「真土擒真鉛，真鉛制真汞。鉛汞歸真土，身心寂不動」，其作用與此處所說者相同。

金丹妙用章第十九

巨勝尚延年，還丹可入口。金性不敗朽，故爲萬物寶。術士服食之，壽命得長久。金砂入五內，霧散若風雨。薰蒸達四肢，顏色悦澤好。髮白皆變黑，齒落生舊所。老翁復丁壯，耆嫗成姹女。改形免世厄，號之曰真人。

此節言效驗，本文已顯，不必再解。

辭解

老翁、耆嫗　古人七十歲曰「老」，六十歲曰「耆」。

丁壯、姹女　漢朝法制，男子滿二十歲爲丁；　姹女，即少女之意。

按　耆嫗用何種方法，可以變爲少女，所有數十家參同契註解，皆不言及於此。或謂是服食外丹所致，然參同契第二十章又云「欲作服食仙，宜以同類者」。爐火燒鍊之外丹，非人之同類，竊恐不合參同契本意。除去爐火燒鍊之外丹，則本章所謂「金砂入五內，薰蒸達四肢」者，金砂果爲何物乎？　據陸先生測疏本內以養己第十三章註解中有云：「果能收視返聽，閉口勿談，則心息相依，神炁相守，自然打成一片，而和順積中，英華外鬯矣。故曰：『黄中漸通理，潤澤達肌膚。』不言老翁丁壯、耆嫗成姹者何？非陽丹故也。」可知陸先生之意，認金砂爲陽丹。然則陽丹又是何物？陸先生又引上陽子之言曰：「一者，坎之中爻也。一之爲妙，非師莫傳。世人不知一者掩蔽之妙，執言内鍊可以成道，而獨修孤陰之一物。至論藥自外來，則又認爲房中採戰之術，豈不誤哉？」據此，可知陸先生所謂陽丹者，即坎卦之中爻。夫坎卦之陽丹，既已具足，果能保守此中爻之一，而養鍊之，留爲自用，則可以成己。若以其有餘者，轉而布施與人，又可以利人。豈不兩全其美乎？若問坎卦中爻之一，從何而來，則仍從乾卦而來。蓋乾坤二卦，彼此以中爻互换之後，乾方變而爲離，坤方變而爲坎。乾不與坤交，雖破體之後，不能算是離卦，縱到衰老，只可算是殘缺不完之乾卦而已；坤不與乾交，雖二七之期已過，不能算是坎卦，至老仍是坤卦。

同類相從章第二十

胡粉投火中，色壞還爲鉛。冰雪得溫湯，解釋成太玄。金丹**以砂爲主，**面**禀和於水銀。**

其**變化由其**兩方各有其**真，終始自相因。欲作服食仙，宜以同類者。**

胡粉，鉛所造之粉也，若投入火中鎔化，色雖變壞，還復凝結爲鉛。冰雪已成爲質，若得溫湯解釋，仍然化爲太玄水也。蓋理有其本性，總可還元。

夫金者，鉛也，汞也，坎中之戊，陰中陽也；砂者，汞也，神也，離中之己，陽中陰也。鉛之所以能來者，必須以汞迎之。鉛外來是爲客，汞在內是爲主。鉛以汞爲主，即金以砂爲主也。

水銀，則玉池金鼎彼此兩家均有之。在彼家，或稱神水，有時則直稱之爲水銀，如悟真篇謂「玉池先下水中銀」；在我家，有時亦或以汞名之，惟有真汞、假汞之分。此所謂「禀和於水銀」者，當是真汞。真汞神水，蓋能調和陰陽者，故云「禀和於水銀」。

而金砂之所以能變化者，由其有神水與真汞也。然此神水真汞，究是何物，則只能意會，難以言宣。蓋稱神稱真，均是微妙而不可測者，是在學者於恍惚杳冥中去領悟之耳。若能悟得此真，則知始終。終始皆須相因，此真而成變化，故知欲作服食之仙，宜以陰陽之同類爲之。

植禾當以黍，覆雞用其卵。以類輔自然，物成易陶冶。魚目豈爲珠，蓬蒿不成檟。類同者相從，事乖不成寶。是以燕雀不生鳳，狐兔不乳馬，水流不炎上，火動不潤下。

此篇無甚深意，不必細解。

辭解

胡粉　即白色之鉛粉。

太玄　即水之代名詞。

陶冶　燒泥土以成器，曰「陶」；　鍊鋼鐵以成器，曰「冶」。

檟　喬木之類。

狐兔不乳馬　「乳」字，即「生產」之義，非言哺乳。

背道迷真章第二十一

世間多學士，高妙負良才。邂逅不遭遇，耗火亡資財。據按依文說，妄以意爲之。端緒無因緣，度量失操持。擣治羌石膽，雲母及礜磁。硫黃燒豫章，泥汞相鍊飛。鼓鑄五石銅，以之爲輔樞。雜性不同類，安肯合體居。千舉必萬敗，欲黠反成癡。僥倖訖不遇，聖人獨知之。稺年至白首，中道生狐疑。背道守迷路，出正入邪蹊。管窺不廣見，難以揆方來。

羌，西羌；　石膽，膽礬；　豫章，大木也；　泥汞，泥包水銀也。

辭解

邂逅不遭遇　邂逅，即不期而遇。此句「邂逅不遭遇」者，言未能不期而遇真師傳授鍊丹正法也。

耗火亡資財　白費爐火燒鍊之資而無所得。

端緒無因緣　對於丹法之首尾始末，無因緣而知。

度量失操持　度數之長短，劑量之輕重，亦没有把握。

羗石膽　即膽礬。此物產於西羗。

礜磁　礜音「遇」，即砒石之類；　磁，即磁石。

豫章　木名，用以燒火鍊藥，如用桑柴火之意。

泥汞　泥者，如六一泥之類；　汞，即硃砂中鍊出之水銀。

五石銅　以五色石和入銅内，鑄各種器具，取其美觀。漢朝時代，頗爲風行。

欲黠反成癡　即弄巧反成拙之意。

僥倖訖不遇　「僥倖」同「徼幸」，即妄想非分，終無所遇。

三聖前識章第二十二

若夫至聖，不過伏羲，始畫八卦，傚法天地。文王帝之宗，循而演爻辭。夫子庶眾也聖雄，十翼以輔之。三君天所挺，迭興更遇時。優劣有步驟，功德不相殊。制作有所踵，推度審分銖。有形易忖量，無兆難慮謀。作事令可法，爲世定此書。素無前識資，因師覺悟之。皓若褰帷帳，瞋目登高臺。火記不虛作，演易以明之。火記六百篇，所趣等不殊。文字鄭重說，世人不熟思。尋度其源流，幽明本共居。竊爲賢者談，曷敢輕爲書。若遂結舌瘖，絕道獲罪誅。寫情著竹帛，又恐洩天符。猶豫增太息，俛仰輒思慮。陶冶有法度，未忍悉陳敷。略述其綱紀，枝葉見扶疏。

附註　皓若褰帷帳，皓然若褰開帷帳，忽覺一室生明。瞋目登高臺，張開兩目，登在高臺上，則遠近皆見。火記六百篇，古有火記六百篇。存存子說：「火記演於易卦。六百篇，十個月之候。朝屯暮蒙，一月六十卦，十月六百卦。卦卦相同，較以六百篇，篇篇相似。」

辭解

庶聖雄　在眾聖中爲最傑出者。

天所挺　天之所特產也。

制作有所踵六句　言作參同契之由來。

前識　「前識」二字，見於道德經第三十八章。

皓若褰帷帳二句　言因遇師覺悟之後，徹底明白。譬如揭去層幕，睁開眼目，而登於高臺之上，一覽無餘矣。

火記六百篇二句　火記者，丹經也；六百篇，是喻言，非必實有此數。古人鈔寫書籍，頗爲不易，决無如此笨重之簡帙。蓋一月用六十卦，十月用六百卦，六百卦皆是火候，故謂「火記六百篇」。

幽明本共居　有顯明之法象，即有隱秘之玄機。

枝葉見扶疏　扶疏者，繁茂意。

金火銖兩章第二十三

以金爲隄防，水入乃優游。金計有十五，水數亦如之。臨爐定銖兩，五分水有餘。二者以爲真，金重如本初。其三遂不入，火二與之俱。三物相含受，變化狀若神。

以金隄防築土以制水也者，金，即鉛也，鉛能防汞，使汞不飛也。水入乃優游者，謂庚金所生之壬水也。此皆指彼鼎中之物。蓋金者剛氣，太剛必折，故須得柔和之水氣相併入内，乃得優游而閒暇，從容而不迫。

金計十五者，悟元子謂：「先天真金，自一陽復，而漸至於純全，圓陀陀，光灼灼，通幽達明，如十五之月，光輝盈輪，無處不照。取數爲十五，此金之本數也。有一分金，即生一分水。有十分金，即生十分水。如月十六，一陰潛生，至三十日，光輝盡消，復爲黑體，取數亦爲十五，故曰『水數亦如之』。」此言人身之中，陰陽必須平均也。

然臨爐以定銖兩，則金數雖是十五，水數則不得用十五。非但不得用十五，即五分之水，已爲有餘。何以故？蓋金爲先天之金，其初生一二分之水，有水之炁而無水之形，謂之先天真一之壬水。因其接近乎先天之金，故此水至真，是曰「二者亦爲真」。惟真金能生真水，亦惟真水能生真金。真者不增不減，不敗不壞，故金之重如本初。雖然，假者亦真之所化，真者即假之還元。

真金生水，在一二分之際，則有氣無形，恍惚杳冥，此爲壬水； 若漸到三分，則氣已化液，落於後天，即爲癸水矣。癸水氣濁，不可入也，故云「其三遂不入」。夫當壬水生到二分之際，既知其爲真，則亟須以丙火二分與之相俱。丙火，即真汞也； 與之俱者，即運汞迎鉛，凝神入氣穴之法也。 然後金、水與火，三物在鼎爐之間，互相含受，其變化之狀自爾若神矣。

下有太陽氣，伏蒸須臾間。先液而後凝，號曰黃轝焉。歲月將欲訖，毀性傷壽年。

上文三物既相含受，變化狀已如神，然終須賴有太陽之氣即離家之汞火也，伏蒸於下，方能須臾之間薰騰，由河車載而逼之上升。當其升之時也，先是液體，及其繼也，降下而至丹田，乃凝而爲丹，號之曰「黃轝」。所以名黃轝者，因其上升之時，兀兀騰騰，如車轝行於黃道之上也。陸云：「此明以汞求鉛之義。」

太陽氣，離宮火也； 須臾間，一時半刻也。作丹之法，乘其爻動之期，運一點真汞以迎之**頂批** 運汞迎鉛，須先將汞鍊好。鍊汞，即鍊己之神也，則火蒸水沸，其金丹隨水而上矣。爾其貫尾閭，上泥丸，下重樓，入紫庭。先則氣化爲液，而有「醍醐」「甘露」之名；後則液凝爲丹，乃有「黄轝」之號。黄轝者，以其循河車而逆上，行於黄道之中，如車轝然，故以名之。到此則金公歸舍，還丹始成。

歲月者，攢年成月，攢月成日，攢日成時。而一時之中，分爲三符，求鉛之候只用一符。所以如此之速者，知止足也，故攢簇之。歲月欲訖之時，不能持盈守滿，忽爾姹女逃亡**頂批**「姹女逃亡」有數説，是謂毁性。金汞歸性，性既毁矣，金液何附？所謂「藏鋒之火，禍發必尅」**頂批**即毁性也，年壽之傷，無足畀者。

形體爲灰土，狀若明窗塵外丹中名目。**頂批**塵因日光而顯。**擣合并治之，馳入赤色門。固塞其際會，務令致完堅。炎火張於下，晝夜聲正勤。始文使可修，終竟武乃陳。候視加謹慎，審察調寒温。周旋十二節，節盡更須親。氣索頂批**索，盡也**命將絶，休死頂批**「休死」，一作「體死」**亡魂魄。色轉更爲紫，赫然成還丹。粉提以一丸，刀圭頂批**刀圭，十分之一方寸匕**最爲神。**

形體乃渣濁的東西，是後天，終須爲灰爲土。惟其狀若明窗之塵，光明而有耀，爲先天之炁也。此炁能生金生水，伏鉛伏汞。若擣合即陰陽相交合也而并治之，即馳入赤色之門赤色門，即「種入乾家交感宮」之意，因乾爲火赤故也。又曰「赤色門，離宮也」，亦通。

馳入之後，即當固塞其交際會合之竅，務令他完固堅凝。然欲如此，必須使炎火或云離宮火，即太陽氣伏蒸之意伏蒸於下亦即神光下照之意，方能使氣水上騰。朝暮如此，則晝夜有河車轉運之聲即「夾脊雙關透頂門」之意，似極辛勤。蓋始則用文以修之，恍惚杳冥，混混沌沌也；終則以武而煅煉，載金上升，驅逐陰邪也。**頂批** 陸云文火爲先天，武火即固際、守禦等火。如此一文一武，即所謂「一爻剛兮一爻柔」也。

候視加謹慎者，防臨爐時走丹也，即「依時加減定浮沉，進火須防危甚」之意。審察調寒温者，即審察自己之精神氣血，有否太過、不及之處。若覺其人體肥多濕、陰盛陽衰者，當以武火煅煉，即專氣存神，使濁陰氣化爲清陽也；若或體瘦多火、陽亢陰虛者，當以文火温養爲重。如何温養？即致柔守靜，使亢陽化爲和陰也。陰化爲陽，爲調其寒；陽化爲陰，爲調其温：此之謂「調寒温」。又養丹之時，須要念不可起，念起則火燥；意不可散，意散則火寒：此亦是「調寒温」。又性功主養，屬陰，而陰性寒；命功主鍊，屬陽，而陽性温：性命雙修，陰陽互濟，是亦在「調寒温」之例。

十二節者，即卦節也。**頂批** 十二節，一年十二節氣，一日十二時辰。由復而剝，由剝而復，陰極則陽，陽極則陰，六陰六陽，循環周流，終而復始，故曰「節盡更須親」。按：此循環之道無端，丹道、人道、天道、地道，一年、一月、一日、一時，均不能外此卦節之周旋也。是以神氣索然，命似將絕，休息而死，亡其魂魄矣。不料絕後重蘇，大死再活，且道貌盎然，色更轉而爲紫有道之人必有紫氣，故道祖過函谷，文始真人望見有紫氣東來。**頂批**　戊土爲灰色，己土爲紫色，紫爲木火合色，青與赤也，赫然成爲還丹矣。

粉提、刀圭者，小而少也。以甲撮物曰「提」。言還丹雖是至微至小，而其用至神，故曰「最爲神」。

水火情性章第二十四

推演五行數，較約而不繁。舉水以激火，奄然滅光明。日月相薄蝕，常在晦朔間。水盛坎侵陽，火衰離晝昏。陰陽相飲食，交感道自然。名者以定情，字者緣性言。金來歸性初，乃得稱還丹。

因鍊丹與五行甚有關係，故須推演五行之數理。**頂批** 推演五行數，即推演五行生成之數。然其數理，亦極較約而並不繁，不過舉彼鉛水即彼之真水，當於杳冥中求之，以激我汞火汞火，即我之慾火，則能奄然消滅我汞火妄動之光明。然光明的本性，並非永滅也，亦不過如日月之互相薄**頂批** 薄，迫近之義蝕**頂批** 日蝕大抵總在初一日，因日月立在同一條線上；月蝕總在望日，因日、月、地球三者同立在一條線上，常在晦朔間合符之時，暫時淹滅耳。若到初三之後，則重復光明，金復其故性矣。是以水盛者，則坎宮之水，必來侵陽；火衰，則離日之光，必致晝昏。蓋陰陽相射之道，如彼此互相飲食，其交感之道，實自然而然也。

名者，以定彼情之動；字者，則緣我性而言。仇註：「一說古人締婚有納采問名，女子許嫁，則笄而加字。名者以定情，男求婚於女也，此喻以性攝情；字者以性言，女作配於男也，此喻情來合性。借婚姻之事，以喻陰陽交感之道，『名』『字』皆就女家言。」 **頂批** 本爲一人有名有字，名屬於情，字屬於性。寂然不動，曰性； 感而遂通，曰情。 名者定情，離欲求坎； 字者緣性，坎顒嫁離。 無名天地之始，有名萬物之母。以相對而論，則彼爲金情，我爲木性。 彼之金情，來歸我之木性。 西遊演義謂：「金來歸性還同類，木去求情亦等倫。」

性初者，謂我原初之木性，本與金合，及情竇既開之後，乾金方破而爲離。 今仍得彼之金情，來還我原初之木性，故爲「歸性初」。 金木既合，返本還原，故稱「還丹」。

辭解

日月相薄蝕 薄者，迫近之義。 因日月所行軌道迫近，日體被月體所遮蔽，遂有日蝕之象。

名者以定情 古者男子求婚，有納采問名之舉。 以珍飾爲結婚證物，曰「定情」。

字者緣性言 古者女子許嫁，笄而字。 情既屬之女方，則性當屬之男方。

金來歸性初 金者，金情； 性者，木性： 即第二十八章所謂「推情合性」之義。 性初者，元始也。 元始之性與情，本是一家，道德經所謂「兩者同出而異名」是也。

古今道一章第二十五

吾不敢虛說，倣傚古人文。古記題龍虎，黃帝美金華。淮南鍊秋石，玉陽嘉黃芽。賢者能持行，不肖無與俱。古今道由一，對談吐所謀。學者加勉力，留念深思惟。至要言甚露，昭昭不我欺。

淮南王，漢劉安，厲王之子，封於淮南，因號「淮南王」。性好道，感八公授道，王棄位，隨八公往壽州修鍊，丹成而去。今八公山見在。

「玉陽」，或作「王陽」，漢時有益州刺史，常好道，以作金救人，故陽貴此，立號黃芽。但此均外丹名也。

頂批　兑爲金華；　艮爲秋石；　黃芽，水火二者相合而生成。

辭解

古記題龍虎　真一子彭曉所作周易參同契通真義序中言，魏伯陽真人得古文龍虎經，盡獲妙旨，乃約周易撰參同契三篇。愚按：　今世所傳龍虎上經，題「軒轅黃帝著」，其作用是講神丹，其文句頗有幾分類似參同契，是否即魏公當日所見之龍虎經，雖未敢斷定，若竟謂龍虎經是後人僞作，亦無確據，存而不論可也。

淮南鍊秋石　本草綱目卷五十二秋石釋名，時珍曰：「淮南子丹成，號曰『秋石』，言其色白質堅也。近人以人中白鍊成白質，亦名秋石，亦言其出於精氣之餘也。再加升打其精致者，謂之『秋冰』。」

玉陽嘉黃芽　「玉陽」，當作「王陽」。西漢時有王吉者，字子陽，宣帝、元帝兩朝嘗爲諫大夫。黃芽、白雪，皆外丹中專門名詞。

乾坤精氣章第二十六

按此章即「乾坤爲鼎器，坎離爲藥物」之意。

乾剛坤柔，配合相包。陽稟陰受，雄雌相須。偕以造化，精氣乃舒。

乾是天，坤是地；乾是男，坤是女；乾是剛，坤是柔；乾是陽，坤是陰。天地配合，即是男女配合；男女配合，即是剛柔配合；剛柔配合，即是陰陽配合。**頂批** 按孔子曰：「吾未見剛者。」或對曰：「申棖子曰：『棖也欲，焉得剛。』」上陽子曰：「剛之義，大矣哉！」

相包者，天之形包乎地外，而天之氣入乎地中入乎地中是地包天，故曰「相包」。至世間男女之交合，其象亦彷彿如此。蓋總不外乎陽則稟與即上文「雄陽播玄施」意、陰則接受即上文「雌陰統黃化」意，一雄一雌，彼此之相須相須，即相交往之意，上文有「此兩孔穴法，金氣亦相須」耳。然徒然相須，不生作用，必須合以太空中先天一炁爲造化之本，然後陽之精、陰之氣，乃得舒暢而流行。

按：先天一炁，爲造化之本，不特逆則生仙之出世法須此物來，即順則生人之世間法，亦須此物來。但此物不能目覩，非人力所能謀而致之，只在陰陽相交，一呼一吸，則此物自在不知不覺、有意無意中攝受得來，至爲神妙不可測者，今科學家謂此物爲原始之電子。而佛家論生人之道，則曰憑父精母血與前生之識神（即靈魂）三者交相和合而成。按父精母血相合者，即「雄雌相須」也；與前生之識神者，即「偕以造化」也。

又李文燭註：「雌雄相須，乃物性之自然，但坤中造化未到，雖合不成胎，必待先天造化將至，然後元精流布，因氣託初，而胎始凝焉。」

又知幾子註：「癸水到後六十時辰，坎宮機動，即其造化也。布種結丹在此時，採藥成丹亦在此時。」

又陸西星註曰：「朱子謂：『陰精陽氣，聚而成物。』蓋精者，陽中之陰；氣者，陰中之陽。精先至而氣後來，則陽包陰而成女；氣先倡而精後隨，則陰裹陽而成男。」

又易曰：「精氣爲物，游魂爲變，故知鬼神之狀。夫爲物則鬼也，爲變則神也。」上陽子曰：「爲物者，順行而生人生物也；爲變者，逆用而成仙成佛也。」

坎離冠首，光耀垂敷。玄冥難測，不可畫圖。聖人揆度，參序立基 一作「元基」，一作「元模」。今從朱本。

以天地爲乾坤，則以日月爲坎離；以男女爲乾坤，則以精陽中陰也氣陰中陽也爲坎離。天地爲體，若無日月，不生作用，必須藉日月坎爲月，離爲日，不曰離坎而曰坎離者，日月交光，顛倒而爲月日也冠首，光耀交垂而敷布，方能生人與生萬物；男女爲體，若無精氣，亦不生作用，必須藉氣精冠首，雄雌相須，其理亦同日月之光耀交垂敷布。然後順而行之，則爲世間之生男育女；逆而用之，則爲出世之作祖成仙。

然其生之之原，却是空洞無憑，玄冥難測，不可以畫圖形容之。惟聖人能揆度其本元，知其配合交光之理，參其次序，知其往來消息之時，於是用之，而立爲丹基。知幾子云：「玄冥屬坎宮水位，此指先天真一之炁。」李註：「玄冥內藏，有氣無質，恍惚杳冥，烏從摹寫其形似哉？」

四者混沌，徑入虛無。餘六十卦頂批 或作「六十卦用」**，張布爲輿。龍馬就駕，明君御時。**

四者，乾、坤、坎、離也；混沌者，坎離交姤時之景象也。乾坤本不能混沌，藉坎陰中陽精離陽中陰精之交，於是乾爲男坤爲女亦隨之而混沌。既混沌矣，自不知不覺，而徑入乎虛無。夫丹道合乎易道，易道有六十四卦，丹道亦然。今除去乾、坤、坎、離四卦爲體爲用外，餘之六十卦，則張布以爲車輿。按：輿，或云「坤爲大輿」，或云以爲周天火候。因輿之輻有三十，一月亦三十日，故曰「爲輿」。然後龍馬則就而駕之，明君則以時御之。按：龍馬皆乾家之物，蓋龍爲陽物，周易謂之能潛能現，能躍能飛，能進能退，能屈能伸。又云乾爲龍爲馬。明君，則我之心神也。以我之心神，駕我之龍馬，而御彼之坤輿，必須依時消息，隨彼六十卦氣次序自然之變化，不容預存成見於胸中也。頂批 「乾坤配合」等於龍馬之御車輿。或云龍馬負圖而出，蓋瑞物，亦靈物也。明君，則聖君也。修丹之道，既當如龍馬之就駕，又當如明君之御時也。

和則隨從，路平不邪。邪道險阻，傾危國家。

駕馭之法，當以和爲貴。然則如之何爲和？即以我之心神，調和我之龍馬，然後就而駕彼之車輿，則彼之車輿，自然隨我之龍馬，而從我心之所欲。如行在大路上，平而不陂，坦蕩舒適，我心神自然寬和暢快矣。按李文燭註：「御鼎（鼎即指坤輿）以和爲貴，和則上下之情得以相通，上隨下之所好，下從上之所命，斯得心而應手矣。」知幾子云：「『和』有二義：一是情意協和，一是水火調和。協情意，須養鼎有恩；調水火，須鍊己純熟。此平易中正之大道也，捨正道而涉旁門，佳兵輕敵，小人得之輕命矣。」若行於邪道，而不以和平爲貴，則險阻橫生，必致傾危國家國家，喻一身而喪失生命也。

入室休咎章第二十七

君子居其室，出言其善，則千里之外應之。謂萬乘之主，處九重之室，發號施令，順陰陽節，藏器待時，勿違卦日。

陶註：「此易傳釋『鶴鳴子和』之詞易曰「同聲相應」，又曰「鶴鳴在陰，其子和之」，引之以明入室火候。亦有母氣先倡，子氣後和之意。」

易曰：「君子居其室，出其言善，則千里之外應之，況其邇者乎？」謂感應之道，雖遠能通，何況在近？**頂批** 按：「出其言善，千里之外應之」，尚恐別有用意。泥丸翁云「言語不通非眷屬」，與此節恐有關係。

今鍊丹之君子，在丹房中臨爐，猶萬乘之主處九重之室萬乘之主，至尊也；九重之室，至尊所居之處也，其驅龍就虎，發運汞迎鉛之號，施進退屈伸之令，宜如大帥用兵，必須老成持重，務要順陰陽之卦節，沉機觀變，不可孟浪輕舉，致敗乃公事也。所以藏器待時，能勿違值卦之日，是爲至要。**頂批** 或云「卦月」。勿違卦日，諸家没有定論，再當請教先詳細討論。**蒲團子按** 頂批當有缺字。

按　器，濟一、知幾均謂「即鼎器也」。惟濟一則言此器是先天鼎，知幾則謂是後天爐藥之鼎，故云「每鼎月凡六候，欲行火六十卦，恐軒轅九鼎（此以軒轅之九鼎，亦指人元之鼎）猶未爲數。況有潮汐同期者，朝暮兩度，未必金水適均，則藏器非大有力者不能也」，是云鼎器要多也。

屯以子申，蒙用作「以」**寅戌。六十卦用，各自有日。聊陳兩象，未能究悉。**

接上言弗違卦日。卦日又作卦月。但卦日一日兩卦，一月六十卦；卦月，則一日一爻，一月五卦，一年六十卦。總之，卦爻可以活用。由小至大，則一時可推一日，一日可推一月，一月可推一年；由大返小，則一年可推一月，一月可推一日，一日可推一時。由小至大，謂之推廣；由大返小，謂之攢簇。蓋時間問題，本來可以伸長，可以縮短，萬劫即刹那，刹那即萬劫，達者皆可隨時運用，心領神會。

今若按卦而言，則屯乃坎震合卦䷂，坎爲水，震爲雷，雷在水中，陽動於陰中也。屯以子申者，坎在子爲水，水生於申，旺於子，陽氣至子而升，陽用事也。蒙乃艮坎合卦䷃，艮爲山，坎爲水，水在山下，陽氣止於陰中也。蒙用寅戌者，艮在寅藏火，火生於寅，庫於戌，陽氣至戌而藏，陰用事也。屯主生陽，蒙主養陽，修丹之道，藏器於身，待時而用。按：以上均悟元子語。其所謂藏器者，指鍊己築基言，器則斗柄也；所謂待時者，或指待坎宮爻動而言，故云雷動水中。

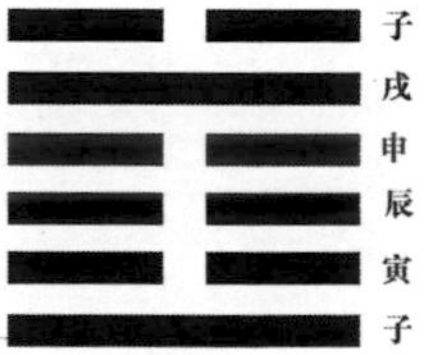

屯

蒙

當進陽，而陰中返陽恐即指小往大來、前短後長意以進火；當陽足，而陽中運陰以退火。按：陽中運陰，是休息之意。蓋陽足者，陽盛極矣。盛極必衰，陰氣自然來承。來承之時，剛返爲柔，直返爲曲，伸返爲屈，不能再進火矣，自當休息致柔，以天一真水養之。吾師云：「如鍊鐵然，進陽火，譬如將鐵放在火中猛煅，及煅得通紅，則取出向水中一浸，即是退火，亦叫陰符。如此一燒一浸，火水交鍊，經過幾次後，結果自能鍊成純鋼。丹道亦是此意。」**蒲團子按**　「吾師云」及引語，當係汪伯英抄按。「吾師」即指陳攖寧，引語爲陳攖寧語。

如蒙陽止陰中陽在陰中自然縮小也。

六十卦用，即屯、蒙、需、訟、師、比、小畜、履、泰、否、同人、大有、謙、豫、隨、蠱、臨、觀、噬嗑、賁、剝、復、无妄、大畜、頤、大過、咸、恒、遯、大壯、晉、明夷、家人、睽、蹇、解、損、益、夬、姤、萃、升、困、井、革、鼎、震、艮、漸、歸妹、豐、旅、巽、兑、渙、節、中孚、小過、既濟、未濟。以日算，則一日兩卦，一月六十卦；以月算，則五日一卦，一月六卦，一年六十卦。照卦次序，依次挨排，故云「各自有日」。

「聊陳兩象，未能究悉」者，蓋謂這個卦氣，乃是自然經過的歷程，只要順時聽天，依法行功，則身中的陰陽變化，營衛升降，自然會暗合六十個卦氣，不必一定要去細細推求，徒費筆墨唇舌。倘若願意去研究他，可去觀周易六十卦的象爻可也，兹不贅。

在義設刑，當仁施德。按曆法令，至誠專密。謹候日辰，審察消息。消爲虧，息爲盈。

在義設刑，就是用武火封固之法，嚴密謹守，靜養浩氣，使剛大充塞乎天地，則邪魔鬼怪不敢相乘，雜念游思消除淨盡。好像用一種嚴肅威猛的手段，大義凜然的設刑罰摺攝羣小即六根、六塵之類，使羣小不敢弄權，一聽主君即心君號令。

當仁施德，就是當鼎中陽氣發生的時候，宜應時採取。採取之法，當優游閒暇，從容不迫，則鼎中仁德，自然柔耎布施，坎宮鉛氣，不勞你去如何用心，他自會輸送過來。這便是當施仁德，屬外藥，坎離兩方面事； 在義設刑，屬内藥，離卦一方面事。

按曆法令，至誠專密，即順陰陽之自然，不可妄用心機，只要至誠不息，專心嚴密，則丹道之運用，自合一年春夏秋冬四季之升降。

謹候日辰者，謹候坎宮爻動之日辰也；　審察消息者，審察坎宮爻動之消息也。

頂批　知幾子註：「六時退符，此在義也；　六時進火，此當仁也。進火用陽金，以發生爲德；　退符用陰水，以收斂爲刑。　金水得宜，則順而成吉；　金水誤用，則逆而成凶。故當按曆法令，至誠專密，以候爻動之日辰，以察火符之消息。」陶云：「按曆者，按曆數以排火候；　法令者，法時令以還抽添。」

纖芥不正，悔吝爲賊。二至改度，乖錯委曲。隆冬大暑，盛夏霰雪。二分縱橫，不應刻漏。風雨不節，水旱相伐。蝗蟲湧沸，山崩地裂。天見其怪，羣異旁出。

纖芥，即一些。若有一些不正，即悔悔，不當也吝吝，嗇滯也來爲賊害。譬如二至冬至、夏至也。冬至一陽生，子時宜進陽；　夏至一陰生，午時宜退陰。此言人身之冬夏二至，來作譬喻也改度即應進火而反退符，應退符而反進火，乖逆差錯而委曲，不能順陰陽之節。於是乎隆冬大暑，萬物不得封固閉藏以比適在陽足之時，正宜運用陰符以退火性，然後可以保藏真精，堅固不洩，今乃不然，反恣情縱慾，以竭其精，使陽氣亢甚，而外强中乾；　盛夏霰雪，五穀不得開花結實以比陰寒適盛之時，正宜進以陽火代其陰精，乃反蓋以陰寒，使濁邪更甚，如此則安能望育嬰兒而結聖胎哉；　二分春分、秋分，亦喻人身之中也。丹家火候，有一日之分至。蕭廷芝曰：「子時象冬至，陰極陽生；　午時象夏至，陽極陰生；　卯時象春分，陽中含陰；　酉時象秋分，陰中含陽。人身之中各有分至。」縱直也橫離坎一直一橫也，不順自然之節度。故陸潛虛謂之「君驕臣佞」也。不應刻漏，不能靜調呼吸，不肯輕運默舉，馴致水溢火燥，多寡不勻，正如風雨之不節，而水旱之相伐。李文燭云：「金水錯投，即二至改度；情性不合，即二分縱橫。火盛則傷於旱，如蝗蟲湧沸；水盛則傷於濫，如山崩地裂。水火不調，陰陽失應，則災害交作，如日星雷雹之怪異。」如上種種，皆臨爐時不誠不敬之故也。

孝子用心，感動皇極。近出己口，遠流殊域。或以招禍，或以致福，或興太平，或造兵革。四者之來，由乎胸臆。

必當如孝子之用心，光明磊落，愛敬慈仁，至誠無間，純一不二，自然能感動彼鼎中之皇極（皇極，即喻爻動也。）易不云乎？「寂然不動，感而遂通。」是近出己口，尚能遠流殊域，蓋感應之道使然也。或以招禍，此心之存乎邪也；或以致福，此心之念乎正也；或興太平，此心之存乎仁也；或造兵革，此心之念乎暴也。潛虛子曰：「喪寶爲『禍』，得寶爲『福』，爲而不爲曰『興太平』，輕敵强戰曰『造兵革』。四者皆由於心之誠與不誠、正與不正而已。」

動靜有常，奉其繩墨。四時順宜，與氣相得。剛柔斷矣，不相涉入。五行守界，不妄

盈縮。易行周流，屈伸反覆。

陸西星說：「動靜，謂火候之早晚早屯爲動，暮蒙爲靜；　繩墨，爲卦爻也卦中爻動，有一定之繩墨，如陽極必生陰，陰極必生陽。藏器於身，待時而動，蓋絲毫不爽者也；　四時，爲寒、熱、温、涼；　氣，謂陰陽二氣。」

知幾子解此節則曰：「鼎中氣機，各有動靜，丹家依其常度，當如匠者之奉繩墨。方靜而翕也，先調鼎以養其氣；　及動而闢也，則按候以採其真。按候須乘四時，子寅在朝，宜進陽火，得其金氣癸後半月謂之金，象朔旦至望也，以固內體；　申戌在暮，宜退陰符，得其水氣癸前半月謂之水，象既望至月晦也，以培外用。此四時順宜之法也。剛柔斷矣，指六候火符，朝以剛爲裏裏即內體之意，取諸震兑乾震兑乾，即朔旦至望，用剛而不涉於柔；　暮以柔爲表表即外用之意，取諸巽艮坤巽艮坤，即既望至晦，用柔而不涉於剛也。又須五行守界，使兩相配當。金水戊土，爲坎之界，守之於坎，不使此盈彼縮此犯輕狂粗暴陽亢爍陰之病也而水至於乾；　木火己土，爲離之界，守在於離，不使彼盈此縮而火至於寒彼盈此縮，乃鉛動而汞失應，離家不知按候探求以進陽火也。易行周流者，即坎離交姤，象日月之運行周流也；　屈伸者，陰陽消長之機；　反覆者，屯蒙顛倒之象。」

晦朔合符章第二十八

晦朔之間，合符行中。混沌鴻濛，牝牡相從。滋液潤澤，玄化流通。天地神明，不可度量。利用安身，隱形而藏。

晦朔之間，即日月合璧，乃天地陰陽兩性交會之時。夫陰陽兩性之交會，在人身，則有神氣合一；在卦象，則有水火既濟；在時日，則曰亥子之半亥時陰之終，子時陽之始，半則陰陽交會；在氣運，則曰貞元之會元亨利貞爲四德，元爲德之始，貞爲德之終，貞下起元，終則復始，是謂「貞元之會」；以性情而言，則曰動而未形，有無之間人性本寂然不動，而靜感乎物，遂動而通，曰情動而未形。蓋靜極將感而動，正在動靜之間，亦即有無之間也。天地於此乎開闢，日月於此乎合璧，人身之陰陽於此乎交會，乃天、地、人之至妙至妙者。神仙於此時盜其機而作丹，則內真外應，若合符節矣。**頂批** 按：晦朔之間，若專就先天鼎而論，則必坤之二七十四兩卦氣已足，陰氣已純，乃謂之晦。然陰極必生陽，乃造化不易之序，故內經云「女子二七而天癸至」。癸至者，即朔也。晦朔之間者，謂二七之期已屆，而天癸則在將萌未萌之際。於時乾卦乃與坤卦接觸，迎神以入彼氣穴，以合其符苗，而共行中央戊己之功，是謂「晦朔之間，合符行中」。

混沌鴻濛者，陸氏云：「鼎中氤氳之炁也。其時天機已動，陰陽有相求之情，而雄陽播施，雌陰統化，滋液潤澤，自相流通，即所謂『混沌相交接，權輿樹根基』也。」知幾子註謂：「此論鼎上火符，先從晦朔序起者。合璧之後，方有震兑諸候也。蓋晦朔之間，日月並行於天中，是謂合符行中。合符，即合璧也。此時月爲日掩，不露其光，自朔以後，方得生明。鼎中癸盡鉛生，而藥苗新茁，候亦如之。混沌鴻濛，乃先天真一炁，乘此牝牡交接，其氣之滋液潤澤陸註：「滋液潤澤，乃陰陽交會之真景象，一氣流通，無所不届，如煙如霧、如露如電也。」者，能施化於吾身，而遍體爲之流通矣。」又云：「混沌鴻濛，應指首經元炁；下文『始於東北』，方指每月初鉛。若以此一條就當六候之震庚，在下文爲重復。且後天鉛生，焉能混混濛濛，常如先天炁之淳厚哉？」

夫混沌鴻濛之炁，乃人身活子時，難以窺測，雖天地鬼神，亦不能度量，故丹士只能靜以密俟之。度量，謂不能以智慮謀。天地鬼神猶不能以智謀，況於人乎？靜，即誠也，即寂然不動也。既不能以智謀，是只有以誠感。**頂批** 此即天人合發，可以採藥歸壺之時。邵子云：「一陽初動處，萬物未生時；此際宜得意，其間難下辭。」又曰：「冬至子之半，天心無改移；一陽初動處，萬物未生時。」

安身者，安靜虛無，鍊己待時也；隱藏者，閉塞三寶，韜光養晦也。如是則可以失至靜之原而不失乎爻動之機。

又上陽子註：「晦、朔、弦、望，一年十二度，天上太陰與太陽合璧，常在晦朔之間；人間少陰即兌卦也，亦有十二度十二度者，謂女子月事，亦是一月一來，一年十二次也，以隱形而看經濟一子註：「隱形看經，這經是不可見之經，故曰隱形看之。」，故混沌鴻濛之時，經罷而符至也。』

始於東北，箕斗之鄉。旋而右轉，嘔輪吐萌。潛潭見象，發散精光。昴畢之上，震出爲徵。陽氣造端，初九潛龍。☳一陽爲震。

上文隱形而藏，雖指修丹，然以月爲喻，謂晦朔之時，月形隱藏而不見。然陰極必陽，故晦後即朔，乃始於東北方箕斗箕者，東方七宿之尾；斗者，北方七宿之首之鄉。陸西星說：「正謂亥子之交。」其實按時納宿，當在丑寅之界。知幾子云：「晦朔後，新月初出，東北正值箕斗之鄉，但月升在日間，故不見其景色耳。」

旋而右轉，向牛女虛危一帶，嘔其月輪，吐其萌蘖。陸註：「『嘔輪吐萌』四字要有分曉。嘔者，盡出；吐者，微出；輪者，全月之水輪；萌者，輪下之微光，如草之萌蘖然。」如龍潛在深潭者，現出景象，發散其精光，移至西方酉申之界，昴畢之上。知幾子謂：「至黃昏之候，則吐萌散光，移在潛潭西方昴畢之上矣。所謂『初三月出庚』也。」又云：「見象於水輪中，微見金光也。」**頂批**悟元子云：

「畢昴，西南坤地。坤中孕震，現蛾眉之光，是謂『震出爲徵』。」

震卦出而爲徵前文所謂「震庚受西方」也，是乃陽氣之初造其端，象易乾爻之「初九潛龍」也。陸註：「卦象震雷出地，一陽起於重陰之下，爻應乾之初九，如龍之潛伏於淵下也。此時陽火起緒，藥則可用，而火宜微調者也。」按：藥則可用，即當運汞迎鉛；火宜微調，即是輕運默舉，調其天然之神息也。

陽以三立，陰以八通。三日震動，八日兌行。九二見龍，和平有明。☱二陽爲兌。

初三日昏，月光出庚爲西方。**頂批** 日昏月先出，故云「陽以三立」；初八丁爲南方，故云「陰以八通」。陸註：「三乃陽數，八乃陰數。至此則陽與陰相和通矣。」

三日震動，即前云「震庚受西方」；八日兌行，即前云「八日兌受丁」。蓋震爲一陽，兌則二陽矣。爻應乾之九二「龍德正中」也，喻人身陽火用功之半；和平有明，言火力均調之意。陸云：「身中藥物均平，始當利見，採則已老，而火宜沐浴者也。」按易傳：「見龍在田，天下文明。」

三五德就頂批 德就，功德圓滿也，**乾體乃成。九三夕惕，虧折神符。**☰三陽爲乾。

陸註：「三五十五即望也，月廓盛滿，乃成乾體，此時陽昇已極，屈折當降按：屈折當降，象乾方陽火已足，採藥已畢，則動而直者，自轉爲靜而屈矣。乾爻則當『九三夕惕』之爻。易乾之九三曰：「君子終日乾乾，夕惕若厲，无咎。」是宜持盈守滿，不得怠縱。」蓋謂即宜虛心下氣，速行致柔之道，急流勇退，切勿仍居鼎中，如駑馬之戀棧而不休，則必致有鉛飛汞走之危也。悟真篇云「依時採取定浮沉，進火須防危甚」，即勗人宜知持盈守滿之道也。

神符者，神火有符信之謂，其名見銅符鐵券中，此處以喻坎鼎中之火符。

盛衰漸革，終還其初。巽繼其統，固濟操持。九四或躍，進退道危。 ☴ 一陰爲巽。

陸註：「十六則盛極當衰，漸虧漸減，終當成晦，故曰還初。於時陽虧陰長，於象爲巽卦繼統。然而陽退一符，則陰進一符。當此進退改革之際，正應乾爻之九四『或躍在淵』，可以進而不遽以進，是以固濟操持，當使陰符包裹陽氣。或問：『火爲神火，吾固知矣。陰符何物，亦可言乎？』曰：『凡人一身之中，皆後天陰氣也。陽退一分，則陰自進一分，正如月廓之虧，陽自虧耳。白者豈別有物？即本體也』。」

按：其意若曰陽火則於坤鼎中求之，陰符則只須安靜虛無、內以養己之法耳。但知幾子之意則不然，謂陽火陰符，皆在坤鼎中求之，惟有前半月、後半月之分耳。

按：易傳九四有「或躍在淵，乾道乃革」，又「上下無常，非爲邪也」按：謂上下易位，非爲邪道，又「進退無恒，非離羣也」。按： 進退道危，謂在進退維谷、陰陽交界之間，最宜謹慎小心，不然其道甚危，難免烹走之虞。丹經常謂防危慮險者，於此際極宜注意。

頂批 悟元子云：「此謂修道者，剛氣進添至極，須當以柔接之，固濟操持，保養其剛，在乾卦爲九四之『或躍』。『或』云者，疑之也。疑其進退，於道有危，謹慎之至也。」

頂批 師云：「固濟，即封固也，外丹語。此則言以神合氣，以氣合神，神氣相依，以堅固其竅道也。」 **蒲團子按** 「師云」及引語，當係汪伯英抄按。「師」即指陳攖寧，引語爲陳攖寧語。

艮主進止，不得踰時。二十三日，典守弦期。九五飛龍，天位加喜。 ☶

艮卦，爲一陽止於二陰之上，陰符進而止其陽。蓋陽精內隱而陰氣外承，進火宜止，不得踰時過分。因是時正爲二十三日典守下弦之期，陰陽各半，金水又平。其在乾爻則當九五「飛龍」，位乎天位，以正中也。易曰：「飛龍在天，乃位乎天德。」又云：「同聲相應，同氣相求；水流濕，火就燥；雲從龍，風從虎。聖人作而萬物覩，本乎天者親上，本乎地者親下，則各從其類也。」丹藥至此，可慶圓成矣，故云「加喜」。

六五坤承，結括終始。韞一作「韜」**養眾子，世爲類母。上九亢龍，戰德於下。** ☷ 三陰爲坤。

陸註：「六五按： 此處六五非指卦爻，勿誤會，三十日也，陽盡陰純，於卦象坤。承者，坤承艮後也即坤☷卦繼在艮☶卦之後也。此時火功已罷，神氣歸根，寂然不動。少焉則晦去朔來在人體則靜極而動，復生庚月在人體則藥苗又萌，虛室生白，又為藥火更始之端。故曰：『結括終始。』以三畫論，則坤下孕震；以六畫論，則坤下孕復。」

「積陰之下，純韞養諸陽，為眾子之母。蓋陽不生於陽，而生於陰，古人稱十月為陽月，亦取此義者。」蒲團子按「積陰之下」諸語，見知幾子參同契集註。

類者，萬類，即萬物也。類母，即萬物之母也。知幾子謂：「同類眾生之母也。爻應乾之上九。乾為龍亢易曰：「亢龍有悔，盈不可久也。」又曰：「亢龍有悔，窮之災也。」又曰：「亢之為言也，知進而不知退，知存而不知亡，知得而不知喪。」蓋謂陽太過而無陰以制之也，坤為龍戰易曰：「龍戰於野，其血玄黃。」又曰：「龍戰於野，其道窮也。」又曰：「陰凝於陽，必戰，為其嫌於無陽也。」夫坤為純陰，乾為純陽。然純陰無陽則為孤陰，孤陰不生；純陽無陰則為亢陽，亢陽不長。故必乾坤相合，方足為純。今坤為龍戰者，即陰承陽也。內經云：「亢則害，承乃制。」今非亢矣，故上九亢龍，必須戰德於野，陰陽相敵，有戰象焉。太陰太陽，於斯合璧，其諸均敵者乎？均敵者，取和之象也。」

用九翩翩，為道規矩。陽數已訖，訖則復起。推情合性，轉而相與。循環璇璣，升降上下。周流六爻，難以察覩。故無常位，為易宗祖。

用九者，用乾卦之全爻也。又，九者，陽數也，乾爲陽，故稱九焉。用九者，即用陽之道也。翩翩者，從容不迫，優游閒暇，進退自如，從心所欲。**頂批**　翩翩，鳥飛貌。

我能用陽而不爲陽所用，我能用九而不爲九所用，如此故能爲道的規矩。蓋權操於己，可圓可方，方圓無礙，則飛藏潛躍，可以待時而動矣。**頂批**　有心則助，失念則忘，緜緜若存，順其自然。「但至誠，法自然。」「自然之道靜，故天地萬物生。天地之道浸，故陰陽勝。陰陽相推而變化順。」「真火無候，大藥無斤。」「不刻時中分子午，無爻卦裏別乾坤。」

易曰：「乾元用九，天下治也。」修丹之士，約天下於一身，則一身治矣。陽數已訖，訖者終也。終則陰復起而承之。陰進陽退，陰極則陽復進。故推彼之金情，以合我之木性。陸註：「即以炁合神，以神馭炁，以成其歲功而已。」，轉輾而相與循環。上據璇璣即渾天儀，我國古代用以測天文之儀器。尚書「在璇璣，玉衡，以齊七政」，同斗樞之升降；中參易數，符卦爻之動靜。上下周流，前後往返，視之不見，一炁流通，聽之弗聞，一靈恍惚，至剛至大，至微至幽，玄冥莫測，神妙難名。其將若之何察覩之乎？故易曰：「大哉乾元！」豈非其以無有常位而爲易之宗祖乎？

卦律火符章第二十九

朔旦爲復，陽氣始通。出入無疾，立表微剛。黃鐘建子，兆乃滋彰。播施柔煖，黍黎或作「黎蒸」**得常。**

朔爲一月之始，旦爲一日之始，而此章以一年十二月之律卦序之，則復爲十二律卦之始，故日月之朔旦，正合十二律中之復卦。

朔旦爲復䷗，則陽氣始通，蓋陰極生陽也，在人身則爲靜極而動。陽氣雖通而尚微，故運火之時，務宜出入無疾出入無疾，言和平也，即從容不迫之貌。故易曰：「出入無疾，朋來無咎。」若疾，則朋來有咎矣。陸西星云：「呼吸出入乃用火之橐籥也，疾則火燥，散則火冷，煖則火調，自然之理也。」**頂批** 陸又云：「出入者，呼吸之義，乃乾坤闔闢，日月運行之象（此乾坤、日月均指人身言）。黃庭經云：『出日入月呼吸存。』今夫一陽來復之時，含光默默，真息緜緜，出入以踵，則一身之中一萬三千五百氣息，三百六十骨節，八萬四千毛竅，得此柔煖播施，自然融和順適，而得其常道矣。」，立表以測其微剛剛者，陽也；微剛，即微陽也。上陽子則曰：「立表微剛，乾動而直也。」立表者，即立現也。

黃鐘之氣建子者，以十一月斗杓建子，律始於黃鐘也。陸註：「鐘者，踵也，又種也。言中黃之氣，踵踵而生，以種萬物。」兆者，眾也，在天地則生機之發現，在人身則代表生烝之始萌，而今科學家所謂原子、電子也；　滋彰者，滋化而彰布、由微而至著也。

播施柔煖者，象一陽生後有柔和之煖氣，然後眾庶按：蒸黎即眾庶也乃得安然而不失其常。至於修丹之士，若感覺鼎中生氣已萌，則接觸之時，自有柔煖之氣播施於營衛上陽子曰：「出入相通，行鍊己功，柔煖播施，微溫直透。」，而遍體得以常溫矣。

烝黎者，精氣也。丹法以身爲國，以精氣爲民。

又李註：「一陽始生之頃，乾坤一合，乾宮一點陰火精光，射入坤腹，即是『朔旦爲復，陽氣始通』。鍊士下手追攝，不疾不徐，自然出坎無滯，入離無礙，何疾之有？此時陽氣始生，藥苗正新，有氣無質，有象無形，故謂之微。」

又上陽子註：「陽伏於五陰之下，先復而後能伏也。卦辭曰『出入無疾』，言陽之始氣，出入往來，大小無傷也；　曰『朋來无咎』，言得同類之朋，有益無損也；　曰『反覆其道』，丹道用逆，顛倒而行也；　曰『七日來復』，得藥大醉，七日復蘇也；　曰『利有攸往』，逐月陽生，皆可往取也。」

臨爐施條，開路生光。光耀漸進，日以益長。丑之大呂，結正低昂。

在易卦，地澤爲臨䷒，由復卦一陽進爲二陽矣，故文有「光耀漸進」之說。而此文之「臨爐施條」者，「臨」字乃是雙關。上陽子云：「臨馭丹爐，施條接意，開闢道路，不僭不狂，分彩和光，愈低愈下。」知幾子註：「北方爐用煤火，以鐵爲通條，插入爐口，下穿灰土，火氣方得上升。此『臨爐施條，開路生光』之象也。若鍊士臨爐，其施條而開路者，可以意會矣。」蓋陽氣之道路既以開通，而生光明。光明者，陽也。由復之一陽進而爲臨之二陽，故曰「光耀漸進」。合乎時日，則圭影益長。其月建丑，爲十二月，在律則爲大呂。或曰：呂者，侶也，其象爲，又曰助也，太陽得侶相助以進也。

結正低昂者，互相交結按：第四十章有「觀夫雄雌，交媾之時，剛柔相結，而不可解」，此即「結」之意也。頂批「結」，參看四十章「剛柔相結，而不可解」，以正其低昂之位。低昂者，柔上而剛下，子南而午北，即顛倒是也。又低昂者，謂處低下而昂然直豎也。

仰以成泰，剛柔並隆頂批隆者，注重也，亦平和也。**陰陽交接，小往大來。輻輳於寅，運而趨時。**

上文低昂之位既正，則乾卦仰乎下，坤卦覆乎上。二卦相合，本爲天地之否，今成地天之泰䷊。地上於天，天下於地，一剛乾卦三陽爲剛一柔坤卦三陰爲柔，並宜承重蓋隆即承重意。於是陰陽交接，此則小往，而彼却大來陶註：「陰陽之氣，兩相交接，小往則前行須短，大來則後行正長，乃汞迎鉛入之意。」**頂批**　小往大來，即凝神入彼氣穴，如車輻之來輳車轂。

今云「輳於寅」，寅，三陽也，三陽爲乾卦，是坤之輻來輳乾之轂也。又正月爲寅月，律逢太簇。簇者，湊也。言萬物至此，輻輳而生也。陸西星云：「乘此輻輳之時，是宜進火，與時偕行。」

運而趨時者，「河車不敢暫留停，運入崑崙峯頂」。仇云：「此指下峯。」吾師云：「運火而迎合其時也。」**蒲團子按**　「吾師云」及引語，當係汪伯英抄按。「吾師」即指陳攖寧，引語爲陳攖寧語。**頂批**　運火而迎合其就近便處，運一點真汞以迎之。

漸歷大壯，俠列卯門。榆莢隨落，還歸本根。刑德相負，晝夜始分。

漸歷大壯䷡，四陽二陰，斗杓建卯爲二月，律應夾鐘。陸註：「夾者，俠也。俠列卯門，則生門之中已含殺氣按：卯爲木，木屬青龍，有生發之氣。然生者死之根，故生門之中已含殺氣。生於彼者，必死於此；益其子者，必損其父，故二月榆落榆，大樹也；落，葉落也，葉歸本根。夫春主生物，而榆夾反落者，德中有刑故也。按：德中有刑，即陰符經之「恩中有害」。於時陰陽氣平，刑德**頂批**　刑德，即悟真之「恩害」也相負相負者，相平均也。」是故晝夜始分長短，正相平衡，蓋二月春分之時也。故作丹者，立爲卯酉沐浴之法。**頂批** 因漸到大壯，故宜沐浴。

按知幾子註：「卯酉沐浴，參同契所未言，其說始於悟真篇，自後諸家紛紜異同，約有三說：有以灌溉爲沐浴者，卯酉皆可行功，仙家指迷詩曰『沐浴之功不在他，全憑乳母養無差』，此說全與悟真相左；有以休息爲沐浴者，卯酉徑宜住火，龍眉子詩云『兔遇上元時便止，雞逢七月半爲終』，此說與悟真亦不甚相符。據悟真詩云：『兔雞之月及其時，到此金丹宜沐浴。』蓋謂卯月木氣太旺，故卯時暫宜停火；酉月金氣太盛，故酉時亦宜罷功。若非兔雞之月，則十二時中，一遇爻動，便可抽添，何必拘於沐浴乎？故金丹四百字云：『火候不用時，冬至不在子，及其沐浴法，卯酉亦虛比。』此說正須善參。」又陶存存子火候歌云：「『憶我仙翁道法，總是吾家那著。原無子午抽添，豈有兔雞刑德。問吾子在何時，答曰藥生時節。問吾午在何候，不過藥朝金闕。卯時的在何時，紅孩火雲洞列，若無救苦觀音，大藥必然迸裂，此即沐浴時辰，過此黃河舟楫。再問何爲酉門，即是任同督合，此時若沒黃裳，藥物如何元吉。過此即爲庫戌，請問庫中消息；此是一貫心傳，至道不須他覓。』蓋藥臨玄門，丹經所謂『九重鐵鼓』『三足金蟾』『任督下合之鄉』『子母分胎之路』，皆是此處。故以紅孩相火比之救苦觀音者，靜攝嚴密，則甘露垂珠也。愚嘗問師云：『入靜乃庫戌之事，此時何以云然？』」師云：『此靜不是大靜，乃觀音之靜。若那靜，則如來之靜矣。鶴林真人云：「卯酉乃其出入門。」可見刑德臨門，不過臨玄之門、臨牝之門也，在識其竅妙而已。』」又呂祖沐浴詩云：「卯酉門中二八時，赤龍時醮玉清池；雲薄薄，雨微微，看取嬌容露雪肌。」又伍冲虛論沐浴法，亦宜參考。**蒲團子按**　原寫本知幾子、存存子註文未抄完全，根據香港心一堂出版社出版之拙編參悟集註補入。

夬陰以退，陽升而前。洗濯羽翮，振索宿塵。

澤天爲夬䷪，夬卦則陰氣漸以退位五陽一陰，於卦爲夬。夬云決也，猶祛也。以五陽祛一陰，陰無以自存矣，陽氣升騰而前矣。其象如大鵬之洗濯**頂批**　洗濯，即洗心濯慮意其羽翮陸註：「三月姑洗司律。洗者，洗也，有『洗濯』之意焉。」又「洗濯謂沐浴，象丹士之洗心濯慮也」，而振索陸註：「三月斗杓建辰。辰者，振也，有『振索宿塵』之義焉。」仇云：「振索，猶云擺落。」其宿塵謂羽翮上宿有之灰塵也。以比丹士陽氣充足，升騰將至乎頂，快達純陽之位，而所有身中塵濁之陰邪，及舊染之污垢，可以一概驅除消滅矣。又存存子曰：「丹經沐浴，一陰宿垢，振索立盡，喻身中陽火既盛，大鵬將徙天池，勢當奮發也。」又悟元子曰：「此節指剛氣旺盛，陰氣微弱，從此可以洗濯一身積習之舊染，抖去人心平生之宿塵，振羽翮而一往直前矣。」又曰：「振者，振發道心之剛氣也；　索者，索求人心之穢污也。」。

乾健盛明，廣被四鄰。陽終於巳，中一作「終」**而相干。**

乾卦☰六爻皆陽，其象至健健，剛健也，光耀盛明，能廣被於四鄰。陸云：「陽火盛明，一身之中，圓滿周匝，故曰『廣被四鄰』。」仇云：「四鄰，指同類之人，亦取仲侶為侶也。」彭註：「四月斗杓建巳，律應仲呂。」然陽終於巳月，巳過則午，陽極即陰，巳午之間，陽陰之界，謂之天中。中而相干者，謂至天中之時，則陽終而陰相干也。修丹之士，陽火退而陰符進，亦同此理。

姤始紀緒，履霜最先。井底寒泉，午為一作「主」**蕤賓。賓服於陰，陰為主人。**

天風為姤䷫。夫陽氣既已盛極，不能再盛，則姤卦一陰始紀其緒，實為履霜之最先。易曰：「履霜，堅冰至。」蓋既履霜，則必至於堅冰。此時序之自然，無可更改者。然履霜之最先，實為一陰之姤卦。若無姤卦紀緒，則陽極無陰，安有履霜之時？而當此之時，井底之泉水已寒。蓋五陽在上，而一陰在下若論鼎中，則此時亦外陽而內陰，陽火退而陰符進矣。又悟元子曰：「陰符之陰，非外客氣之陰，乃陽氣收斂退出之真陰。這邊真陽退，那邊真陰生，真陰生而假陰自消自化。若陽不退，真陰不現，陽極必陰，一陰潛生，客氣又來，得而復失，大事去矣。故陽剛進至於純，陰符所必用。」**頂批**　進陽火，則退陰符；進陰符，則退陽火，其時為午月即五月，蕤賓司律。

賓者，客也。「賓服於陰，陰為主人」者，謂陽氣退而為客，及賓服於陰，而使陰為主人也。以丹道而論，則悟真篇曰「饒他爲主我爲賓」。此語雖其作用之時間不同，而其賓主之取義無異。

遯世去位，收斂其精。懷德俟時，棲遲昧冥。

天山爲遯卦䷠，二陰進矣，斗杓建未，時爲六月，律應林鐘。夫遯者，遁也。喻君子見小人過長，遂避塵遯世，辭職退位，作明哲保身之舉。比修道之人，以陰符進至二分，陽火自宜退守。陰進陽退，收斂其精神，深藏乎密處，懷至德以俟明時，棲幽境而遊昧冥。若以時而論，則爲六月，亦是陰將進而陽將退、寒欲來而暑欲往之候。寒欲來者，陰氣逐也；暑欲往者，陽內斂也。蓋天時、人事，世出、世間，丹道、易道，皆不能外此自然之陰陽也。是以古昔聖哲，要與天地合德，與日月合明，與四時合序，與鬼神鬼神，即代表幽明、代表陰陽也合吉凶者，職此故也。

否塞不通，萌者不生。陰信音「伸」**陽詘**同「屈」**，沒陽**一作「毀傷」**姓名。**

彭註：「三陰三陽，於卦爲否䷋，斗杓建申，律應夷則。」陸註：「乾上坤下，二氣相隔，否塞不通之象也。萬物至此，不生萌櫱。七月建申，申者陰之伸也。陰伸則陽屈，律應夷則。夷者，傷也。陽屈則沒其姓名。」

觀其權量，察仲秋情。任蓄微稚，老枯復榮。薺麥芽蘖，因冒以生。

四陰二陽，風上地下，於卦爲觀䷓，斗杓建酉，律應南呂。

陸註：「觀者，觀也。觀其權量，以察仲秋八月之情，陰陽之氣至此又平在節令爲秋分，日晷亦晝夜相平均。八月南呂司令，南者，任也，萬物至此有妊娠之義焉謂陽氣隱藏於內，如婦人之懷胎也。任蓄微稚謂如蓄養微嫩幼稚之生氣，則雖已年老，然保護丹體，則要如保赤子之狀，則老枯得已復榮有返老還童之象。觀夫薺麥芽蘖，可見刑中有德刑中有德，有害中有恩也。」**按**卯酉二門，在人身爲生死關頭（其實即玄牝之門也），可生可死，可死可生。愚者則以生爲死，達者則反死爲生，不過一轉念之間耳。故凡能生我者，即能死我；亦惟能死我，便能生我。生者死根，死者生根，生死之間，其惟智者能神而明之耳。

又李註：「觀者，有省方觀民之義民爲精氣，丹道以精氣爲民；權者，權爻銖之斤量；察者，察藥材之老嫩；秋殺之時，而薺麥芽蘖，即『轉殺爲生，老枯復榮』之象。」

仇註：「王者省方所至，則審律度量衡；八月金精壯盛，故察仲秋之情；任

蓄，謂倚任而蓄養之，藉此少稚以濟老枯，猶言『枯楊生稊，老夫得其女妻』；冐生者

頂批　冐者，受也，因蒙秋氣，而薺麥發生也。細玩本文，初無沐浴停火之說。淮南子：『麥秋生而夏死，薺冬生而仲夏死。』麥，金王而生，火王而死；　薺，水王而生，土王而死。」

剝爛支體，消滅其形。化氣既竭，亡失至一作「其」**神。**

五陰一陽，於卦爲剝䷖，斗杓建戌，律應亡射。

陸註：「五陰剝一陽，陽氣受剝，枝頭之菓熟爛而墮，形體消滅，造化之氣於此竭窮。且時當九月，火庫歸戌，物皆內歛不露精，亡失至神。或曰『失』當作『佚』，『亡佚』即『亡射』也。」**蒲團子按**　此處所引「陸註」文字，見知幾子參同契集註，係據陸西星參同契測疏、參同契口義及陶素耜參同契脈望而來，非純粹陸西星語。

仇註：「凡物形毀則神離，故鍊士須神馭氣而氣留形。」

易傳：「剝，爛也。」

道窮則返，歸乎坤元，恒順地理，承天布宣。玄幽遠渺，隔閡相連。應度育種，陰陽之原。寥廓恍惚，莫知其端。先迷失軌，後爲主君。

陽道既已窮盡，則返而歸乎純陰無陽☷之坤元坤爲純陰之卦☷，六爻皆偶。元者，謂一炁混元，上下、左右、前後皆屬乎陰之時也。故易曰：「至哉坤元。」。於是恒順大地至靜之理恒，常也。易曰「坤爲地」，又曰「坤至靜而德方」，寂然不動，以俟天機之至即感而遂通、靜極生動之際，易道謂之「一陽來復」，又曰「天地之心」，蓋亥子之交，即天入地中，地炁將上於天之時也，乃即承之，而敷布宣化，使陽氣又復流暢。惟此天地之機、陰陽之氣，雖云變化不測，玄幽而遠渺，然而隔閡閡，丹礙。**頂批**「閡」字有用意相連即相通意，而能應度育種度，度數也，即時刻之意。應度育種，謂應其時刻而生育種子，存存又謂「取十月斗杓建亥，律應應鐘」之義，又曰「鐘者，種也」，實爲陰陽之本原。道德經云：「天地萬物生於有，有生於無。」有者，陰陽之象也；無者，陰陽之原也。坤爲至陰，實無象可見，惟能資生萬物。萬物不出乎陰陽，故曰「陰陽之原」。惟其寥廓恍惚，莫知其端倪，是以至於先迷而失其軌。然能謹候其時，知白守黑，則神明自來復，又後爲主君矣。主君者，指陰中之陽，即震卦、復卦之類，丹道所謂「先天一炁」、杳冥恍惚中之「真種子」也。

無平不陂，道之自然。變易更盛，消息相因。終坤始復，如循連環。帝王乘御，千載常存。

有平則有陂陂者，陷也，即不平也。仇云：「地卑，蓄以爲陂。」，無平則不陂蓋平與陂相對待者，有平則有不平，無平則亦無不平矣。易曰：「無平不陂，無往不復。」，此道之自然變化，易更爲盛衰。**頂批**　交易，陰陽相交；變易，陰陽相變；不易，不動也。一消一息，一去一來，相因互換，故在易道則終於坤陰即始於復陽，如循連環，川流不息。帝王若能乘御此炁，即同此炁之終則復始，循環往復，川流不息，無有窮期，而千載常存矣。

按　陸註云：「此總結上文，提出『自然』二字，以見造化消息相因之妙，乃無心而成化者。易曰『無平不陂，無往不復』，此天道之自然也。丹家觀天運之變易盛衰，而知消息之相因，按卦之終坤始復，而識火候之循環。能法此以乘時御天，則立命在我，可以千載常存矣。」又上陽子註：「『帝王乘御，千載常存』者，黃帝鍊九還大丹，丹成之後，乘龍上昇也。」　**蒲團子按**　所引陸註見於參同契集註，與陸西星參同契測疏、參同契口義略異。

性命根宗章第三十

將欲養性，延命却期。審思後末，當慮其先。人所秉軀，體本一無。元精流布，因炁託初。

吾人將欲修養其性，延長其命，而却退其死期者，則細思其後末即將來之事也，當窮究其始先。窮究，即慮也。思後末者，即欲却死也。欲却死，則必須窮取生身受炁之初以修性命，然後可以不死。孔子云：「原始反終，是故知死生之說。」始先何如？則人所秉之軀體，本來是一是無。一者何？先天一炁，太極也。無者何？無名天地之始，無極也，無極即道。無極生太極，即道生一。一者既生，於是乎元精流布，即因此一炁而託初矣。師云：「託初者，即託初生之種子。」**蒲團子按**「師云」及引語，當係汪伯英抄按。「師」即指陳攖寧，引語爲陳攖寧語。

陰陽爲度，魂魄所居。陽神日魂，陰神月魄。魂之與魄，互爲室宅。

道德經云：「道生一，一生二。」道生一，即無極生太極；一生二，即太極生兩儀。兩儀，即陰陽也。夫一炁不可見，是謂先天；由一炁而生陰陽，乃有性命、神氣、魂魄、水火、木金之分，是謂後天。後天者，以陰陽爲度，乃魂魄之所居。以一身而論，則肝藏魂、肺藏魄； 以離坎而論，則離藏魂、坎藏魄。

離爲日，日爲陽，故曰「陽神日魂」； 坎爲月，月爲陰，故曰「陰神月魄」。然日魂陽中含陰，月魄陰中含陽，因此魂魄可以相通，彼此可以互御。魂能御魄，魄可鈐魂。魂御魄者，即魂入魄裏，以陽化陰也； 魄鈐魂者，即魄來魂中，以陰和陽也。魂入魄，則魄爲魂之室； 魄入魂，則魂爲魄之宅。故曰：「魂之與魄，互爲室宅。」

潛虛云：「所謂託初之炁者，乃先天之物，有氣無質，魂之謂也； 所秉之軀者，乃後天之物，有氣有質，魄之謂也。魂即人之陽神也，魄即人之陰神也。陽神日魂，陰神月魄，此日魂常居月魄之中，故月借日則明，魄附魂則靈，而魂之與魄，互爲室宅也。」又集註：「陰陽二度，直指男女二體，故以陽神陰神分配日魂月魄。若就一身言，則魂爲氣之靈，魄爲精之靈，另是一義矣。」

性主處內，立置鄞鄂。情主營外，築完城廓。城廓完全，人物乃安。於斯之時，情合乾坤。

「性主處內，立置鄞鄂」者，謂鍊己養性之功也。「鄞鄂」解已見前。

「情主營外，築完城廓」者，築基保命之功也。情者，金情也。以金情來歸木性也。夫性在內，故云「處內」； 情在外，故云「營外」。

「城廓完全，人物乃安」者，即築基之功已畢也。

按悟真篇云「先且觀天明五賊」，即「性主處內，立置鄞鄂」也；「次須察地以安民」，即「情主營外，築完城廓」也；「民安國富方求戰」，即「城廓完全，人物乃安」也。於斯之時，情合乾坤也。蓋情合乾坤者，即採大藥之時也。夫此情非尋常之情，非普通之情，乃天地間陰陽兩性中之至情也。一得此情，則還丹結矣。丹入身中，則戰罷而見聖人矣。聖人者，喻丹也。

乾動而直，炁布精流。坤靜而翕，爲道舍廬。剛施而退，柔化以滋。九還七返，八歸六居。

易曰：「夫乾，其靜也專，其動也直；坤，其靜也翕，其動也闢。」乾動而直，則「炁布精流」矣；坤靜而翕，則「爲道舍廬」矣。夫炁布精流，即汞往求鉛也，所謂「運一點真汞以往迎」也；爲道舍廬，謂坤靜暫爲乾道之舍廬。及乎剛施而退，即柔化以滋，鉛氣滿爐，源源大來。

夫乾爲剛、爲陽、爲小，坤爲柔、爲陰、爲大，乾之炁精，流布往坤，坤之柔化，即來滋乾，即前文所謂「剛柔交接」「陽往陰來」「小往大來」也。

九還者，金還也； 七返者，火返也； 八歸六居者，木與水皆歸舍而居也。集註：「河圖之數，天一生水，而地六成之； 地二生火，而天七成之； 天三生木，而地八成之； 地四生金，而天九成之。專言九七八六者，合丹以後，取其成數。如金來伐木，是九與八合； 水能滅火，是六與七合也。」又，此節諸家多以「順則生人」解之，但對於九還七返、八歸六居等文義，似乎不順。

男白女赤，金火相拘。則水定火，五行之初。上善若水，清而無瑕。道之形象，真乙難圖。變而分布，各自獨居。

以人道而論，則男之天癸白，女之天癸赤； 以丹道而論，則男白爲坎中之水金，女赤爲離中之木火。水金爲嬰兒，故稱「男白」； 木火是姹女，故云「女赤」。水金與木火相拘，則以水金來定木火。蓋以五行之最初，則天一生水。

天一爲先天，含至善之炁，絕無混濁之渣質，故云「上善若水，清而無瑕」，即悟真所謂「華池神水」也。其實此五行之初之水，即是道也。

道之形象，至真至一，如赤水之玄珠，難以智慮尋圖。及其變而分布，則一陰一陽，又各自獨居矣。陸西星則云：「一變水居北，二化火居南，三生木居東，四化金居西，不相涉入，故云『各自獨居』。」但集註不然此說。集註：「初出之水，質清而氣純，故稱之爲上善，亦可名爲道樞，實則先天真一之炁耳。夫道無形象，何從窺其真一？曰：水中之金，外無形象而內有氣機。道德經曰：『杳杳冥冥，其中有精，其精甚真，其中有信。』苟能至誠以待之，專密以伺之，自可採應星、應潮之初候，而採白虎首經之至寶矣。」

類如雞子，黑白相扶。縱廣一寸，以爲始初。四肢五藏，筋骨乃俱。彌歷十月，脫出其胞。骨弱可卷，肉滑若飴。

其和合爲一也，則類如雞子，黑白相扶，縱廣不過一寸，以爲始初之象。及其繼也，則四肢而五藏筋骨亦完俱。

彌者，滿也；歷者，至也。滿至十月，乃脫出其胞，肉滑若飴飴，飴糖也，形容其綿軟也，胎仙已成矣。

或云：凡胎爲肉體，仙胎爲炁體，凡夫有形，仙軀無質，今何以亦有四肢、五藏、筋骨等類乎？曰：不過異於凡夫耳，並非沒有筋骨藏府也。故仙家只言脫胎換骨。脫者，脫凡胎結聖胎；換者，換俗骨爲仙骨。翠虛篇云：「透體金光骨髓香，金筋玉骨盡純陽。」雖然順則成人，逆則成仙，其分別不過在清濁之間，若其形象，則初無二致也。故本文所言聖胎，若與凡胎相似。

二氣感化章第三十一

陽燧以取火，非日不生光。方諸非星月，安能得水漿？二氣至懸遠，感化尚相通。何況近存身，切在於心胸。陰陽配日月，水火爲效徵。

陽燧銅做之鏡，只能照一面，因其不是透明體，今則用火鏡代之矣取火，非當日而照，不能生光；方諸前人說是陰燧，但唐時試用不靈，故今說是大蛤若無星月，安能得有水泉？夫陽燧與日、方諸與月，兩種氣可謂玄遠矣，然而感化尚能相通，何況近存於身指坎，切在於心指離胸乎？故以離中之陰配日、坎中之陽配月，日月顛倒，即水在上，火在下，水火既濟，則可以推度效符徵矣。**頂批** 或云：「水火爲效徵者，是以水火既濟爲證據也。」亦通。

關鍵三寶章第三十二

耳目口三寶，閉一作「固」**塞勿發通。真人潛深淵，浮游守規中。旋曲以視聽，開闔皆合同。爲己之樞轄，動靜不竭窮。**

耳目口爲外三寶，精神氣爲內三寶，外三寶能閉塞勿發通，則內三寶自固濟不滲漏。於是真人潛乎深淵真人，元神正念也；深淵，即氣穴，又謂元海，然無論是陰陽、清淨，均是指坎宮而言，浮游即優游之意，謂自然也守其規中。按：「規中」二字，或謂坎宮，或謂離宮，或謂中丹田，或謂下丹田。其實所謂「規中」，乃規圓之中道，即玄關也。玄關宜活用，則規中亦宜活用，不當指定一處。總之，規中、玄關，皆是隨至妙之處，而不能執著死守，故曰「浮游守規中」。**頂批** 三丰真人云：「黃庭一路皆玄關。」

旋曲者，盤旋屈曲，象真人在內，似游龍也；以視聽者，收視返聽，即用元神正念迴光默照也。

開闔皆合同者，仇云「呼吸緜緜，其一開一闔，嘗與真人合同而居也」，蓋即謂神氣相戀之狀也。

爲己即修丹之人也之樞轄樞爲樞紐，轄爲管轄，總而言之，爲能管束之物者，謂坎中之氣，能管束離己之汞也。

動靜不竭窮者,謂一動一靜,坎中之氣,緜緜密密,無有枯竭窮盡之時也。此即是指做得好時,則先天一炁由虛無中來。虛中之先天炁,則取之無盡,用之不竭,任君要取多少,只要取得其法耳。

離炁納營衛,坎乃不用聰。兑合不以談,希言順鴻濛。三者既關鍵,緩體處空房。委志歸虛無,無念以爲常。

離炁納營衛者,知幾子云:「離主目光言按:離炁,即目光,即經言『内照形軀』。營衛者,周身之血氣,醫書謂『營主血,衛主氣』,又云『營行脈中,衛行脈外』。」坎者,耳也。不用聰者,即不用聰於外,而返聽於内也。

兑者,口也與前文「閉塞其兑」稍異。前文之「兑」,乃廣義的口;此處之「兑」,乃狹義的口;合不以談者,即閉口不談也,故又云「希言順鴻濛」順鴻濛者,順元氣自然之升降也。目也,耳也,口也,三者既已皆用關鍵閉住,則使和緩之體,處於空房之中,而委其志以歸於虛無之境,絕無一毫念慮,以此爲恒常之功作。

此節爲得藥後之事,即太上所謂「長生久視」之功,道書所謂抱元守一、三年九載面壁之功夫也。

證驗自推移，心專不縱橫。寢寐神相抱，覺寤候存亡。顏色浸以潤，骨節益堅强。排却眾陰邪，然後立正陽。

從此之後，則證驗自步步推移，心專志一，不得有縱橫雜亂之念。頂批 陸註：「不縱橫，心無出入馳騖也。」寢寐則神氣相抱，覺寤則候其存亡。頂批 寤寐神相抱，即行時、臥時神氣皆要合一也。常常如此，自然顏色浸以潤澤，骨節日益堅强，排却眾陰之邪頂批 眾陰邪，即身中一切病痛等，乃立正陽之體。

修之不輟休，庶氣雲雨行。淫淫若春澤，液液象解冰。從頭流達足，究竟復上升。往來洞無極，拂拂一作「沸」，一作「彿」**被容**一作「谷」**中。**

陸註：「此證驗之見於內者。蓋得藥之後，丹降中宮，於時眾氣即庶氣也，蓋庶即眾也，如眾庶、庶民之類自歸，河車自轉。蒸蒸然，如山雲之騰於太空；霏霏然，如春雨之遍於原野；淫淫然，如春水之滿四澤；液液然，如河冰之將欲解。往來上下，洞達無窮，百脈冲融，和氣充足，滿懷都是春，而狀如微醉也。此非親造實詣，難以語此。」

李註：「陰邪排盡，周身脈絡無一不通，五藏六府之氣盡化爲金液，前降後升，一身流轉，再無窮極。神光瑞氣，鬱鬱濃濃，披於空谷而不散。」蓋「容」作「谷」也，谷中爲谷神之所，亦通。

反者道之驗，弱者德之柄。芸鋤宿污穢，細微得調暢。濁者清之路，昏久則昭明。

集註謂：「道德經云『反者道之動』，謂一陽來復，乃道之動機；又云『弱者道之用』，謂濡弱不爭，乃道之妙用。此以反爲道之驗者，真氣返還，自有效驗也；以弱爲德之柄者，弱入强出，操柄在我也。反乃得藥之功，弱乃臨爐之法。老聖又言『專氣致柔』『知雄守雌』，此皆所謂『弱』也。芸鋤宿穢，言排陰之功；細微調暢，言陽立之效。」

陸云：「至此則真氣充裕，百脈歸源，如所謂『氣索命將絕，體死亡魄魂』者。故昏昏默默，莫知其然，久之則神氣自清明，無更慮其昏濁矣。經又云『孰能濁以靜之徐清，衆人昭昭，我獨若昏』，意亦若此。」陸又云：「『道德』二字，要有分別。無爲者曰『道』，有爲者曰『德』；自然者曰『道』，反還者曰『德』。」

陶註：「如醉如癡，有似乎昏濁者。然濁而徐清，昏而復明，如大死方活也。」

旁門無功章第三十三

世人好小術，不審道淺深。棄正從邪徑，欲速闕不通。猶盲不任杖，聾者聽宮商。沒水捕雞兔，登山索魚龍。植麥欲獲黍，運規以求方。竭力勞精神，終年不見功。欲知服食法，事約而不繁。

此章無甚深旨。

珠華倡和章第三十四

太陽流珠，常欲去人。卒得金華，轉而相因。化爲白液，凝而至堅。

太陽爲離，流珠爲離宮真汞因其流轉不定，如珠之走盤，故名「流珠」，其性好動，常欲離人而去，卒**頂批** 卒者，忽然也得金華之氣即坎宮之真鉛。陸潛虛曰：「金華者，金之精華，水中之金，號曰『真鉛』。」，轉而與真汞相因**頂批** 「因」，作「依」解相結真鉛一合真汞，即有恍惚杳冥、混混沌沌、如癡如醉之象。四百字云「真鉛制真汞」，即指此也，遂化而爲潔白之液陸謂：「白液象金，得金華相因而化，故爲白液。」，凝而爲至堅之丹。至堅者，謂堅而韌也，非堅而剛也。堅而韌，則能小大變化，忽有忽無，忽液忽凝。若堅而剛，則如石矣，頑而不能化，豈神仙之道哉？又「液」與「凝」，即前文「先液後凝」意。

金華先倡，有頃之間。解化爲水，馬齒闌干。陽乃往和，情性自然。

然當鉛汞相因之際，則須待金華先倡於爻動之頃，陽即往和，以迎其真一之炁。斯時渡於鵲橋，轉於崑山，解化爲水，乃有甘露之名； 下於重樓，降於黃宮，結而成丹，則有馬齒闌干之象。**頂批** 承志錄云：「靈鉛凝併簇金華，乾脆敲來似馬牙。」

陸又曰：「古歌云：『好丹砂，白馬牙。』故色如馬齒，狀若闌干闌干，美珠名，即琅玕。蓋借外丹法象而言，非真有是物也。然而金華倡矣，陽乃和之。何謂之陽？乾也，男也。陽不主倡，而乃往和者，『饒他爲主我爲賓』也。一倡一和，則木性愛金，金情戀木，歡欣交通，自然感應，而丹道成矣。」

迫促時陰，拘畜禁門。慈母育養，孝子報恩。遂相啣嚥，咀嚼相吞。嚴父施令，教敕子孫。

陸註：「時陰，陰極之時。陰極則陽將復生，故當此之時，迫**頂批** 迫，逼迫之促**頂批** 促，催促之**頂批** 迫促靜中之生氣也，以感其炁。**頂批** 承「情性自然」句來。陰符經云：「自然之道靜。」靜，即陰也。及夫一陽來復，得藥歸鼎，則又拘之畜之於禁密之門**頂批** 禁門，大抵屬命門地位。拘畜禁門，即吸抵撮閉之意，所謂『環匝關閉，守禦固密』即此意也。」

慈母者，坤母也；育養者，坤母中坎宮之氣，能資生長養也；孝子者，震卦也震爲龍，屬於離方，觀下文「啣嚥相吞」句可見；報恩者，驅龍就虎，運汞迎鉛，慈母在外，孝子迎歸奉養，以報其恩也。

「遂相啣嚥，咀嚼相吞」者，形容子母相戀之情，即臨爐之際，神炁相交，如下文云

「龍呼於虎，虎吸龍精」也。

嚴父者，乾父也；施令者，發號施令也。謂全藉乾父執陽剛中正之道，一而不二，誠而無邪，方得發號施令，教敕龍子龍孫**頂批**以元神運元氣，是嚴父教敕子孫，準時行潛藏飛躍之功也。

五行逆尅章第三十五

五行錯王，相據以生；火性銷金，金伐木榮。三五與一，天地至精；可以口訣，難以書傳。

五行者，水、木、火、土、金也； 錯王者，相錯而旺也，如水旺後則木旺，木旺後則火旺，火旺後則土旺，土旺後則金旺，金旺後則又水旺； 相據（憑藉）以生者，即水生木，木生火，火生土，土生金，此世間順行之常道也。今丹道逆用，則離火生木汞，往銷（銷者，鎔也）其坎中之金，金氣伐木，而不致太過，於是離家之木氣反得欣欣向榮矣。

存存子曰：「五行各旺一方，相對則相尅，南火北水、東木西金是也； 相依則相生，兌金生坎水，坎水生震木，震木生離火，離火生坤土是也。 其在丹道，以火鍊鉛，是火性銷金，不知金中含水，火被水制，反化爲土，而金愈旺，不止不能傷金已也； 以鉛制汞，是金伐木榮，不知木中含火，金受火制，反化爲水，而木愈榮，不但不能尅木已也。」

頂批 此往則火性銷金，彼來則金伐木榮。

三五者，東三南二，一五也； 北一西四，又一五也； 中央戊己，亦自爲一五。三五共合於中央，而歸於一，謂之「三五與一」。此爲天地之至精，只能以口訣之，而不能以書顯然而傳也。

龍虎主客章第三十六

子當右轉，午乃東旋。卯酉界隔，主客二名。龍呼於虎，虎吸龍精。兩相飲食，俱相貪併。

陸註：「子當右轉，金公寄體於西鄰；午乃東旋，離火藏鋒於卯木。契賦云：『青龍處房六兮，春華振東卯；白虎在昴七兮，秋芒兑西酉。』如此龍東虎西，界隔卯木龍酉金虎，分爲主客，則西者爲主，東者爲客。道德經云『吾不敢爲主而爲客』，悟真篇云『饒他爲主我爲賓』，足以相發明矣。」頂批：子轉於西，虎向水生；午旋於東，龍從火出。

仇註：「右轉、東旋，就方位上取義，不在時辰上用功。所云主客，與常道不同。常道以卯爲主，丹道則以酉爲主。乘坎宮爻動，而離方與之交接，全以在彼者爲主也。若非時妄作，則陽驕陰佞而致凶矣。龍呼虎，即火往銷金；虎吸龍，即是金來伐木。」

「兩相飲食，俱相貪併」者，乃金木交合，子母相戀之象也。按：此處似含有人己兩利之意。

熒惑守西，太白經天。殺氣所臨，何有不傾。貍犬守鼠，鳥雀畏鸇。各得真性，何敢有聲。

熒惑，火星；西者，金方。熒惑守西者，即火往銷金也。太白，金星；經天者，白日之中，有星現於天上也。按：白日星不可見，惟金星最明，故有時可見。金星現於天之何處，識天象者即知該處有兵革之事，故云「殺氣所臨，何有不傾」。

陸潛虛註：「金來伐木，則爲太白經天。凡殺氣所臨之處，則戰無不克，故以象之。」蓋謂汞既見鉛，自不敢飛。汞在乾方，故以象天；鉛爲金，在坤方；太白者，即金。故曰：「太白經天。」

貍犬守鼠，陸云「象汞之求鉛」；鳥雀畏鸇，陸云「象鉛之伏汞」。鉛汞皆歸真土，是謂「各得真性」。真性者，靜而不動，相敬如賓，則安得有聲耶？仇註：「何敢有聲，所謂『禽之制在氣』也。」

不得其理章第三十七

不得其理，難以妄言。竭殫家產，妻子饑貧。自古及今，好者億人。訖不諧遇，希能有成。廣求名藥，與道乖殊。如審遭逢，覩其端緒。以類相況，揆物終始。

此章與二十一背道迷真章意同。

父母滋稟章第三十八

五行相尅，更爲父母。母含滋液，父主稟與。凝精流形，金石不朽。審專不泄，得成正道。

五行相生，爲順行世間法，則乾爲父、坤爲母。五行相尅，爲逆用之出世法，則坤爲父、乾爲母矣，故曰「更爲父母」。

夫世間法，則此主稟與，彼含滋液，則凝精流形，而結凡胎；出世法，則反復其道，雄裹懷雌，則金石不朽，而成聖胎。是故能審專不泄，則自得成夫正道。陸云：「審專，即至誠專密之意；不泄，即關鍵三寶之意。」**頂批** 仇云：「審專者，至誠專一，候其藥符也；不洩者，蒂固根深，守其命寶也。」

藥物至靈章第三十九

立竿見影，呼谷傳響。豈不靈哉，天地至象。

夫此道如立竿見影，呼谷傳響，豈不靈且妙哉！ 蓋天地之至象也。

若以野葛一寸，巴豆一兩，入喉輒僵，不得俯仰。當此之時，雖周文揲蓍，孔子占象，扁鵲操鍼，巫咸扣鼓，安能令蘇，復起馳走。

野葛一名「水蔓草」、巴豆，皆毒藥； 周文、孔子，皆聖人； 扁鵲爲名醫，即秦越人，著難經者； 巫咸，神巫也，列子「鄭有神巫，自齊來，曰季咸，知人生死存亡、禍福壽夭」。 **頂批** 神巫索咸。

此節蓋言人服毒藥，則必然致死，雖聖哲無法使之復生。 若服大藥，則必定長生，而造化亦不能使之死亡也。

天元配合章第四十

河上姹女，靈而最神。得火則飛，不見埃塵。鬼隱龍匿，莫知所存。將欲制之，黃芽爲根。

河者，坎象；姹女，爲離中汞。常道交感，離處坎上，故離汞稱爲河上。**頂批** 午分三河，河間、河內、河外。夫此坎上離汞，至靈而又最神，一得慾火之動，則飛而不見埃塵，如鬼之隱，如龍之匿，莫知其所存。若欲制之伏之，必用戊己真土黃芽以爲其根。真土黃芽，即真意。蓋即緜緜密密，混混沌沌，不以心感，而以氣感也。陸潛虛云：「黃者，中黃之氣；芽者，爻動之萌。究其實，則真鉛而已。以此爲根，則情來歸性，而丹基於斯立矣。」

物無陰陽，違天背元。牝雞自卵，其雛不全。夫何故乎，配合未連。三五不交，剛柔離分。

故若物無陰陽，則違造化之天道，而背生物之元始，此牝雞自卵之所以其雛不全也。夫何以故乎？蓋因配合未連，水、火、木、金、土，三五不相交，陽剛陰柔，彼此相離分故也。

施化之道，天地自然。猶火動炎上，水流潤下。非有師導，使其然也。資始統正，不可復改。

觀夫雄雌，交媾之時，剛柔相結，而不可解。得其節符，非有工巧以制御之。若男生而伏，女偃其軀，禀乎胞胎，受炁元初。非徒生時，著而見之；及其死也，亦復效之。此非父母，教令其然，本在交媾，定制始先。

是以施化之道，乃天地之自然，猶火動而炎上，水流而潤下，並非有老師指導使其如此，蓋其本性然也。故乾元則資始，坤陰則統正，不可復爲改變。頂批　統，有統制的公式。

請觀雌雄交媾之時，剛柔相結而不可解，則自會得其節符，並非有良工巧象以制御之。是故男生而伏，女偃仰也其軀，乃禀乎胞胎之中，受元初之炁使然。且非徒生時著而見其如此，即其溺水而亡也，男浮必伏，女浮必仰，亦復效初生之時。此非父母教令其如此，其本在伏仰交媾受初時元炁之際，即定位置於始先矣。人道如此，丹道亦如此，不過一順一反耳，故後文云「自然之所爲兮，非有邪僞道」。

日月含吐章第四十一

坎男爲月，離女爲日。日以施德，月以舒光。月受日化，體不虧傷。陽失其契，陰侵其明。晦朔薄蝕，掩冒相傾。陽消其形，陰凌災生。

坎男爲月者，陰中有陽精也；離女爲日者，陽中有陰精也。夫月，外陰而內陽，其體黑；日，外陽而內陰，其體紅。日以施外象之陽德於月，月遂得以舒其光明而變其黑體。月受日德之化，而其體乃不虧傷，而有十五日之金精壯盛，光明圓滿。迷失日之外陽與月之內陽，失其契照，則金逢望後，陰侵其明。由下弦而至晦朔薄蝕頂

批 日蝕常在朔，月蝕常在望，則月爲日掩，日爲月冒，相傾相軋，月體之陽先盡消其形，陰氣凌而災害生矣。

按：此章完全借日月交光以喻丹道也。蓋丹道，則坎上離下，月受日化，體不虧傷，而爲望；常道，則離上坎下，陽失其契，掩冒相傾，而爲晦。又離德施於坎體，當其金精壯盛，蟾照西川，月受日化，體不虧傷之時，正宜進火採藥。若陽失其契，金逢望遠，藥度後天，渣質相乘，則不可復嘗矣。當此之時，屈折下降，陰符自然繼統

矣。此又一解也。

男女相須，含吐以滋。雄雌錯雜，以類相求。金化爲水，水性周章。火化爲土，水不得行。男動外施，女靜内藏。溢度過節，爲女所拘。魄以鈐魂，不得淫奢。不寒不暑，進退合時。各得其和，俱吐證符。

男女相須即互相爲用之意，則含吐以滋矣； 雄雌錯雜，則以類相求謂在同類中相求異性也矣。此皆陰陽兩性之交感也。不論丹道、世道，人類、物類，均如此。若講丹道，則火往銷金，金爲火鎔而化爲水。陸註：「金化爲水者，爻動之時，金初生水也。」但水性則周流楚詞：「聊遨遊以周章。」註云：「周章，猶周流也。」泛濫，橫溢無極，故必火化爲土即以離家之真意攝之，使水不濫行，此爲己土，即「真土擒真鉛」也。又知幾子云：「真土擒真鉛者，採藥之時，離能取坎。而尚有真鉛制真汞者，則得藥之後，坎能填離也。」，使水不得行，而自爲我制。若男動而施精於外，女靜而藏氣於内，則每致溢度過節，而爲女所拘，戕其命寶，受害不淺矣。苟能用坎魄以鈐離魂，使金情來歸木性，不許邪淫驕奢，自然不寒不暑，進退合時，各得其和，而俱吐證符矣。陸云：「藥生曰符，藥成曰證，皆自和氣中來。」上陽註：「周章溢度，淫奢過節，則陰凌而災生。修丹者，必使一寒一暑，得進退之宜，則和合有時，火不熱而符不冷矣。」

四象歸土章第四十二

丹砂木精，得金乃併。金水合處，木火爲侶。四者混沌，列爲龍虎。龍陽數奇，虎陰數偶。

丹砂爲赤色，赤色屬火，木能生火，故爲木精。木與火，性皆屬陽而好動，惟得金之制，乃能相併。金水二者，皆合處於坎；木火爲侶，皆發生於離。金、水、木、火，四者混沌，而列爲龍虎。龍在五行爲木，木之生數三，故龍陽數奇；虎在五行爲金，金之生數四，故虎陰數偶。仇註：「『四者混沌』，契文兩見。前指乾坤坎離，取先天卦位之四正；此指金水木火，取後天卦位之四正。其實一也。蓋以乾坤爲鼎器，則烏兔乃藥材；以水火爲男女，則龍虎乃弦氣。讀者當善參會耳。」

肝青爲父，肺白爲母，腎黑爲子，心赤爲女，脾黃爲祖，子五行始。三物一家，都歸戊己。

肝屬木，象青龍，青龍屬乾，爲陽爲父；肺屬金，象白虎，白虎屬坤，爲陰爲母；肝木能生心火，心色赤，象朱雀，屬離，離爲中女；肺金能生腎水，腎色黑，象玄武，屬坎，坎爲中男，男即子也。肝肺心腎，皆歸於中央脾土，故脾黃爲祖黃者，中央脾土之色，載於醫書。然以先天五行論之，則天一生水，而子又爲五行之始矣。**頂批**「四象五行全藉土，三元八卦豈離壬。」

三物者，即「木火」「金水」「戊己」也；一家者，即都歸於戊己一家也。好古註：「木生火女，陽中之陰，是曰己土；金生水子，陰中之陽，是曰戊土。金木二者，俱從土生，故土又爲水火之祖。此後天五行之相生者。」

陰陽反覆章第四十三

剛柔迭興，更歷分部一作「布」**。龍西虎東，建緯卯酉。刑德並會，相見歡喜。**

剛柔者，乾剛坤柔也；迭興者，陽往陰來、小往大來也。更歷分部者，即龍西虎東也。蓋龍本在東，今往西而建緯於酉；虎本在西，今來東而建緯於卯。卯酉者，二八之門也。若行世法，則似德而實刑；若用丹法，則似刑而實德。按：德與刑，當作生死解。行世法，則似生實死；用丹法，則似死實生。刑中有德，德中有刑，刑德並會，性情相見，剛柔和合，如夫妻相得而歡喜矣。悟元子曰：「龍性屬木爲德，居東卯陽位，建緯於西，是以性求情也；虎情屬金爲刑，居西酉陰位，建緯於卯者，是以情歸性也。」**頂批** 緯，織橫絲也。凡橫線皆謂之緯。

刑主殺伏，德主生起。二月榆落一作「死」**，魁臨於卯。八月麥生，天罡據酉。**

刑本主伏與殺伏、殺，皆靜而不動之象，德本主生與起生與起，則動而非靜也。二月爲卯月，生之月也。而榆莢反落者，蓋河魁之凶星臨於卯位，搧動木氣太旺，龍性難馴，遂致爲金所剋、爲虎所傷也。悟元子曰：「二月萬物生，榆莢反落。魁星辰時指卯，罡星辰時指酉，此生中有殺也。」

八月爲酉月，殺之月也。而薺麥反生者，蓋天罡之吉星據於酉位，當俟金氣先動，虎情來歸，自得木氣向榮，龍德正中矣。

上陽註：「世人但聞沐浴爲卯酉，豈能明刑德之故？德與生，即半時得藥之比；刑與殺，即頃刻喪失之喻。德中防刑，害生於恩也；刑中有德，害裏藏恩也。」仇註：「卯酉沐浴，丹家皆云『卯酉兩月，停火不用』。據參同『刑德並會，相見歡喜』，此悟真篇『刑德臨門』所自來也。夫春和秋爽，正當溫養之際，豈可云停爐息火乎？上陽子以半時得藥爲德生，頃刻喪失爲刑殺，其於卯酉沐浴之法，洞然明白，兼可知沐浴在時不在月也。」

子南午北，互爲綱紀。一九之數，終而復始。含元虛危，播精於子。

子，爲水，爲精，爲坎，爲鉛，本在於北；午，爲火，爲神，爲離，爲汞，本在於南。今則子南午北者，水火既濟，精神混一，坎離顛倒，鉛汞相投也。

互爲綱紀者，陸云「常道以陽爲綱，陰爲紀，今皆反之，故曰『互爲綱紀』」。又曰：「一九之數，水中金是也。水之生數爲一，金之成數爲九，惟此金水，互相含蓄，遍歷諸辰，循環卦節，莫非真炁之妙用。故一九之數，終而復始。其交會之際，則含元於虛危虛危，二宿名，在北方，在人身則陰極爲虛危穴，而播精於子矣。子者，亥子之間，貞元之會，時至機動，正在於此。」陶註：「虛危二宿，當子位之中。子時，一陽初動處也；含元，屬先天寂然不動、杳杳冥冥、太極未判之時，『日月合璧虛危度』是也；播精，屬後天感而遂通、恍恍惚惚、太極已判之時，『雪山一味好醍醐』是也。先天惟有一炁，後天始化爲真精，而雄陽播施，乃在於子。」

牝牡相須章第四十四

關關雎鳩，在河之洲。窈窕淑女，君子好逑。雄不獨處，雌不孤居。玄武龜蛇，蟠虬相扶。以明牝牡，意當相須。假使二女共室，顏色甚殊，蘇秦通言，張儀合媒，發辯利舌，奮舒美辭，推心調諧，合爲夫妻，弊髮腐齒，終不相知。若藥物非種，名類不同，分劑參差，失其綱紀。雖黄帝臨爐，太乙執火，八公擣鍊，淮南調合，立宇崇壇，玉爲階陛，麟脯鳳腊，把籍長跪，禱祝神祇，請哀諸鬼，沐浴齋戒，妄有所冀。亦猶如膠補釜，以硇塗瘡，去冷加冰，除熱用湯，飛龜舞蛇，愈見乖張。

此章無甚深旨，不過明修道之必須藉同類陰陽耳。

繼往開來章四十五

惟昔聖賢，懷玄抱真。伏鍊九鼎，化跡隱淪。含精養神，通德三元。精溢腠理，筋骨緻堅。眾邪辟除，正氣長存。累積長久，變形而仙。憂憫後生，好道之倫。隨傍風采，指畫古文。著爲圖籍，開示後昆。露見枝條，隱藏本根。託號諸名，覆冒眾文。學者得之，韞櫝終身。子繼父業，孫踵祖先。傳世迷惑，竟無見聞。遂使宦者不仕，農夫失耘，商人棄貨，志士家貧。吾甚傷之，定錄此文。字約易思，事省不煩。披列其條，核實可觀。分兩有數，因而相循。故爲亂辭，孔竅其門。智者審思，以意參焉。

此章亦無甚深旨，不必細究。

丹法全旨章第四十六

法象莫大乎天地兮，玄溝數萬里。河鼓臨星紀兮，人民俱驚駭。晷影妄前却兮，九年被凶咎。皇上覽視之兮，王者退自後「後」宜作「改」。關鍵有低昂兮，害炁一作「周天」遂奔走。江河無枯竭兮，水流注於海。天地之雌雄兮，徘徊子與午。寅申陰陽祖兮，出入終復始。循斗而招搖兮，執衡定元紀。升熬於甑山兮，炎火張於下。白虎唱導前兮，蒼龍和於後。朱雀翱翔戲兮，飛揚色五彩。遭遇羅網施兮，壓止不得舉。嗷嗷聲甚悲兮，嬰兒之慕母。顛倒就湯鑊兮，摧折傷毛羽。刻漏未過半兮，龍鱗甲鬣狎獵起。五色象炫耀兮，變化無常主。譎譎鼎沸馳兮，暴湧不休止。接連重疊累兮，犬牙相錯拒。形如仲冬冰兮，闌干吐鍾乳。崔巍以雜廁兮，交積相支拄。陰陽得其配兮，淡泊自相守。青龍處房六兮，春華振東卯。白虎在昴七兮，秋芒兑西酉。朱雀在張二兮，正陽離南午。三者俱來朝兮，家屬爲親侶。本之但二物兮，末乃爲三五。三五並危一兮，都集歸一所。治之如上科兮，日數亦取甫取甫，資始也。先白而後黃兮，赤色通表裏。名曰第一鼎兮，食如大黍米。自然之所爲兮，非有邪僞道。若山澤氣蒸兮，興雲而爲雨。泥竭遂成塵兮，火滅化爲土。若蘗染爲黃兮，

似藍成綠組。皮革煮爲膠兮，麴蘗化爲酒。同類易施功兮，非種難爲巧。惟斯之妙術兮，審諦不誑語。傳於億世後兮，昭然而可考。煥若星經漢兮，昺如水宗海。思之務令熟兮，反復視上下。千周燦彬彬兮，萬遍將可覩。神明或告人兮，心靈忽自悟。探端索其緒兮，必得其門户。天道無適莫兮，常傳與賢者。

法象即許多代名辭之至大者，莫如天地天地即是乾坤，乾坤即是男女。玄溝，天河也，指坎方易經說卦傳云：「坎爲水，爲溝瀆。」玄武爲北方水神，坎卦位在北方，又爲水。水之色黑。玄，即黑色。故以玄溝比喻坎卦。又，「玄」字含有「幽深」之意，「溝」字則形容其流通之狀， 數萬里，形容其長也，指彼此往來之道路也。

河鼓爾雅云：「河鼓，謂牽牛。」古樂府云：「黄姑織女時相見。」蓋「黄姑」與「河鼓」音韻相同，遂混用之耳。天文志云：「河鼓三星在牽牛北。」據此，河鼓與牽牛原非一物，但此處宜從爾雅爲是，謂牛郎也，象乾卦。臨星紀按：「星紀」在各家註解，都說是天盤丑位，蓋即天盤十二個星次之一。爾雅云：「星紀斗牽牛也。」言其部位在斗宿與牽牛星之間。仇氏集註云：「『星紀』在王氏本作『天紀』。」天文志云：「織女三星在天紀東端。」歲時紀云：「天河之東有織女，天帝憐其獨處，許嫁河西牽牛郎，嫁後遂廢織紝。天帝怒，責令歸河東，使其一年一度相會。」據此，則天紀即是天河者，星紀謂天河。河鼓臨星紀者，謂牛郎與織女駕鵲橋而相會於天河也。**頂批** 按：世俗七月七日，牛女鵲橋相會。蓋七月七者，暗寫「二七」之意。人民俱驚駭者，身爲國家，心爲君主，精氣爲人民。陰陽交感，則其中精氣不免激動，而現非常之狀態。俱者，指坎離兩方而言。

晷影者，即日影，指離卦而言。前却者，前爲進，却爲退；妄前却者，妄有所動作而進退，而進退不以矩、不合度也。離卦既妄有所動作，進退不肯以矩，則不免有洪水泛濫之災即木液飛揚，金精湮滅也，象堯之九年，被其凶咎蓋謂咎由自取。

當此之時，必用元神正念觀察覺照，以象皇上之覽視書云：「惟皇上帝，降衷於下民。」蓋皇上者，指道心也；妄動之人心，則當退後而改悔其以前之錯誤，以象王者之退自後王者，象人心也；「後」字，上陽本、闡幽本、集註本皆作「改」字，潛虛本、脈望本、發揮本、抱一本皆作「後」字。師云：「按文義，似用『改』字較優。」**蒲團子按**：「師云」及引語，當係汪伯英抄按。「師」即指陳攖寧，引語爲陳攖寧語。

關鍵既正其低昂兮關者，要路口之門也；鍵者，關牡也，又名門牡，用直木爲之。雙關宜低而卑，鍵宜昂，前云「丑之大吕，結正低昂」，亦是此意。按：此處之「低昂」可作「俯仰」講，則一身之周天按：「周天」，又作「害炁」，又作「周炁」。俞琰參同契釋疑云：「『害炁』，舊本皆作『周炁』。朱子疑『周炁』二字無義理，遂改爲『害炁』，亦非是。『害』字與『周』字蓋相似，『炁』字與『天』字頗相近也。」今按：俞氏發揮、陶氏脈望、仇氏集註皆作「周天」，上陽本、潛虛本皆作「害炁」，宜從「周天」二字爲是自然循環。

奔走江河即指河車運行之處之所以無枯竭者，因先天之氣水常流注於元海故也。

按：此則「江河」與「海」，皆當指離。又按：「江河無枯竭」之「無」字，上陽本、闡幽本作「之」字，諸本皆作「無」字。釋疑云：「舊本『無』作『之』，非是。」師云：「『之』字理較優，蓋謂江河指坎，而海指離，謂坎宮之所以枯竭者，因坎水流注於離海故也。然坎水流離，倘致枯竭，則非大小無傷矣。」故尚宜斟酌。又仇註：「江河無枯竭，常資神水以灌靈根，上自天漢而來，下從崑崙而入。」**蒲團子按**「師云」及引語，當係汪伯英抄按。「師」即指陳攖寧，引語爲陳攖寧語。

夫天本爲雄，地本爲雌，今天地之雌雄者，是以天爲雌，以地爲雄。反其道而行之，是丹道之逆行造化、顛倒陰陽也。徘徊者，不進不退、亦進亦退之象。子者，陰極一陽生也；午者，陽極一陰生也。**頂批** 是人身上的時刻，不是鐘表上的時刻。

寅申陰陽祖者，子水生於申，午火生於寅，故曰「陰陽祖」；出入終復始者，子進陽火，午退陰符，徘徊出入，退而後進也。師云：「寅時之後四刻至卯時之前四刻，申時之後四刻至酉時之前四刻，方有出入之象。所謂『終復始』者，蓋出爲終而入復爲始也。後來丹經都說卯酉，不講寅申，只有龍眉子金丹印證詩云『兔遇上元時便止，雞逢七月半爲終』，是以寅申爲用。蓋以由子到巳、由午訖亥，上下各六個時辰，當以寅卯申酉之交界時，最爲中心也，故不宜單提卯酉。」**蒲團子按**「師云」及引語，當係汪伯英抄按。「師」即指陳攖寧，引語爲陳攖寧語。

然當此之時，宜循其斗柄，而招搖攝取，尤須執其平衡，以定其元紀。按集註云：「斗爲衆紀，故曰元紀。」又云：「招搖乃斗柄，比採藥之劍，取其能招攝也。斗柄起自衡星，有平衡之象焉，喻劍鋒之橫指也。臨時交接，凡淺深顛倒，前短後長，順去逆來，皆係此一衡，故執衡所以定丹法之綱紀。」又云：「北斗七星，自一樞、二璇，至三機、四權，爲斗魁； 自五衡至六開、七瑤，爲斗杓，杓即招搖星。」又測疏云：「執衡招搖，執其杓而轉之也。」無根樹云：「運轉天罡斡斗杓。」又云：「槎影橫空須斗杓。」麗春院詞云：「半夜開丹灶，三更運斗杓。」金丹詩云：「逆回海水流天谷，側轉風帆運斗杓。」金液還丹破迷歌：「點開透地通天眼，斡轉天關斗逆行。」以上自無根樹下，皆在玄要篇中。

於是升熬熬，爲熬火之樞機，即「白虎爲熬樞」之「熬」於甑山甑山，離峯也之上兮，離家之炎火則張於其下； 候白虎唱導於前兮即「金華先倡」意，蒼龍乃和之於後即「陽乃往和」之意；朱雀爲姹女，即汞火也則翱翔謂能飛也以戲兮，其飛揚之色具五彩。 遭遇先天一炁之網羅來施功兮，遂壓汞性之飛陽，使不得伸舉； 嗷嗷之聲似甚悲哀兮，好像嬰兒之慕母。蓋謂神氣相合，鉛汞相投，如子母相戀之狀。 嗷嗷甚悲，乃形容其戀慕之情，非真有什麼聲音也。

顛倒以就離家之湯鑊兮，遂摧折以傷其毛羽。 蓋汞爲鉛伏，不得復飛揚也。 按：此以外丹喻人元也，即硃砂入鉛之時也。 外丹書中有句云「朱雀炎空飛下來，摧折羽毛頭與脚，水銀從此不能飛」，即「摧折傷羽毛」之說也。

「刻漏未過半，龍鱗狎獵起」者，謂不到半個時辰也玄要篇大道歌云：「一個時辰分六候，只於二候金丹就。」呂祖敲爻歌云：「一時辰內金丹就，上朝金闕紫雲生。」，即如龍鱗之狎獵狎獵，重疊相接貌，紛紛而起。

於時有五色之象，炫耀奪目，變化之狀，神妙無常。 敲爻歌云：「一派紅光列太清，鉛池迸出金光現。」道情歌云：「霞光萬道籠金鼎。」又云：「一顆紅光是至真。」又云：「遠似葡萄近似金。」打坐歌云：「神光照耀遍三千。」又云：「半夜三更現紅蓮。」金丹歌：「一顆紅光似月明。」固漏歌云：「渾身一片霞光照。」又云：「紫氣紅光常晃耀。」此皆五色炫耀、變化無常之象。

譎譎然在乾鼎中沸馳，暴湧而不休止。於是逆行而上，火逼金行，接連重疊，由河車夾脊而至泥丸，再累累然下降絳宮、黃庭而入丹田。其時內視所覺之形象，既似犬牙之互相錯距錯距，則一升一降，若有所磨擦也，又如仲冬之寒冰片片色白而有光也。而「瓓玕周氏云「當作『琅玕』」吐鍾乳中空而透明之石」「崔嵬崔嵬，土山之戴石者，測疏又作「崔，巍巍高峻貌」。總之，形容其各種景象之不同也而雜廁」「交積即漸凝漸種也相支拄」等說，皆形容其身中奇異之景象也測疏謂「是乃大藥還丹之驗」。

但所以能如此者，蓋由陰陽得配。然雖有種種景象，而不可着相生心。若一着相，便落在後天。故只能淡泊相守，則自有神妙不可測之變化。

所謂「青龍處房六」者，青龍與房宿，皆位於東也然河圖之數，東方乃三與八，不是六。此云「六」者，因爲水之成數，木生於亥故耳，故云「春華一作「花」震東卯」春、震、卯皆屬木，在東方。

白虎在昴七者，白虎與昴宿，皆位於西也然河圖之數，西方乃四與九，不是七。此云「七」者，因七乃火之成數，金生於巳故耳，故云「秋芒秋穀垂芒也兑西酉」秋、兑、酉皆屬金，爲西方。

朱雀在張二者，朱雀與張宿，皆位於南也二則爲火之生數，故云「正陽夏令離南午」夏、離、午皆屬火，爲南方。

金、木與火三者，俱來朝宗，如家屬之爲親侶。本來只水火之二物，其結果乃成爲三五。按：　三五有三說。（一）三五即十五，房六、昴七、張二，共爲十五數；　（二）「子午數合三，戊己號稱五，三五既和諧，八石正綱紀」，乃水一火二，連土五在內，合稱「三五」；　（三）東三南二一個五，北一西四一個五，戊己中央一個五，也是「三五」。

三五並作「併」解於危宿水一之處蓋即北方虛危穴，爲先天一炁發生之所，故云「都集歸一所」。此即混爲一也。但集註謂「危一，指真一之炁；　一所，指黃庭神室」，又是一說。　**頂批**　按：　從集註似文義較順，蓋謂金、木、火三五並危宿水一，都集歸於黃庭中央之土爲一所也，則「並」字不必作「併」字解矣。

所謂「治之如上科」者，謂大藥已得之後，當從事温養工夫，亦如前築基固命之法。惟日數則當從此處起頭，故云「日數亦取甫」。師云：　「取者，資也；　甫者，始也；　取甫，猶言資始。」　**蒲團子按**　「師云」及引語，當係汪伯英抄按。「師」即指陳攖寧，引語爲陳攖寧語。

陶註云：　「先白者，『採之類白』，金液之色；　後黃者，『凝而至堅』『號曰黃轝』；　赤色達表裏者，『造之則朱』，火包內外也。」

所謂「第一鼎」者，陸云「先天之藥」；　「食黍米」者，陸云「初得之丹」，經云「元始有一寶珠，懸於虛空者」，蓋是物也。

此皆是自然之所爲，並非有邪僞之道。故若山澤之氣自然相通，興雲自然爲雨；泥竭自然成塵，火滅自然化土；蘗音「柏」，黃水染自然爲黃，藍即今靛青染自成綠組即綠絲繩也；皮革久煮，自能成膠；麴蘗作酵，自釀成酒。此皆因同類之易於施功，非種則難以爲巧也。又測疏云：「炎火下張，升熬甑山，即山澤之蒸氣也，化爲玉漿，降下重樓，滋液潤澤，和通表裏，即興雲爲雨，洗濯乾坤，皆成明潤也。故蒸氣，則白雲朝於頂上；化雨，則甘露洒於須彌。及乎鉛爲火煅，則日以漸抽，化爲窗塵，片片飛浮而去，是泥竭而成塵；汞爲鉛擒，死歸厚土，煙消燼滅，冷於寒灰，是火滅化爲土也。」又集註引：「或云『染黃成綠，於色相中求藥也；皮革煮膠，火候欲其完足也；麴化爲酒，得氣者常似醉也』。」此說亦牽强支離，不合本意。

惟如斯之妙術，審諦細考根蒂也不稍妄語，傳於億萬世後，昭然自可考據。煥然若星之經漢漢，天河也，衆目共覩；昺然如水之宗海，萬古不移。只要思之務令詳熟，反覆環視上下，千周萬遍，彬彬可覩，精誠感通，神明告人，心靈自悟。

探以手摸物也端頭也索緒緒，絲端也。端、緒，皆言綱領，必能得其門户也門户，即坎離。蓋天道並無適音「的」莫適莫，謂「一定」也。論語云：「無適也，無莫也，惟義之比。」，常傳與有賢德之人。

又集註謂：「此章舉參同契而約言之。法象天地，是『剛柔配合』，乾坤爲鼎器也。河鼓臨紀，是『男女相須』，坎離爲藥物也。玄溝取象於坎門，關鍵取象於離户；晷影則離之神火，江河則坎之神水。王者退改，以中心爲主宰也。雌雄者，人身之天地。低昂者，顛倒之陰陽。子午寅申，指火符之進退。循斗執衡，以魁柄爲綱紐。

出入終始，築基而温養，首尾運火之功也。白虎唱而蒼龍和者，原『金華唱』而『陽往和』乎；朱雀翔而五彩飛，其『河上姹女，得火則飛』乎；網羅施而不得舉者，其『魄以鈐魂，不得淫奢』乎；刻漏未半而龍鱗狎獵，是蓋簇年月於一時，簇時刻於一符，『凝精流形』其在斯乎。此條皆借外丹景象以形容内丹之神妙，即所謂『滋液潤澤，施化流通，各得其和，吐證符邪』。震東兑西，乃龍呼而虎吸；正陽離南，殆守西之熒惑邪。分之爲三五，合之皆歸一，斯即『三五與一，天地至精』『九還七返，八歸六居』耶。白黄與赤，蓋『採之類白，造之則朱』，得黄轝而成丹矣。象且白赤，爲金火之色。金火相交，不離戊己者，『玄牝之門，天地之根』，真鉛真汞於此而生，成人成聖由此而出。經云『孔竅其門』，此云『得其門户』，皆此物也。天地之法象雌雄，篇中頻露意矣。而又云『山澤通氣』，何也？山澤之咸，兑艮合體。易曰：『柔上而剛下。止而悦，男下女，二氣感應以相與。』其於丹法，尤爲顯著。柔上剛下，象其顛倒低昂也；止而悦者，艮性欲其專一，兑情欲其和諧，以此男求於女，則有感而必應矣。」下略。

辭解

法象　易繫辭上傳第十一章：「法象莫大乎天地，變通莫大乎四時，懸象著明莫大乎日月。」

玄溝　易經說卦傳云：「坎爲水，爲溝瀆。」玄武爲北方水神，坎卦位在北方，故謂之「玄溝」。又玄者，幽深之義；溝者，象形也。

河鼓　爾雅云：「河鼓謂之牽牛。」

星紀　各家註解，都言星紀是天盤丑位。爾雅云：「星紀斗牽牛也。」言其部位在斗宿與牽牛星之間。仇氏集註云：「『星紀』，在王氏本作『天紀』。」晉書天文志：「織女三星在天紀東端。」荊楚歲時紀：「天河之東有織女。」據此可知，天紀即是天河，星紀當亦指天河而言。蓋謂牛郎與織女駕鵲橋而相會於天河之處。

人民　身爲國家，心爲君主，精氣爲人民。

驚駭　陰陽交感，則身中精氣，不免受激動而現非常之狀態。

晷影　即日景，又爲測日景以定時刻之器具。器面有針，比喻離卦之作用。

前却　即進退。言妄有所動作，而進退不合法度。

九年　堯有九年之水災。

皇上、王者　即道心、人心之喻。

關鍵　門上之木，橫者曰關，直者曰鍵。按：鍵，又名門牡；關，即門也。門宜俯，而鍵宜仰，故曰「關鍵有低昂」。

害炁　俞氏發揮、陶氏脈望、仇氏集註皆作「周天遂奔走」，朱子考異作「害炁」，他本又作「周炁」。今按：宜從「周天」二字爲是。

徘徊　不進不退，流連往復。

子與午　此言坎離兩方，不是說時辰。縱謂時辰，亦是活子時、活午時，而非每日晝夜之時辰。

寅申陰陽祖　術數家有「男命行年起丙寅，順數；　女命行年起壬申，逆數」。又五行長生，水長生於申，火長生於寅。夏至，日出寅正二刻，日入戌初一刻；　冬至，日出辰初一刻，日入申正二刻。

出入終復始　出者爲終，終即止火；　入者爲始，始即起火。

斗、衡、招搖　北斗七星，一樞、二璇、三璣、四權、五衡、六開陽、七瑤光。瑤光即斗杓，又名「招搖」。

元紀　移節度，定諸紀，皆繫於斗，斗爲眾星之綱紀。

熬　第十六章「白虎爲熬樞」。

甲鬣　即「狎獵」，乃重疊相接之義。

五色象炫耀　丹經云：「紫氣紅光當晃耀。」

滃滃　水湧出之狀。

闌干　縱橫之狀。

崔巍　或者「崔嵬」，山高峻貌。

白虎倡導前二句　第三十四章云：「金華先倡，有頃之間。解化爲水，馬齒闌干。陽乃往和，情性自然。」

「朱雀翱翔戲」至**「傷毛羽」**　石函記聖石指玄篇云：「朱雀炎空飛下來，摧折羽毛頭與脚。水銀緣此不能飛，鍊作金丹爲大藥。」

房六、昴七　二十八宿中，房宿在正東，與昴宿正西相對。房六者，謂房宿第六度；昴七者，謂昴宿第七度。

秋芒　秋季穀實上所生之細毛。

張二、危一　二十八宿中，張宿正南，與危宿正北相對。張二者，謂張宿第二度；危一者，謂危宿第一度。

二物　陰陽也。

三五　水一金四，爲一個五；火二木三，爲一個五；中央土，爲一個五。共計爲三個五。第十八章云：「子午數合三，戊己數居五。三五既和諧，八石正綱紀。」第三十五章云：「三五與一，天地至精。」第四十章云：「三五不交，剛柔離分。」

如上科　謂仍如以前之工夫做法。

日數亦取甫　十個月三百日薰蒸温養之工夫，從此而始。取者，資也；甫者，始也。

取甫，意即資始。

先白後黃　即白雪黃芽之意。

第一鼎　即第一轉之意。

大黍米　比喻丹頭初結。

「山澤氣蒸」至**「麯櫱化爲酒」**　此八句大意，皆言自然之結果。若分而言之，則如後釋。

山澤二句　「白雲朝頂上，甘露洒須彌。」呂祖百字碑。

泥竭二句　「形體爲灰土，狀若明窗塵。」第二十三章。「水盛火消滅，俱死歸厚土。」第十八章。

櫱染二句　言漸染漸深，非一朝一夕之功。櫱，音「柏」，俗名「黃柏」，可作黃色染料。

皮革一句　言經火力煎熬，時候長久，方能融化而混合而凝結。

麯櫱一句　言以少化爲多，少量酒母能造多量之酒。

藍　乃草名，其葉名「靛青」。

組　即絲綬。

採端索其緒　等於「採索其端緒」。緒者，絲之頭。端緒，即「頭緒」之意。

無適莫　論語里仁篇：「無適也，無莫也，義之與比。」即無可無不可。

鼎器歌第四十七

圓一作「圍」**三五，徑**一作「寸」**一分。口四八，兩寸脣。長尺二，厚薄勻。腹齊**一云「即『臍』」**三**一作「三齊」，一作「三正」**，坐垂温。陰在上，陽下奔。**

圓爲乾鼎，方爲坤爐。算術上公式，圓形三寸，徑長一寸，圓形三五，徑長一五，故云「圓三五，徑一分」； 方形八寸，則徑長兩寸，而四圍適有四個兩寸，二四得八，故云「口四八，兩寸脣」。又，三、五、一爲奇，故象乾； 二、四、八爲偶，故象坤。

長尺二者，比十二月、十二時、十二律卦氣循環無參差也； 厚薄勻者，即調停火候，配合均勻，念不可起，意不可散，念起則火燥，意散則火寒也。

腹齊三者，外丹鼎爐，腹下三足，人元亦象之也； 坐垂「垂」，作「待」字解温者，坐待其氣之温煖也。

「陰在上，陽下奔」者，坤爐之坎卦在上，而坎中之一陽爻即水中金，望下而奔入離家也。

首尾武，中間文。始七十，終三旬。二百六，善調勻。陰火白，黃芽鉛。兩七聚，輔翼人。

首尾武者，首鍊己、尾溫養皆用武火也； 中間文者，採大藥也。師云：「後天鼎爲武，先天鼎爲文。」又云：「呼吸有數爲武，混混沌沌爲文。」**蒲團子按** 「師云」及引語，當係汪伯英抄按。「師」即指陳攖寧，引語爲陳攖寧語。

「始七十，終三旬，二百六，善調勻」者，姜註：「得藥之後，百日而始凝，又加二百六十日進退火符以合周天之數。陰真人云『十月懷胎分六甲，終歲九轉乃成真』是也。」

陰火者，武火； 白者，白雪，指後天小藥； 黃芽者，文火，即陽火，乃先天大藥之真鉛也。

「兩七聚，輔翼人」者，青龍七宿與白虎七宿，陰陽二火，聚在一處，以輔翼行功之人也。陸註：「鉛汞之氣，同聚中宮，輔翼人身，以成仙體。」集註又云：「兩七者，或云十四以下之鼎器，取其氣旺而藥真。運火須九鼎，故曰『聚』也。」

贍理腦，定升玄。子處中，得安存。來去遊，不出門。漸成大，情性純。却歸一，還本元。善愛敬，如君臣。至一周，甚辛勤。密防護，莫迷昏。途路遠，極幽玄。若達此，

會乾坤。

「瞻理腦，定升玄」者，即目視頂門，瞻顧其腦，久之則自能藥氣升頂。頂者，玄宮也。丹法謂之「移爐換鼎」。

子者，嬰兒也。嬰兒處於玄宮之中，得以安存。「來去遊，不出門」者，只能優游於一身之中，不能出神於玄門之外，蓋嬰兒幼小未成人也。及乎漸凝漸大，情性日純，再退歸元海，還於本原，用抱元守一之功，要善事愛敬，如君臣之間。若是者，至一周年之久，甚爲辛勤，嚴密防護，切莫迷昏。如是之後，方可陽神透頂，來往自如。

途路遠，則放之彌乎六合也；極幽玄，則卷之潛藏深淵也。若能達此，則宇宙在手，萬化生身，會通乾坤之理矣。**頂批** 會通者，即融會貫通也。

刀圭霑，淨魄魂。得長生，居仙村。樂道者，尋其根。審五行，定銖分。諦思之，不須論。深藏守，莫傳文。御白鶴，駕龍麟或作「鱗」。**遊太虛，謁仙君。受圖籙，號真人。**

刀圭上文云：「粉提以一丸，刀圭最爲神。」又云：「刀圭者，二土成真也。」刀者，「丿」爲戊土，「𠃌」爲己土，乃戊己二土，結爲大藥也者，金丹大藥也。既霑霑，當「得」字解刀圭，魄魂自淨**頂批** 按：魄魂淨，即身心大定，煩惱全無，六根清淨，寢無夢、覺無憂也，於是得長生而居仙村。若欲如此，惟樂道者能尋大道之根宗，以先天一炁爲之本，審五行之順逆，使生尅制化得其宜按：即「火往銷金，金伐木榮」之類，定藥物之銖分按：即「二者以爲真，其三遂不入，火二與之俱」之類，使鉛汞抽添合度。此等至理，但可審思密藏，難以口談文述。惟默默行之，三年九載，道成德就，則身外有身，駕鶴參龍而神遊乎寥廓之表，膺籙受圖而天賜以真人之號，是謂聖修之極功、丈夫之能事畢矣。按：此節爲潛虛語，其註解本文已極明顯，不必再註，故錄之。

辭解

圓三五，徑一分　圓形之物，圍三徑一，如圍三是五寸，則徑一即是五寸的三分之一。三、五、一，皆奇數，指乾鼎而言。

口四八，兩寸脣　方形之物，圍四徑一，如圍四是八寸，則徑一即是八寸的四分之一，即兩寸也。四、八、二，皆偶數，指坤爐而言。

長尺二，厚薄勻　尺二者，比喻一年十二月，或一日十二時；厚薄勻者，要火候調和，不寒不燥，陰陽配合，適得其平也。

腹齊三，坐垂温　凡鼎皆是三足，無四足者。鼎之三足，皆安置於鼎腹之下，不長不短，部位齊整，所謂「鼎足三分」，故曰「腹齊三」；坐垂温者，將鼎坐於爐中，以待其温煖。呂祖沁園春詞云：「七返還丹，在人先須鍊己待時。正一陽初動，中宵漏永，温温鉛鼎，光透簾幃。」

陰在上，陽下奔 陰在上者，坤卦在上也；陽下奔者，陰中陽往下奔入於乾家也，即取坎填離、水火既濟之義。究竟乾之與離、坤之與坎是一是二，蓋以鼎器言，則曰乾坤；以藥物言，則曰離坎。離即乾，坎即坤，非離之外別有乾、坎之外別有坤。

首尾武，中間文 此言起手及末後皆用武火，中間則用文火。外丹燒鍊，凡拉動風箱，加足煤炭者，火力甚强者，即算武火；不動風箱，火力平和者，即算文火。内丹文武火如何解釋，則人各一說，漫無定義。或云：「先天丹母爲文火，後天藥符爲武火。」或云：「呼吸有數而緊重爲武，無數而輕微爲文。」或云：「打起精神，驅除雜念，爲武；温温不絕，緜緜若存，爲文。」或云：「文火乃發生之火，求鉛之時用之；武火乃結實之火，結丹之時用之。」或云：「後天鼎中築基與温養之火爲武，先天鼎中大藥還丹之火爲文。」

始七十，終三旬。二百六，善調勻 七十日、三十日、二百六十日，共計三百六十日，即是十二月，即一年一周天。但此亦是比喻。若縮短而言，則一月三十日，共計三百六十時辰，未嘗不可以代替三百六十日。倘再縮短言之，則一日十二時辰，未嘗不可以代替十二個月。再以攢簇火候而言之，則一刻之中，亦備具一年之氣候。因一刻之中有一個周天，一個周天等於一年故也。此四句，各註家無一合原書之本意者，大概都屬牽强附會。

陰火白，黃芽鉛　陰火即白雪，故曰「陰火白」；白雪屬陰火，則黃芽當屬陽火，故曰「黃芽鉛」。

兩七聚，輔翼人　七者火之成數，兩七者，即陰火與陽火也；聚者，二火會合一處也；輔翼人者，兩火合力以輔佐真人也。

贍理腦，定升玄　贍理，即贍養修理之義。黃庭經云：「子欲不死修崑崙。」

却歸一，還本源　即鍊神還虛之工夫。

刀圭霑，淨魄魂　一刀圭，即一方寸匕的十分之一，言其量不多也；淨魄魂者，即六根清靜，萬念皆空，入大定也。

尋其根　所謂「窮取生身受氣初」是也。

審五行，定銖分　審五行之順逆，使生尅制化得其宜；定藥物之銖分，俾配合輕重合其度。

序第四十八

參同契者，敷陳梗概。不能純一，泛濫而說。纖微未備，闊略彷彿。今更撰錄，補塞遺脫。潤色幽深，鉤援相逮。旨意等齊，所趣不悖。故復作此，命三相類，則大易之情性盡矣。大易情性，各如其度；黃老用究，較而可御；爐火之事，真有所據。三道由一，俱出徑路。枝莖華葉，果實垂布。正在根株，不失其素。誠心所言，審而不誤。

參同契者，敷即宣布也陳告也梗概大略也。

不能純一謂不能純粹精一，完全宣露也，即前文所謂「寫情著竹帛，又恐洩天符」也，泛濫而說廣說，不說一件也，如有時說天地，有時說人類，有時又說物類，用種種譬喻也。

纖微未備詳細之處，不能和盤託出也，且不能以言語形容也，闊略彷彿遼闊而約略，彷彿似之也。

今更撰錄，補塞遺脫。謂更撰錄「歌」「賦」「序文」，以補塞本文之遺脫也。

潤色幽深，鉤援**頂批** 鉤援，攻城器相逮。潤色幽玄深邃之文章，鉤之援之，使相連也。「逮」，作「連」字解，即指「歌」「賦」之類。

旨意等齊，所趨不悖。謂所作之「歌」「賦」等，其宗旨之意，與原文相同，所趨之途，並不悖謬也。

故復作此因補塞遺脫之故，故復作此，命三相類命其名為「三相類」，即大易、黃老、爐火三道由一之意，則大易之情性盡矣雖可分而為三，實不能出大易情性之外，能明此三者相類，則大易之情性無不盡矣。

大易情性，各如其度。大易情性，不外乎一陰一陽耳。陰之度數若干，陽之度數亦若干，蓋陰陽之數必須相配也。故云：「情性各如其度。」

黃老用究，較而可御。黃帝、老子發明之妙理，應當用作研究，且較然可以運用而乘御。

爐火之事，真有所據。爐火，即地元黃白術、天元神丹也。學者得訣之後，依法實行，按程修鍊的，有成就之可能。古仙都有服之而飛昇者，故云「真有所據」。

三道由一，俱出徑路。大易、黃老、爐火，表面雖可分而為三，然皆不出「陰陽配合，各如其度」耳，故云「三道由一」；俱出徑路者，謂三道若能明理得訣，而具足機緣，皆是至簡至易之事，並非繁難也。徑路者，謂路極近也。

枝莖花葉，果實垂布。正在根株，不失其素。有枝莖與花葉，果實自然垂布。然其正則在根株之不失其素，以喻修道者之能由結丹而脫胎神化，推其所以能如此者，則在緜緜呼吸，調養元神，正心誠意，不失其根本之樸素也。

誠心所言，審而不誤。此皆魏公誠心所言，苟能細審其理而行之，決不誤人也。

鄶國鄙夫，幽谷朽生。挾懷樸素，不樂權榮。棲遲僻陋，忽略利名。執守恬淡，希時

安平。宴然閒居，乃撰斯文。

歌叙大易，三聖遺言。察其旨趣，一統其倫。務在順理，宣耀精神。施化流通，四海和平。表以爲曆，萬世可循。叙以御政，行之不繁。

鄮國鄙夫鄮國在河南，會稽在浙東，借鄮國以寓會稽； 鄙夫者，自謙也，謂處邊鄙之夫，亦謂鄙陋之人也，幽谷朽生幽谷，山谷中； 朽生，謂無用於世也。

挾懷樸素，不樂權榮。心中懷着樸素之念，不喜爭權奪利、富貴榮華也。

棲遲僻陋，忽略利名。棲遲於僻陋之處，忽略貨利聲名。

執守恬談，希時安平。執守恬淡生活，只希時局安平。

宴然閒居，乃撰斯文。方可宴然閒居，乃得撰作斯文。

歌叙大易，三聖遺言。所做者詩歌之文，所叙者大易之道。 三聖，即伏羲、文王、孔子也； 遺言，則遺傳之言。

察其旨趣，一統其倫。夫三聖之遺言，若察其宗旨與趣向，實一統其倫而無殊，蓋皆不出一陰一陽之道也。

務在順理，宣耀精神。其所務者，在乎順自然之理，而宣化光耀吾人之精神。

施化流通，四海和平。若能順自然之理，以宣耀精神，而施化流通於宇宙之間，自然能四海和平，而萬國咸寧。堯典云「光被四表，格於上下」，亦同此理。

表以爲曆，萬世可循。表明大易陰陽消長之道以爲曆，則雖萬世可以遵循。故易傳云：「君子以治曆明時。」

叙以御政，行之不繁。叙大易之道，以御政治，則亦可以端拱無爲，行之簡易而不繁，所謂「道無爲而無不爲」也。

引内養性，黄老自然。含德之厚，歸根返元。近在我心，不離己身。抱一無捨，可以長存。配以伏食，雌雄設陳。四物念護，五行旋循。挺除武都，八石棄捐。審用成物，世俗所珍。羅列三條，枝莖相連。同出異名，皆由一門。

引内養性，黄老自然。用大易之道，引之於内，以養心性，即黄老自然之道也。蓋黄老養性，亦不外乎大易之陰陽也。

含德之厚，歸根返元。含德，即含受先天一炁也。師云：「道德皆本乎一炁。廣義的謂道，狹義的謂德；普遍在宇宙間的謂道，寄存在人身中的謂德；統而言之謂道，分而言之謂德。所謂德者，即一炁在乎人身也。今含受先天一炁，使之深厚，自然能歸根返元。」按：「含德之厚」句，本道德經。**蒲團子按**「師云」及引語，當係汪伯英抄按。「師」即指陳攖寧，引語爲陳攖寧語。

近在我心，不離己身。抱一無捨，可以長存。此等道理，皆近在我心，並不離乎己身，苟能抱元守一，而無捨棄，則自可以永遠長存矣。集註云：「此即久視長生之道也。」又道德經云：「含德之厚，比於赤子。」又云：「歸根曰靜，靜曰復命。」又云：「載營魄抱一，能無離乎。」又孟子亦云：「操則存，捨則亡。」亦此同理。

配以伏食，雌雄設陳。四物念護，五行旋循。此則以天、地、人三元皆可作註。蓋天元本講伏食，而地元則天元之初步，人元之伏食則伏先天一炁，皆須雌雄設陳，用陰陽相配合，龍虎雀龜之四象爲念護，加戊己二土爲五行，以周旋而循環其間，方可成丹。

挺除武都，挺除，猶云「排却」；武都，山名，產二黃之地。集註云：「鍊藥封口，用武都山紫泥。」**八石棄捐。**集註：「硃砂、硼砂、硇砂、雌黃、雄黃、硫黃、砒霜、膽礬謂之八石。」三元之道，均不須如此繁雜，故皆在挺除棄捐之例。

審用成物，世俗所珍。存存子註：「能審其作用而成物，則九年成白雪，十二年成神符，白日飛昇，枯骨生肉，爲希世之珍。此爐火伏食之道也。」

羅列三條，枝莖相連。同出異名，皆由一門。大易、黃老、爐火，今雖羅列爲三條，然其枝莖實相連絡，道理可以一貫，同出於一途而異其名耳。若論歸根返元，皆由一門也。

非徒累句，諧偶斯文。殆有其真，礫音「力」**硌**音「洛」**可觀。使予敷僞，却被罪愆。命參同契，微覽其端。辭寡道大，後嗣宜遵。**

非徒累句，諧偶斯文。 並非徒然累疊成句、和諧排偶而爲斯文。**殆有其真，礫硌可觀。** 殆有其至真之理，明白顯露，而可以觀也。礫硌，明白貌。**使予敷僞，却被罪愆。** 假使予宣布的道理是虛僞的，却要受一種過愆。**命參同契，微覽其端。辭寡道大，後嗣宜遵。** 所以命名爲參同契者，蓋微覽金丹大道之端也。言辭雖寡，而其道實大，後嗣應當遵循。

委時去害，依託丘山。循遊寥廓，與鬼爲鄰。化形而仙，淪寂無聲。百世一下，遨遊人間。敷陳羽翮，東西南傾。湯遭阨際，水旱隔併。柯葉萎黃，失其華榮。各相乘負，安穩長生。

此「魏伯陽歌」四字隱語也。俞琰註：「『委時』四句，藏『魏』字；『化形』四句，藏『伯』字；『敷陳』四句，藏『陽』字。『委』鄰於『鬼』，『魏』也；『百』去其『一』，下乃『白』字，合於『人』，『伯』也；『湯』與『阨』遭，隔去其『水』，而併以『阨』傍，『陽』也。」陶註：「『柯葉』四句，藏『歌』字。『柯』失其榮，去『木』成『可』。乘者，加也。兩『可』相乘，爲『哥』。『負』者，『欠』也。『哥』傍附『欠』，爲『歌』。」

知幾子云：「有韻之文，謂之歌，即所謂『歌叙大易』也。」又云：「此節文義，亦可順解。委棄時俗，以避物害，身居寥廓之境，幾與山鬼爲鄰矣。意在韜聲學仙，百世重遊，如丁令威之化鶴歸來也。敷陳羽翮者，羽化之後，四方任其翱翔矣。東西南傾者，缺北方之水，則火木旺而銷金，故喻湯年大旱，柯葉萎黄，水枯不能生木也。神仙則身外有身，乘鸞跨鶴，不受侵陵生滅矣，故曰『各相乘負，安穩長生』。」

參同契講義部分爲民國三十九年（一九四〇年）前後汪伯英聽講於仙學院時所鈔錄，參同契辭解部分爲一九五三年前後陳攖寧手寫本，原爲兩本合訂一册，整理時將辭解部分摻入講義，以方便閱讀